ノーベル経済学賞受賞
ダニエル・カーネマン
オリヴィエ・シボニー
キャス・R・サンスティーン

NOISE《ノイズ》

組織はなぜ判断を誤るのか?

下

村井章子
訳

早川書房

NOISE〔下〕

——組織はなぜ判断を誤るのか？

NOISE

A Flaw in Human Judgment

by

Daniel Kahneman, Olivier Sibony, and Cass R. Sunstein

Translated by

Akiko Murai

First published 2021 in Japan by
Hayakawa Publishing, Inc.
This book is published in Japan by
direct arrangement with
Brockman, Inc.

装幀／水戸部 功

下巻　目次

第4部　ノイズはなぜ起きるのか（承前）

第16章　パターン

第14章で取り上げた早熟な少女ジュリーのことを覚えておられるだろうか。じつは彼女の物語はもっと長い。

「ジュリーは一人っ子でした。父親は成功した弁護士、母親は建築家です。ジュリーが三歳のとき、父親が自己免疫不全症にかかり在宅勤務をするようになります。父親は長い時間をジュリーと過ごし、辛抱強く字を教えました。ジュリーは四歳のときにはすらすら読めるようになります。父親は算数も教えようとしましたが、ジュリーにはむずかしすぎたようです。小学校ではジュリーはよい生徒でしたが、いくらか情緒不安定だったこともあり、あまり友達はいませんでした。一人で過ごすことが多く、大好きな叔父が小鳥好きだったことからバードウォッチングに熱を入れるようになります。

ジュリーが一一歳のとき両親が離婚。ジュリーはショックを受け、成績は急降下し、たびたび学校で感情を爆発させるようになります。高校では生物と作文などの成績はよく、また物理で高得点を取って周囲を驚かせましたが、それ以外の科目はほとんど勉強せず、卒業時の総合評価はBでした。

希望した一流大学には入れなかったため、最終的に定評ある州立大学に入学し、環境学を専攻しました。最初の二年間、感情に問題を抱えては大麻を吸うというパターンを繰り返していましたが、二年次の後半になって医学を学びたいという強い願望を抱くようになり、以前とは打って変わって勉学に打ち込んでいます」

さてではジュリーのGPAは現在どれほどだろうか、ぜひ考えてみてほしい。

むずかしい問題、かんたんな問題

あきらかに、この問題（ジュリー2・0と呼ぶことにしよう）のほうが、第14章の問題（ジュリー1・0）よりむずかしい。ジュリー1・0では、読者に与えられた情報は彼女が四歳ですら読めたということだけだった。読者はこのたった一つの手がかりからレベル合わせをし、さして苦労せずジュリーのGPAを答えたわけである。

手がかりがいくつもあった場合でも、それらがみな同じ方向を指しているなら、レベル合わせは可能だ。たとえば、あのジャズ演奏が趣味の会計士ビルの場合、「想像力に乏しい」、「数学ができる」、「社会科学や人文科学は不得意」という情報は一貫して会計士のステレオタイプを連想させる。ジュリー2・0の場合も、彼女の人生に起きた出来事がおおむね早熟で成績がよいというストーリーと一致していれば、GPAを予測するのはそうむずかしくなかっただろう。与えられた情報からまとまりのある絵が描けるとなれば、さっそくあのシステム1の速い思考が出動してつじつまを合わせてくれる。この種の単純な判断の問題は解決が容易であり、ほとんどの人は自分の解決に納得するはずだ。

だがジュリー2・0はそうはなっていない。問題をややこしくしているのは複数の矛盾する手がかりが盛り込まれていることだ。能力や意欲を示す情報もあるが、性格の弱さや芳しくない成績を示す情報もある。とはいえ、こういう話は人生にはありがちだ。傍観者からみれば筋は通っていないが、現実の人生があまりに首尾一貫していたら、それはそれで非現実的でむしろ疑わしい。人生というものは、私たちが望むよりずっと複雑なものだ。

複数の矛盾する手がかりは多義性を生み、それが判断をむずかしくする。このことは、複雑な問題でノイズが多くなる原因でもある。理由ははっきりしている。何通りもの見方が可能であれば、人々の見方にはまず必ずばらつきが出るからだ。人によって重視する情報が異なり、それぞれにちがう情報に基づいて筋書きを拵《こしら》え上げるので、いくつものちがう結論に至ることになる。ジュリー2・0に一貫性のあるストーリーを作ることに読者が苦労したなら、他の人がちがうストーリーを作っていることは確実である。Aの作ったストーリーはAの、BのストーリーはBの判断を裏付けるものとなる。このばらつきがパターンノイズを生む。

自分の判断に自信を持てるのはどんなときだろうか。答えは、二つの条件が満たされたときである。自分の考えたストーリーが全体として筋が通っていること、そしてほかに説得力のあるストーリーは存在しないことだ。全体としての一貫性は、採用した情報が細部にいたるまでストーリーと整合し、互いに矛盾なく支え合うときに実現する。いささか乱暴なやり方ではあるが、自分の筋書きに合わない情報を切り捨ててしまえば首尾一貫することは言うまでもない。いくつかの情報を無視する理由をうまいこと説明できるなら、筋は通るだろう。ただしこのことは、別の解釈についても当てはまる。判断の問題を「解決」したと称する専門家は、自分のストーリーが正しいと確信するのみならず、他のストーリーがいかにまちがっているかを滔々と説明できる。ここでもまた、他の可能性を考慮せず、さらには積極的に無視することで、五十歩百歩のお粗末なストーリーに自信満々になれるというわけだ。

自信についてのこの考察からわかるように、自分の判断に主観的な自信があるということは、その正しさを保証するものではない。そのうえ、他の解釈を無視する傾向は「一致の錯覚」を生み出しかねない（第2章を参照されたい）[1]。自分の結論とはちがう筋書きを想像できないとき、とかく人は他人も自分と同じ結論に達しているものと決めてかかりやすい。もちろん、自分の判断すべてに自信満々だという人はほとんどいないし、誰もが不確実性を経験しているだろう。ジユリー2・0の説明を読んだときが、たぶんそうだ。だから、私たちはいつも自信たっぷりというわけではない。だがほとんどの場合に妥当とは言いがたいほどの自信を抱いていることもまた事実である。[2]

パターンノイズ：安定か一過性か

パターンエラーとは、判断対象や判断者個人それぞれの影響の合計では説明できない判断のエラーだと定義した（第6章参照）。極端な例では、通常は甘めの裁判官がある種の被告（たとえば酔っ払い運転）に限ってひどく厳しい量刑を申し渡したり、通常は慎重な投資家がある分野のスタートアップの事業計画にはむやみに肩入れして無謀な投資をしたりする。もっとも、多くのパターンエラーはそこまで極端ではない。通常は甘めの裁判官が常習犯には厳しくするとか、若い女性の被告にはいつも以上に甘くする、といった程度で収まる。

パターンエラーは一過性の要素と安定した要素に分解できる。一過性の要素には、機会ノイズの原因となるものが含まれる。たとえば量刑を決めるときの裁判官の気分だとか、最近起きた衝撃的な出来事などだ。これに対して安定した要素は長く残る。たとえば、人事担当者がある大学の出身者にひどく高評価を与えるとか、医者は肺炎を起こした患者は有無を言わさず入院させようとする、などだ。ある一つの判断に生じるエラーは、かんたんな等式で表すことができる。

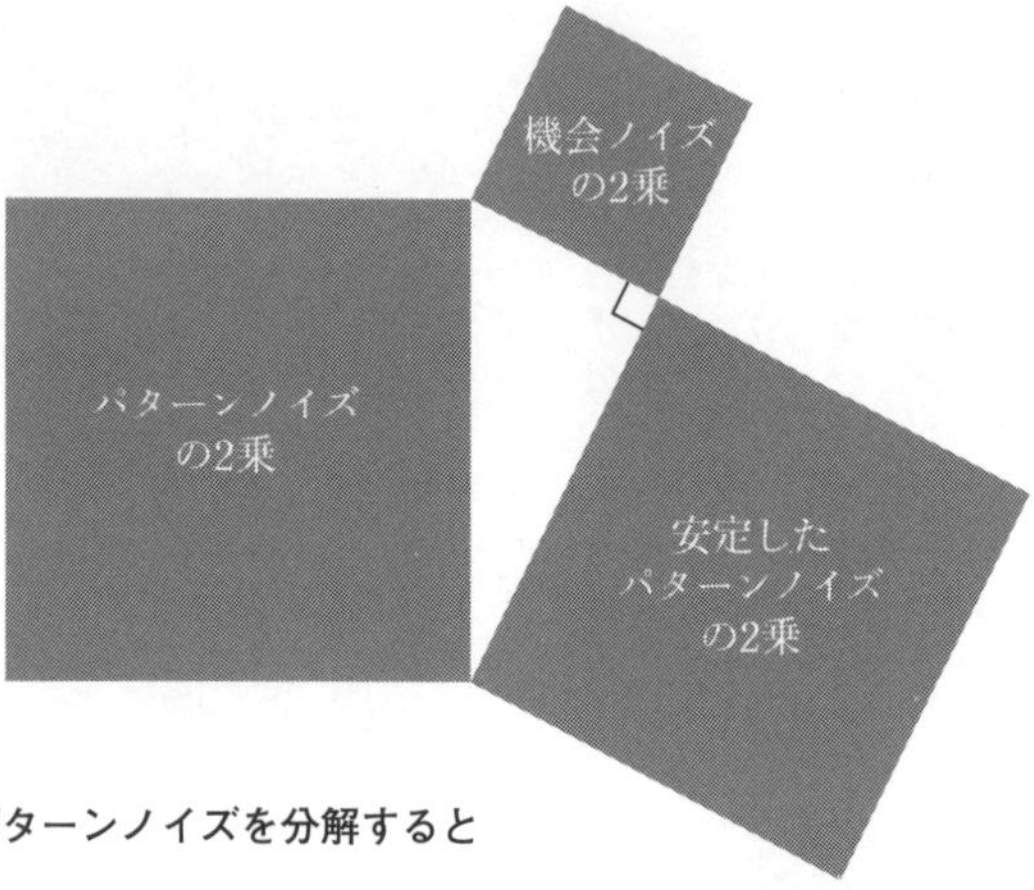

図15：パターンノイズを分解すると

パターンエラー＝安定したパターンエラー＋一過性のエラー（機会エラー）

安定したパターンエラーと一過性のエラーは互いに独立していて無関係なので、この等式を次のように展開できる。

パターンノイズの二乗＝安定したパターンノイズの二乗＋機会ノイズの二乗

エラーとノイズの他の成分でもやったように、この等式はあの直角三角形のピタゴラスの定理の形で表すことが可能だ（図15）。

ここでは、安定したパターンノイズのかんたんな例を挙げよう。第9章で取り上げたゴールドバーグの「判断者のモデル」を思い出してほしい。これに倣った「採用担当者のモデル」では、担当者本人の判断に則して評価項目に重みをつける。どの項目にどの程度の重みをつけるかは担当者によってちがい、リーダーシップを重視する人もいれば、コミュニケーション能力を重んじる人もいる。このちがいが、候補者にランキングをつけた場合の人事担当者間のばらつきを生む。これが、安定したパターンノイズの例である。

個々のケースに対する個人の反応も、その人に固有の安定したパターンを生み出す。読者はジュリーの説明を読んだとき、どの部分にとくに注意を払っただろうか。おそらく自分自身や親しい人の経験と共通する事柄に思わず目を留めたのではないだろうか。たとえば仲良しのいとこが、十代の頃からの性格的な弱さのせいで結局挫折したことを間近にみていたら。あるいは逆に、思春期に問題を抱え荒れていた友人が心機一転医学部に合格し、現在は専門医として活躍していたら。ジュリーの説明が呼び覚ますさまざまな連想は個人に固有のもので、予測不能だが、それでも安定している。読者がジュリーの説明を先月読んだとしても、昨日読んだとしても、やっぱり仲良しのいとこや友人を思い出し、それを踏まえてジュリーの成績を評価するだろう。

判断の質に関する個人差も、パターンノイズの原因になる。たとえば、超人的な予知能力を備えた人がいるとしよう。本人も含めて誰もそのことには気づいていない。この場合、あたら正確であることが祟ってこの人の予言は平均的な予想から大きく乖離することになる。結果のデータが得られないと、この乖離はパターンエラーとみなされる。つまり判断が検証不能の場合、並の人間を上回る正確性はパターンノイズになってしまう。

パターンノイズは、複数の人間が同じケースを判断する場合、それぞれに有効な判断のできる分野が異なることによっても生じる。たとえばプロスポーツのチームが選手を選ぶとき、監督は試合中に発揮されるスキルを、チームドクターは怪我のしやすさを、メンタルコーチはモチベーションや打たれ強さを評価するだろう。彼らが集まって一人の選手を選ぶかどうか決めるとなれば、相当量のパターンノイズが生じることになる。ただこの場合には、エラーではなく専門分野のちがいによる意見のちがいとみなされる。

　専門家が自分の専門分野について判断する場合には、彼らの能力のばらつきはそのままノイズとなる。これに対して多様な専門家でチームを編成して判断を下すような場合には、スキルの多様性が貴重な財産となる。[4]異なる分野の専門家がちがう角度から見ることによって互いを補い合うことができるからだ。この点については、第21章でくわしく取り上げる。

　第2章で保険会社の顧客、第4章で裁判の被告は二重のくじ引きに遭遇すると書いた。第一のくじ引きは、担当者や裁判官が割り当てられるときに起きる。専門家集団の中から一人が選ばれるわけだが、その一人が平均水準から大幅に乖離していたら、早くもレベルエラーが生じる。それだけではない。その一人には固有の価値観、好み、信条、記憶、経験、連想がある。判断を下すとき、誰もがこうしたものを背負っているのである。仕事で培われた習慣、先輩から教わった知恵、自信になった成功体験、二度と繰り返すまいと気をつけている失敗……。頭の片隅には、絶対忘れてはいけないルール、無視しても大丈夫だとわかっているルールもしまい込まれている。

誰も、あなたと同じではない。あなたの安定したパターンエラーは、あなただけのものだ。

第二のくじ引きを形成するのは、判断を下す瞬間の気分、本来は判断に影響を与えるべきでない外部の状況などである。このくじ引きは機会ノイズを生じさせる。たとえば、ジュリーの説明を読む直前に大学生の大麻依存に関する新聞記事を読んだとしよう。この学生はロースクールをめざして熱心に勉強に励んだが、新入生の頃に生活が荒れ大麻を吸っていた時期の遅れを取り戻すことができず、試験に合格できなかったという。この記事が頭に残っていると、ジュリーの大麻吸引の習慣にとくに注意を払うことになるはずだ。だがジュリーの問題を出されたのが新聞記事を読んでから二週間後だったら、たぶんその記事のことなど忘れているだろう。よって記事の影響は一過性であり、機会ノイズを生む。

この例からわかるように、安定したパターンノイズと不安定な一過性の機会ノイズとの間に明確な線引きはできない。両者の主なちがいは、判断対象のある要素にとくに注意を引かれる個人固有の感受性そのものが恒久的か一過性かという点にある。パターンノイズを引き起こす原因が個人的な経験や価値観に根ざしていれば、そのパターンは安定していると考えてよい。

性格との類似性

判断対象の何らかの要素あるいは要素の組み合わせに対して人それぞれに固有の反応をするということは、直感的には理解しづらいかもしれない。このことを理解するためには、私たちがよく知っている別の複雑な要素の組み合わせを考えるとよいだろう。それは、身近な人の性格である。そもそも訴訟で判決を下す裁判官は、「ある状況で人間はどのように行動するか」という幅広いテーマのごく限られた特殊なケースにすぎない。この幅広いテーマのほうは、心理学において昔から研究が重ねられてきた。判断についても、そうした研究から学べることが少なくない。

心理学者たちは、人によって大幅に異なる性格あるいは人格特性を理解し計測しようと悪戦苦闘してきた。言うまでもなく、人間は一人ひとりみなさまざまな点でちがう。かつては人間の性格のちがいを説明する用語が二万近くもあったものだ。[5] だが今日では、ビッグファイブ理論がこの分野で最も信頼されている。この理論では、人間の性格因子を五つに分類する。外向性、協調性、誠実性（勤勉性）、開放性、神経症的傾向である。この五つの因子が人間の顕著な特性を網羅しているという。誠実性のスコアの高い人は、きっと時間にきちょうめんで、約束を守るだろう。アンドリューがブラッドより外向性のスコアが高いなら、多くの場面でアンドリューのほうが社交的にふるまうと考えられる。ただし、性格のような間口の広い特徴から特定の行動を予測するのはむずかしく、予測の有効性はごく低い。相関係数が〇・三〇（ＰＣ＝六〇％）に達すれば高いほうである。[6]

常識で考えても、行動は性格だけでなく状況にも大きく左右されるはずだ。ある状況ではみなが怖気付くが、ある状況ではみなが勇敢になる。妻を亡くした友を慰めるときは、アンドリューもブラッドもしんみりするだろうし、ひいきのフットボールチームの応援ではブラッドだっていくらか攻撃的になるだろう。要するに、改めて言うまでもないことだが、行動は性格と状況の両方に左右される。

人間を興味の尽きない唯一無二の存在にしているのは、この性格と状況という二つの要素が機械的な足し算ではないことだ。たとえば、攻撃的になりやすい場面は人によってちがう。アンドリューとブラッドが日頃は平均して同じぐらい攻撃的だとしても、どの場面でも同じように攻撃的とは限らない。アンドリューは同僚には攻撃的でも上司には従順だが、ブラッドは上下関係には左右されないものの、自分が批判されるとむやみに攻撃的になり、肉体的に強い相手にはひどく弱腰になる、というふうに。[7]

状況に対する反応の特徴的なパターンは、時間の経過とともにきわめて安定してくることが多い。そして私たちが性格とか個性と呼ぶものの多くを形成する。ただし、パターンだけから性格を説明できるわけではない。アンドリューとブラッドが平均すれば同等に攻撃的であっても、攻撃性を誘発する原因や状況にそれぞれちがう反応パターンを示すように、行動分布からすると頑固さあるいは寛大さの平均が同等の二人の人間が、どの場面でも同じ反応パターンを示すわけではない。

性格をめぐるこうした考察と、これまで論じてきた判断の問題にはどこか似通ったところがないだろうか。判断者個人間のレベルのばらつきは性格因子のスコア（さまざまな状況における行動の平均）のばらつきに、判断対象のケース（裁判官の場合は訴訟）は状況に相当すると言えよう。ある問題に関する判断をその人の平均的な判断のレベルから予測しても、あまり当てにならない。ちょうど、特定の場面の行動をその人の性格から予測しても当てにならないのと同じである。たとえば量刑の厳しさの順に裁判官に順位をつけたら、事案によって順位がめまぐるしく変わるだろう。個々の事案のどの要素に強く反応するか、またどの程度反応するかはその時々で異なるからだ。判断し決定を下す人を特徴づけるのは、判断対象の何らかの要素に対する感受性の固有のパターンと、それに呼応する判断の固有のパターンなのである。

一人ひとり固有の性格は個性として重んじられるものだが、本書のテーマであるプロフェッショナルの判断に限っては、個人間のばらつきは問題でありノイズはエラーである。性格との類似性のポイントは、判断におけるパターンノイズはランダムではないことだ。だがランダムでないにもかかわらず、私たちにも判断を下す当人にもノイズが起きる理由を説明できない。

パターンノイズについて話そう

「あなたはずいぶん自信ありげだが、この問題はそうかんたんではない。情報はいろいろな可能性を示している。別の解釈も可能だということを見落としていないだろうか？」

「君と私は同じ候補者と面接し、いつものように同じような質問をした。なのに、君と私は正反対の判断に達している。このパターンノイズの原因は何だろう？」

「人間いろいろで性格もちがうからこそ、イノベーションが生まれる。さまざまな個性は興味深いし、刺激的でもある。だが判断ということになると、話は別だ」

第17章　ノイズの原因

　ここまで読み進めてきた読者は、「判断のあるところノイズあり」ということに納得がいったことと思う。だからもう読者にとっては、ノイズの多さは意外ではなくなったと期待している。本書のプロジェクトに取り組む出発点となったのは、まさにこの「判断のあるところノイズあり」という発見だった。だがプロジェクトの進行とともに、ノイズについての私たちの考えは変化してきた。この章では、ノイズの構成要素についてわかったことを振り返り、ノイズの全体像の中に占めるそれぞれの重要性や判断の研究におけるノイズの位置付けをまとめておくことにしたい。

ノイズの構成要素

　図16は、第5、6、16章で取り上げた三つの方程式をまとめたものである。[1]平均二乗誤差（M

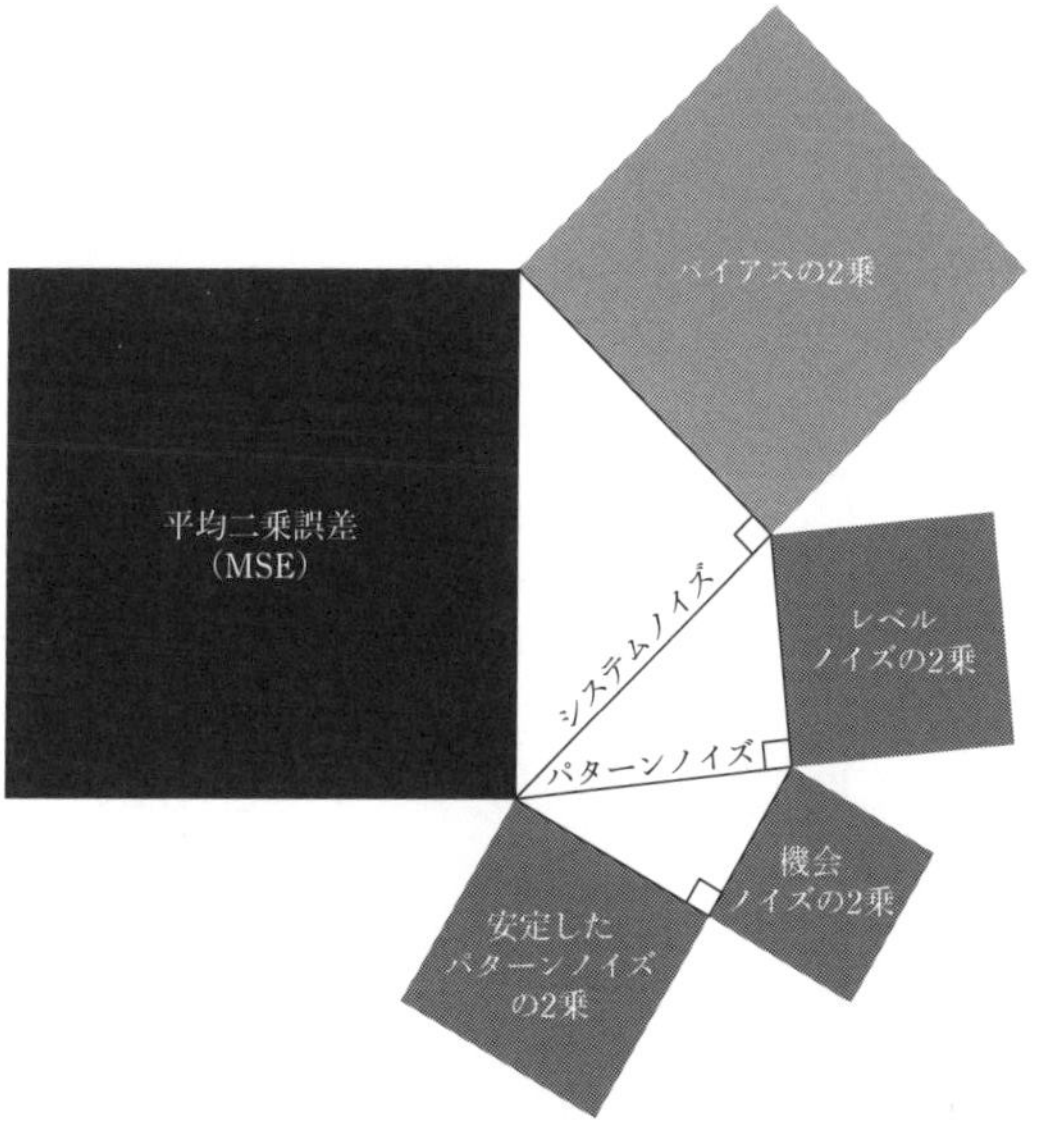

図16：エラー、バイアス、ノイズの構成要素の関係図

SE）で表したおおもとのエラーは、連続的に分解されていく。

・エラーはバイアスとシステムノイズに、
・システムノイズはレベルノイズとパターンノイズに、
・パターンノイズは安定したパターンノイズと一過性の機会ノイズに。

図を見れば、MSEがバイアスの二乗とノイズの二乗に、さらにノイズが三つの要素に分解されることが一目でおわかりいただけるだろう。

研究を始めた時点では、エラー全体に占めるバイアスとノイズの相対的な重みに関心があったのだが、比較的すぐに、ノイズのほうがバイアスより重みが大きいと結論づけ、もっとくわしく研究する価値があると考えるようになった。

ノイズの構成要素についての私たちの見方は、初めのうち、大勢の人がたくさんのケースについて判断を下すというノイズ検査の構造に縛られていた面がある。連邦判事のノイズ検査がそうだし、懲罰的損害賠償の実験もそうだ。これらの実験から得られたデータは、たしかにレベルノイズを評価する貴重な材料となった。しかしその一方で、参加者が用意されたケースに判断を下すのはすべて一度限りであるから、システムノイズからレベルノイズを差し引いてなお残るノイズ、すなわち私たちがパターンノイズと呼ぶものが、一過性なのか安定的なのかはわからない。統計分析の従来の考え方では、こうしたものはエラーとみなされ、ランダムなものと扱われる。言い換えれば通常の解釈では、パターンノイズはすべて機会ノイズだということになる。

パターンノイズをランダムなエラーとみなす従来の解釈から、私たちは長いこと逃れられなかった。レベルノイズ、すなわち厳しめの裁判官と甘めの裁判官、楽観的な予測担当者と悲観的な予測担当者の一貫したちがいを重視するのは当然のように思えたし、本来判断に影響を与えるべきでないその時々の状況が機会ノイズを生じさせることにも興味をそそられた。

だが次第に私たちは、ノイズの多い判断が個人のバイアスだけに起因するのではないこと、また一過性でもランダムでもないことに気づき始める。どの人にも、さまざまな要素に対して固有の安定した反応パターンが存在し、それが判断対象のケースにおける各自の反応を決定づけているように見えた。そして私たちは最終的に、パターンノイズは一過性だという前提を捨てるべきだとの結論にいたった。

まだ検証した事例が限られていることもあり、軽率な一般化は厳に慎みたいが、これまでの研究を総合すると、安定したパターンノイズはシステムノイズの他の構成要素より重みが大きいと考えられる。一種類の調査でエラーの構成要素の全体像を得られることはめったにないので、この魅力的な結論を検証するためにはある種の三角測量のような手法をとる必要があることもわかった。以上が、現時点で私たちにわかっていることとわかっていないことである。

構成要素の切り分け

第一のステップでは、まずレベルノイズとパターンノイズの相対的な重みについて、いくつか予想を立てた。全体としてみると、パターンノイズのほうがレベルノイズより大きな役割を果たしているように見えた。たとえば第2章で取り上げた保険会社では、レベルノイズ（料率の担当者間のばらつき）はシステムノイズ合計の二〇％にすぎなかった。残る八〇％はパターンノイズである。また第6章で取り上げた連邦判事も、レベルノイズ（平均量刑の判事間のばらつき）はシステムノイズ合計の半分をいくらか下回り、パターンノイズのほうが大きかった。第15章で取り上げた懲罰的損害賠償の実験では、使う尺度（怒り、懲罰の意志、懲罰的損害賠償金額）によってシステムノイズの合計は大きくちがったものの、パターンノイズの占める割合はおおむね一定だった（それぞれの尺度で六三％、六二％、六一％）。第5部で取り上げる主に個人の判断に関する調査でも、パターンノイズのほうがレベルノイズより大きいという仮説とおおむね一致する結果が得られている。

いま挙げた三つの検査で、システムノイズの構成要素のうちレベルノイズの比率が小さいと判明したことは、それだけでも重要な意義がある。というのもレベルノイズは、ノイズ検査をしなくても捕捉可能な唯一のノイズだからだ。判断対象の案件が大なり小なりランダムに専門の担当者に割り当てられる場合には、彼らの下した判断の平均に差があれば、レベルノイズが存在する証拠になる。たとえば特許庁の検査では、審査官によって出願された特許を認めるか認めないかの平均的な傾向に大きな差があることが判明した。[2] このような特許審査の実態は、出願済み特許をめぐる訴訟に重大な影響を与えることになる。同様に児童相談所では、ケースマネジャーによって子供を保護施設に入所させるかさせないかの判断の傾向に大きな差がある。[3] つまりどのケースマネジャーが担当するかによって、子供の将来に長期的な影響がおよぶ。これらの調査はいずれもレベルノイズのみに注目しているが、レベルノイズ以上にパターンノイズが大きいとなれば、すでに衝撃的な結論はノイズ問題の深刻さを半分以下しか評価していないことになる（もちろん例外はある。難民審査官の途方もなく大きい判断のばらつきは、おそらくレベルノイズのほうがパターンノイズより大きいことが原因だろう。ただし、パターンノイズも十分に大きいと考えられる）。[4]

第二のステップでは、パターンノイズを二つの構成要素に分解して分析した。ここでは、パターンノイズの構成要素では安定したパターンノイズのほうが機会ノイズより大きな割合を占めると予想した。連邦判事の量刑のノイズ検査もこの推論を裏付けている。まず、パターンノイズはすべて一過性であるとの極端な仮説を立ててみよう。この仮説では、量刑はその時々で不安定でまったく一貫性がなく、したがって予測不能になるが、このようなことはまずもってあり得ない。私たちの計算では、同じ案件を同じ裁判官が別の機会に判断した場合の量刑の平均的な差は約二・八年となった。[5] 裁判官の間で平均的な量刑にばらつきがあるというだけでも驚きだったのに（平均絶対偏差は三・八年だったことを思い出してほしい）、同じ裁判官の決める量刑にも同程度のばらつきがあるとは衝撃である。このばらつきは完全に不安定と考えるよりも、被告や犯罪の性質に対する裁判官固有の安定した反応とみなすほうが妥当だろう。

パターンノイズのうちどれほどが安定していてどれほどが一過性（機会ノイズ）なのかを正確に計測するためには、同じ人に同じケースをまったく別々のものとして二回判断してもらう必要がある。しかし、同じケースについて二回の独立した判断を得ることは、通常は不可能だ。二回目の判断が一回目の判断の影響をまったく受けないとは保証できない。とりわけ複雑な判断の場合には、そのケースを判断者が記憶していて、二回目も同じ判断を繰り返す可能性が高い。

アレクサンダー・トドロフが率いるプリンストン大学の研究チームは、賢い実験手法を編み出してこの問題を克服した。[6] チームは、アマゾンのメカニカルターク（さまざまな短期的なタスクを世界中の人に依頼できるクラウドソーシングサービス）を利用して質問に答えてくれる人を集め、対価を払った。ある実験では、被験者に顔写真（コンピュータで生成したものだが、実際の人間と見紛うほど自然である）を数枚見せ、「感じがよい」とか「信用できる」などの項目で評価してもらった。この実験を同じ被験者に対して同じ顔写真を使って一週間後にもう一度行ったのである。

顔写真実験は、被告の量刑を決める場合と比べ、被験者間の一致は少ないと考えるのが妥当だろう。中には非常に魅力的な顔立ちの人やあまりに特徴的で忘れられない顔があるにしても、だいたいにおいて顔に対する反応は人それぞれである。実際にも、被験者間の一致はきわめて少なかった。たとえば「信用できる」という項目の評価のばらつき具合は、写真によるちがいはわずか一八％にすぎず、残り八二％はノイズであることが確かめられている。

また顔写真実験では、判断の安定性も低いと考えてよいだろう。お金をもらってオンラインで質問に答えるだけだから、判断に一貫性を持たせようというインセンティブは働かない。厳正であることが当然期待される判断に臨むプロフェッショナルとはわけがちがう。こうしたちがいにもかかわらず、ノイズの最大の構成要素は安定したパターンノイズであることが確かめられた。次に大きい要素はレベルノイズ、たとえば「信用できる」という項目での平均評価にみられた被験者間の差である。機会ノイズもけっして小さくはなかったが、三つの構成要素の中では最も小さかった。

他の質問項目（クルマや食べ物の好みに関する質問や、プロフェッショナルの判断問題に近い質問など）でも、同じ結論になった。たとえば、第15章で取り上げた懲罰的損害賠償問題と同じように、一〇件の暴行被害に対する懲罰の意志について質問し、一週間後に同じ質問を繰り返した場合にも、安定したパターンノイズが最大の構成要素であることが確かめられた。つまり、ある被験者の判断は他の被験者の判断とは一致しなくても、自分の判断に関する限りはきわめて安定していた。トドロフらはこの現象に「一致なき一貫性」と名付けたが、これこそ安定したパターンノイズが存在する強力な証拠となる。

安定したパターンが果たす役割について最も強力な証拠をもたらしたのは、第10章で取り上げた保釈審査の調査である。[7] この調査の一環として、研究チームは裁判官ごとに当人の統計モデルを構築した。保釈決定の傾向をシミュレーションしたモデルである。調査対象の裁判官は一七三人なので、モデルも一七三作ったわけである。こうして作ったモデルを一四万一八三三件の保釈申請に適用した。[8] 一件ごとに一七三の判断が下されるので、判断件数は合計で二四〇〇万を超えたわけである。研究チームは私たちの依頼に快く応じ、追加の分析をしてくれた。判断の分散を三つの成分に分解したのである。案件ごとの平均判断にみられる本来的なちがい、保釈判断が厳しめや甘めといった裁判官の傾向に起因するレベルノイズ、そしてなお残るパターンノイズである。

この分析は、私たちの研究にとって重要な意味を持つ。なぜなら、彼らの分析で計測されたパターンノイズは、すべて安定しているからだ。裁判官別の統計モデルに含まれているのは、その人固有の判断を予測する安定的なルールだけである。モデルはこのルールに従って当人の判断を予測するだけなので、機会ノイズのランダムなばらつきは初めから排除されている。

結論は、疑う余地のないものだった。安定したパターンノイズは、レベルノイズのおよそ四倍に達したのである。分散の合計のうち、安定したパターンノイズが二六％、レベルノイズは七％だった。[9] 分析で特定できた個人固有の安定した判断パターンのちがいは、全般的な厳しめ・甘めの差よりはるかに大きいということである。

一連の分析結果は、第7章で述べた機会ノイズの研究成果とも一致する。機会ノイズの存在は衝撃であり不快でもあるが、個人内のばらつき（同じ人の一回目と二回目の判断のちがい）のほうが個人間の差より大きいという証拠は見当たらなかった。システムノイズの最も重要な構成要素は、私たちが当初見落としていた安定したパターンノイズである。ここでおさらいしておくと、安定したパターンノイズとは、あるケースに対して判断者によって注目する要素や反応が異なるなどの理由で生じる判断者間のばらつきのことである。

この方面の研究の数が少ないこともあり、私たちの結論はまだ暫定的なものとしておく。それでも現時点での結論には、ノイズについての私たちの考え方の変化が反映されている。すくなくとも原理的には、レベルノイズすなわち判断者間の全般的な傾向の差は単純で計測しやすく、比較的対処しやすい問題だと言える。桁外れに「厳しい」裁判官や「慎重すぎる」ケースマネジャーや「リスクに敏感すぎる」融資担当者がいたら、上司や組織がそれに気づき、判断を平均的な水準に近づけるよう何らかの手を打つことができる。たとえば大学の場合、評点の望ましい分布をあらかじめ定めておき、クラスごとにこれに近づけるよう教授に求めるといったことが考えられる。

だが残念ながら、システムノイズの最大の構成要素はレベルノイズではない。だからレベルノイズばかり注目していたのでは、重要な要素を見落とすことになる。ノイズの多くを生むのは、個人に固有の傾向やレベルのちがいよりも、それと判断対象との交互作用である。ある被告を裁判官Aはどう扱い、裁判官B、C……はどう扱うか。ある学生に教授Aはどう反応し、教授B、C……はどう反応するか。ある家族をケースマネジャーAはどう対処し、マネジャーB、C……はどう対処するか。ノイズとは、各人に備わった「判断者としての性格あるいは個性」の副産物なのである。レベルノイズを減らすことはもちろん重要だし取り組む価値がある。だがこの目標だけを達成しても、システムノイズの問題は解決されない。

エラーの原因探し

ノイズについて私たちには言いたいことがたくさんあるのだが、この問題は広く認識されておらず、判断やエラーの議論でも取り上げられない。ノイズが存在すること、ノイズを生み出すメカニズムが多数存在することについて多くの証拠があるにもかかわらず、ノイズは判断エラーの重要な構成要素とはみなされていない。なぜだろうか。バイアスのことはたびたび非難するのに、なぜ判断のあるところノイズがあることに思い至らないのだろう。これほどノイズがはびこっているというのに、エラーの原因としてノイズを考えてもみないとはどうしたわけか。

この謎を解くカギは、あの平均二乗誤差（ＭＳＥ）にある。ＭＳＥを分解した方程式で、エラー（誤差）の平均（＝バイアス）とエラーのばらつき（＝ノイズ）はどちらも式の中で対等の項目だった。にもかかわらず、多くの人はバイアスをノイズと別扱いにする。そのうえ、私たちが日々の出来事に説明をつけるやり方も、ノイズの役割を見えにくくさせている。

第12章で、人間は起きたことに後知恵でかんたんに説明をつけると書いた。そのことが起きる前には予測できなかったくせに、である。「正常の谷」の中ではどんなことも驚きではなく、容易に説明がつく。

同じことが判断についても言える。大方の出来事と同じく、判断も決定もおおむね「正常の谷」におさまる。だから、驚くようなことは少ない。一例を挙げれば、満足な結果をもたらした判断は正常であって、めったに問題にされない。プロのサッカー選手がフリーキックから得点したら、心臓手術が成功したら、スタートアップがめきめき成長したら、判断が正しかったから成功したと考えるのがふつうだ。大方のストーリーがそうであるように、サクセスストーリーも結末がわかった時点で自己完結する。

だが私たちとしては、規格外の「異常値」には説明が必要だと感じている。つまり重大な判断ミスや、大胆な賭けが的中する大当たりなどだ。成功にせよ失敗にせよこうした特異なケースについて一般受けする説明は、本来以上に支持されている。たとえば大胆な賭けは、結果がわかった途端、成功なら天才のなせる技、失敗なら大馬鹿者の無謀な試みと片付けられる。非難も賞賛もそれをやった本人に向かいがちだが、実際には幸運や客観的な状況が原因であることのほうが多い。何事も行動の当事者に原因を求めたがるこの傾向は心理的バイアスの一つであり、「基本的な帰属のエラー（fundamental attribution error）」という長い名前が付けられて、さまざまな研究で検証されている。また、何事も起きてしまえばすらすら説明をつけてのける後知恵も、バイアスの一つだ。このバイアスは、予想できなかった結果があたかも容易に予想できたかのように後講釈をつけて判断を歪ませる。

判断エラーの原因を見つけるのはさほどむずかしくない。ある判断にいたった理由を見つけるのは、起きた出来事の原因を見つけるよりむしろ容易である。判断を下した当人の動機や背景を人々はあれこれと想像し詮索する。そしてそれだけでは説明がつかないとなれば、当人の無能力のせいにする。さらにここ数十年ほどは、判断ミスの原因を心理的バイアスで説明するケースが増えている。

さまざまな心理的バイアスを取り上げた研究が心理学や行動経済学の分野でさかんに行われてきた。計画の錯誤、自信過剰、損失回避、保有効果（授かり効果）、現状維持バイアス、現在志向バイアス（将来の過度の割引）等々。このほか、人種や性別などに関するバイアスが存在することは言うまでもない。こうしたバイアスがどんなときに判断や意思決定に影響を与えやすいか、意思決定のプロセスでバイアスのかかった考え方をリアルタイムで察知するにはどうすればよいか、などについては多くのことがわかってきた。

心理的バイアスは、事前に予見可能かリアルタイムに検出可能であれば、判断エラーの因果的説明として正当である。事後に検出されたバイアスであっても、将来の予測を提供できるものであれば、（暫定的ながら）有用な説明となりうる。たとえばあるポストの有力候補だった女性が意外にも選ばれなかった場合、ジェンダーバイアスの存在を仮定でき、同じ委員会の将来の指名によってその仮定が成り立つかどうかを確認できる。これと対照的なのが、一回限りの出来事に対する因果的説明である。「あの件で彼らは失敗した、だから彼らは自信過剰だったにちがいない」という類だ。このような説明はまったく意味がない。にもかかわらず説明者に現実理解の錯覚を与え、満足させてしまう。経営学者のフィル・ローゼンツワイグによると、事業の結果について議論すると、バイアスを理由にした無内容の説明がこれでもかとばかり出てくるという[10]。こうした空疎な説明がはびこること自体、多くの人が自分の経験に意味づけしてくれる因果論的ストーリーを欲しがっていることの証と言えよう。

ノイズは統計的である

第12章で述べたように、日頃私たちは因果論的な思考に囚われている。何かことが起きると、ついつい「○○だからこうなった」「××のせいでああなった」というストーリーをこしらえたくなるのだ。そのストーリーでは、失敗はエラーのせいに、エラーはバイアスのせいにされることが多い。こんな具合に悪い判断にかんたんに説明がついてしまうため、ノイズの出番がない。

因果論的思考が支配的であることの結果として、ノイズは目につかない。それに、ノイズはそもそも統計的な性格のものだ。類似の判断全体を統計的に考えたとき、初めてノイズが見えてくる。いったんそうなると、その後はノイズを見落とすことのほうがむしろむずかしくなる。ノイズとは、たとえば量刑の決定や保険料率の設定の統計データを事後的に分析したときに見つかるばらつきであり、大勢が将来予測をしたときの確率の範囲であり、射撃チームの着弾点である。因果的思考ではノイズはどこにもない。統計的思考をすればノイズはどこにでもある。

不幸なことに、統計的に考えることはむずかしい。目の前で何事かが起きたら、原因を考えるのに何の努力も必要としないが、その出来事を統計的に考えるには専門的な学習が必要だし、そのうえに努力も必要だ。原因探しは自然にできるが、統計的思考は自然にはできない。

その結果、バイアスとノイズはともにエラーの原因であるにもかかわらず、それぞれの理解の仕方がひどくアンバランスになっている。もし読者が心理学の初歩を学んだことがあるなら、もやもやした背景からくっきりした形が浮き上がって見える絵を見せられたことがあるだろう。人間は、たとえどんなに小さくても輪郭のはっきりしたものを背景から分離して知覚する。バイアスとノイズについての直感は、この図と地の関係になぞらえることができる。バイアスは知覚しやすい図で人々の注意を引きつけ、ノイズは背景に退いているため誰も気づかない。多くの人が自分の判断に潜むこの重大な欠陥に気づかないのはこのためである。

ノイズの原因について話そう

「判断の平均レベルのちがいにはすぐ気づく。だが気づきにくいパターンノイズも大きいのでは？」

「この判断ミスはバイアスのせいだと君は言うが、結果がちがってもそう言っただろうか？　ノイズの存在は考えたことがあるか？」

「バイアスを減らす努力をすることはもちろん正しい。だが同時に、ノイズを減らすことにも取り組むべきだ」

第5部　よりよい判断のために

企業なり政府機関なり何らかの組織がプロフェッショナルたちの判断を向上させるにはどうしたらいいだろうか。とくに、判断ノイズを減らすにはどうしたらいいだろう。もし読者がこの問題の担当者だとしたら、何から手をつけたらいいだろうか。

最初のステップは、プロフェッショナルの判断に存在するノイズは重大な問題だと組織に認識させることである。そのためにはノイズ検査を行うことをおすすめする（くわしい手順は付録Aを参照されたい）。ノイズ検査では、大勢の人に同じ問題を判断してもらう。その判断のばらつきがノイズだ。もちろん、ばらつきが個人の能力不足に起因する場合もある。Aは正しく判断するための知識を備えているが、Bは備えていない、といったケースだ。このような能力格差が存在する場合には、それが一般的な能力であれ、専門的な能力であれ、当然ながら能力開発が優先課題になる。だがすでに見てきたように、同等に優秀できちんと専門的訓練を受けたプロフェッショナルの間でも判断には大量のノイズが生じる。

システムノイズが容認できない水準に達しているなら、人間による判断をルールやアルゴリズムに置き換えることも考慮すべきだろう。ルールやアルゴリズムならノイズを完全に排除できる。だが第6部でくわしく論じるように、ルールにはそれとして固有の問題があるし、人工知能（AI）の熱烈な支持者でさえ、アルゴリズムが人間の判断に完全に取って代わることが近い将来に可能だとは考えていない。となれば、ぜひとも人間の判断を向上させなければならない。これが、第5部のテーマである。

判断を向上させるわかりやすい方法は、言うまでもなく、できるだけ優秀な人材を選ぶことである。並外れて射撃のうまい人がいるように、プロフェッショナルの判断でも並外れてすぐれた人間はいる。彼らの判断にはノイズもバイアスも少ない。最高の人材を見つける方法は、場合によってははっきりしている。チェスの問題を解くなら、行動経済学者ではなくグランドマスターに頼むべきだ。だが大半の問題では、すぐれた判断者に必要な資質を見きわめるのはむずかしい。第18章ではこの点を論じる。

次に、判断エラーを減らす方法に移る。まずはバイアスを第19章で取り上げる。統計的なバイアスとノイズの両方から、心理的バイアスの存在が示唆される。これまでに心理的バイアスを排除するさまざまな試みが行われてきたが、成否は相半ばしている。第19章では従来のバイアス排除の取り組みを検証し、ある有望な方法を提案する。それは、最終的な意思決定プロセスに立ち会うオブザーバーを指名し、集団の思考にバイアスがかかっていることを示す症状をリアルタイムで発見し指摘する方法である。私たちの知る限りでは、この方法が組織的に行われた例はない。付録Bに、オブザーバーの役に立つバイアスのチェックリストを掲げた。

続いていよいよ第5部のメインテーマであるノイズ対策に進む。ここでは衛生管理の理念を取り入れた対策パッケージ「判断ハイジーン」戦略を提案し、章ごとに五つの分野を取り上げて具体的に説明する。後段で改めて述べるが、ハイジーンと名付けたのは、衛生対策と共通する予防的要素と汎用性を備えているからだ。五分野それぞれにどれほどノイズがあるかを調べ、中には悲劇的な結末にいたった例もあることを紹介するとともに、ノイズを減らす試みがうまくいった例、失敗に終わった例を検討する。どの分野でもさまざまな方法でノイズを減らす努力が払われているが、読者が理解しやすいよう、各分野一つの方法に的を絞ることにしたい。

第20章で取り上げるのは科学捜査である。ここでは、どの情報をどの順序とタイミングで判断者に提示するかということが重要な意味を持つ。人間にはものごとのつじつまを合わせようとする傾向があるため、最初に与えられた限られた証拠に基づいて早い段階で印象を形成してしまい、以後はその予断の正しさを裏付けようとしがちだ。したがって、判断プロセスの早い段階で不必要な情報が紛れ込まないようにすることが重要である。

第21章では予測をあらためて取り上げる。予測的判断でとりわけ有効なのは、複数の独立した判断を統合することだ。具体的には同じ問題について独立した複数の判断を得て集計し平均する。そう、あの「群衆の知恵」効果である。この方法を採用すれば、必ずノイズは減る。足して平均する単純なやり方以外にも判断を統合する方法はあり、それらも併せて説明する。

第22章では医療現場のノイズとその対策を取り上げる。この分野では、すでに量刑の例で取り上げたガイドラインの導入が有効だ。ガイドラインは、最終判断における判断者の間のばらつきを直接減らすことができるので、強力な効果が期待できる。

第23章では、企業における人事評価を取り上げる。人事評価は、企業にとって昔から悩みの種だった。この分野でノイズを減らすには、統計的視点に基づく共通の尺度を使うことが有効である。判断とは自分の感覚を何らかのものさしの目盛りに当てはめることだから、人によって使うものさしがちがったら当然ノイズが生じる。この意味で、共通の尺度を使うことはノイズを減らす戦略として重要である。

第24章では、人事評価と関連するが独立した問題として、人材採用を取り上げる。人材採用は、過去一世紀にわたり多くの研究の対象になってきた。この分野で有効なのは、複雑な判断の構造化である。構造化とは、ここでは下すべき判断を構成要素に分解し、データ収集プロセスを厳格に管理してインプットの相互の独立性を確認することを指す。インプットが修正されるまで、総合的な議論と最終判断は行わない。

以上の点を踏まえ、第25章では選択肢の適切な比較評価を行うための汎用的な評価支援ツールを提案する。「選択肢は候補者と似ている」という前提からスタートし、一回限りの判断と繰り返し行う判断の両方について、どのようにプロセスを構造化するか、判断ハイジーンのどの手順がどのプロセスに適しているかを解説する。

実際に取り組みを始める前に、どの分野にも当てはまる注意点を指摘しておこう。まず、取り組みによって得られた成果とそのときの状況を記録することだ。数値で計測できればなおよい。また、どの方法の効果が最も大きかったか、どのように比較評価を行ったかも記録しておくとよい。情報を出す順序とタイミングを管理したらノイズはどの程度減ったか。どの程度の数の判断を統合したらノイズ削減効果があったか。判断の構造化はどのような状況で効果的だったか、等々。

ノイズについてはあまり注意が払われてこなかったため、いま挙げた点についての学問的研究は今後に待たれる。現実的な目的に関する限り、ノイズを減らす取り組みの効果のほどは、適用する個々の状況に大きく左右されると考えられる。たとえば、ガイドラインを導入するとしよう。状況によっては大きなメリットが得られる（ある種の医療診断など）一方で、導入前と後でさしたるちがいが見られない場合もある。最初にノイズがあまり多くなかったのか、あるいは最良のガイドラインでもノイズを減らせない状況なのかを含めて検証することが必要だ。どのような状況であれ、意思決定者としては判断ハイジーン戦略に期待できる費用対便益をぜひとも知りたいところだろう。それについては第6部で取り上げる。

第18章　よい判断はよい人材から

これまでのところ、判断を下す人のことはおおむね区別せず扱ってきた。だが、判断を要するどんな事柄についても言えることだが、よい判断のできる人とそうでない人がいる。群衆の知恵に期待して多数の判断の平均を求める場合でも、群衆一人ひとりが優秀であればよりよい平均が得られるだろう。[1]となれば、どうやってすぐれた人材を見分けるのか、ということが問題になってくる。

ここで重視すべき点は三つある。判断を下す人が専門的な訓練を受けていること、知的水準が高いこと、正しい認知方法を身につけていることだ。こうした人材が判断するなら、ノイズもバイアスも減る。言い換えれば、よい判断というものは、何を知っているか、知識をどう活用するか、どのように考えるかに大きく左右される。すぐれた判断者は、経験豊富で賢明であると同時に、さまざまな視点を積極的に取り入れ、新たな情報から学ぶ姿勢を備えている。

専門家とリスペクト専門家

判断者の能力が判断の質に影響するというのは当然すぎるほど当然である。たとえば、熟練した放射線科医は肺炎を正しく診断できる可能性が高い。また、優秀な経済アナリストは近い将来に世界経済で起きる出来事を正確に予想する。知識と経験の豊富な弁護士を選りすぐってチームを編成したら、標準的な訴訟の判決をつねに的確に予測するだろう。このように、判断者が優秀であればその判断にはノイズもバイアスも少ない。

こうした人たちは、それぞれの専門分野に関して真の専門家である。彼らの優秀さは結果と突き合わせることで検証可能だ。すくなくとも原則的には、過去の実績に照らして医師、経済アナリスト、弁護士を選ぶことができる（とはいえ現実にはこれはむずかしい。読者が家族の予測能力を検証することはおすすめしない）。

だがすでに述べたとおり、多くの判断は検証不能である。ある種の領域に関しては、判断がめざした真の価値あるいは正解を知ることができない。すくなくとも、論議を呼ばずに知ることはできない。たとえば、保険料率、量刑がそうだ。ワインのテイスティング、論文の評価、本や映画の批評、その他たくさんの分野の判断が検証不能である。それでも、これらの分野で活動するプロフェッショナルは専門家と呼ばれている。検証不能な事柄についても人々がこうしたプロフェッショナルの判断を信頼するのは、彼らが同業者から尊敬され重んじられているからである。

私たちは、彼らをリスペクト専門家と呼ぶ。

この呼び方に軽蔑や揶揄が含まれていると考えないでほしい。判断の正確さを検証できないような事柄があるということは、専門家に対する批判でも何でもない。多くの分野について、それが人生の現実である。教授、研究者、経営コンサルタントの多くはリスペクト専門家である。彼らに対する信頼は、学生、同僚、顧客からのリスペクトによって決まる。こうした分野では、あるプロフェッショナルが下した判断は、同業者の判断とだけ比較検討することができる。

誰が正しくて誰がまちがっているかを明確に決定づける正解がないとしても、人々はやはりリスペクト専門家の意見を重んじる。たとえ彼らの主張が互いに矛盾していても、だ。たとえば、著名な政治アナリストで構成されるパネルがあったとしよう。アナリストたちの意見は、現在進行中の外交的危機の原因についても、その後の展開についても大きく分かれている（こうした意見の不一致はよくあることだ。それに全員の意見が一致していたら、その討論は全然おもしろくないだろう）。アナリストはみな正しい見方があると信じており、自分の見方こそそれに最も近いと考えている。読者がこのパネルを傍聴していたら、何人かの意見は興味深く、主張に説得力があると感じるだろう。彼らのうち誰が正しいかはその時点ではわからない（アナリストたちが検証可能な形で予測を提示しなかった場合には、後になってもわからない）。だが意見が対立している以上、誰かがまちがっていることはわかる。それでもあなたは彼らの専門家としての能力を尊敬するだろう。

あるいは、まったく別種の三人の専門家を想像してみよう。こちらは、予測とは無縁である。彼らは深い学識を備えた道徳哲学者だ。一人はイマヌエル・カント、一人はジェレミー・ベンサム、もう一人はアリストテレスの系譜に連なる。いかなる道徳性を求めるべきかという点で彼らの意見は一致せず、たとえば、いつどんな状況なら嘘は正当化されるか、動物に権利はあるか、刑罰の意義とは何か、といったテーマで白熱した議論が闘わされる。あなたは注意深く耳を傾け、彼らの思考法の明晰さと精緻さに舌を巻く。あなたの好む主張は一つだとしても、きっと全員を尊敬するはずだ。

なぜそんなことが起こりうるのだろうか。ここに、判断のクオリティを尊敬されている人がいるとしよう。専門家の質を客観的に検証する基準が存在しない状況で、その人が別の誰かを専門家として信頼するのはどんなときだろう。要するに、何がリスペクト専門家を作り上げているのだろうか。

答えの一部は、共通の規範あるいはプロフェッショナルとして守るべき原則の存在で説明できる。専門家はしかるべき資格認定を受け、所属する組織で専門的訓練と指導を受ける。医師は研修医として働き、若手弁護士は先輩について学ぶ。彼らは仕事に必要なテクニックだけでなく、専門家としてやっていくためのある種の方法や手続きを身につけ、また守るべき規範を教わる。

プロフェッショナルが共有する規範は、どの情報を考慮すべきかから、最終判断をどのように下し、その正当性をどのように示すべきかに至るまでを示してくれる。たとえば保険会社であれば、損害査定担当者は査定時のチェックリストに当然含めるべき事柄について、全員がすんなり合意するだろう。

もちろんこの点で合意したからといって、査定担当者によって評価額にばらつきが出ないということではない。なぜなら、規範には手順が逐一定められているわけではないからだ。規範は、そのとおりやれば誰にでも作れる料理のレシピとはちがい、そこには解釈の余地が残されている。それに、査定担当者は判断を下すのであって、単純な計算をするわけではない。ノイズの発生が避けられないのはこうした理由からだ。まったく同じ訓練を受け、守るべき規範をきちんと守っているプロフェッショナルでさえ、現場でそれを適用するとなれば一人ひとりの間にちがいが出てくる。

しかも多くの専門的な仕事には、規範だけでなく経験が必要だ。チェスやピアノや槍投げに卓越した才能があれば、先輩をことごとく薙ぎ倒し、神童と呼ばれることは大いにありうる。結果が能力を裏付けてくれるからだ。だが保険の引受・査定担当者や指紋分析官や裁判官は経験を積まないと信頼できない。保険の引き受けに神童はいないのである。

リスペクト専門家のもう一つの特徴は、自信を持って判断を下し根拠を説明できることである。人間は、自信なげな人よりも自信ありげな人を信用するものだ。自信ヒューリスティックの存在は、集団の中では自信たっぷりの人の重みが増すことを意味する。[2] たとえ自信を持ってよい根拠が何もなくても、だ。リスペクト専門家はつじつまの合うストーリーを作り上げる名人である。

経験を積んでいるから、すばやくパターンを見つけ、前例との類似性から推論を行い、仮説を立てて強化することができる。彼らは目にした事実を首尾一貫したストーリーにうまく嵌め込むことができ、それが自信を醸し出すのである。

知的能力

専門的訓練、経験、自信によってリスペクト専門家は信頼を勝ち得る。だがこれらの特性は必ずしも彼らの判断の質を保証しない。では、よい判断を下す可能性が高い専門家を見分けるにはどうしたらいいだろうか。

一般的な知的能力が高い人ほどよい判断を下す可能性が高い。そう考えてよいもっともな理由として、知的能力がほぼすべての分野でよい判断との相関性が高いことが挙げられる。他の条件がみな同じであれば、知的能力が高いほど学問的業績のみならず仕事の実績も高い傾向にある。[3]

では知的能力をどうやって計測するか。一般知的能力（general mental ability）を計測するＧＭＡテストの話になると、多くの誤解や批判が噴出するのが常だ（今日では、知能指数〔ＩＱ〕よりＧＭＡのほうが好まれる）。そもそも知的能力あるいは知性とは何かについては誤解が多い。[4]テストが測定するのは多岐にわたる定着した能力であり、その一部は遺伝的形質に、一部は環境因子（教育機会など）に影響される。ＧＭＡテストを選抜試験に使うと特定の集団に有利になるとか不利になるといった懸念は根強い。ＧＭＡテストを選抜目的で使うこと自体の正当性に疑義を唱える人もいる。

　だがここでは、テストの利用をめぐる懸念はひとまず措き、テストの現実の予測的価値を考えることにしたい。アメリカ陸軍が一世紀以上前にGMAテストを導入して以来、テストのスコアとその後の実績との関係について何千もの研究が行われてきた。そしてある論文で指摘されたとおり、「職業で到達した地位、選んだ職業における実績どちらについても、GMAスコアは他の能力、気質、適性、職業経験などよりずっと予測精度が高い」。[5] もちろん、他の認知能力（後段で論じる）や、個人の人格特性、たとえば誠実であるとか、長期目標を追求する粘り強さや情熱なども大切である。[6] それに、GMAテストでは計測できないさまざまな知的能力があることも事実だ。たとえば実務能力がそうだし、創造性もそうだ。心理学者や神経科学者は、定着した知的能力、すなわち蓄積した知識（計算能力も含む）に頼って問題を解決する能力と、流動的な知的能力、すなわちまったく新しい問題を解決する能力とを区別する。[7]

　こうした不備や限界はあるにしても、言語や数値や空間把握などに関する標準化されたテストとしては、GMAテストは重要な結果の予測精度に関して群を抜いている。先ほど引用した論文でも、GMAスコアによる将来予測の精度は「大方の心理学研究で見られるものより高い」と認める。[8] GMAと職業的成功との相関性は、当然ながら複雑な思考や作業が要求される職業ほど高い。単純作業よりロケットの設計のほうが知的能力の重要性が増すからで、高度に複雑な仕事では、GMAスコアと職業的成功との相関係数は〇・五〇（PC＝六七％）に達する。[9] すでに述べたように、社会科学の標準からすれば、相関係数〇・五〇はきわめて高い予測精度だと言える。[10]

専門的な能力を身につけたプロフェッショナルの判断を問題にする場合、知的能力の優劣はもはや無関係だという反論をよく聞く。そうした判断を下す立場にある人はそもそもみなＧＭＡスコアが高い、というのがその理由だ。たしかに医師、裁判官、保険会社の上級職といった人たちは一般より教育水準が高く、知的能力の計測値も高い。ＧＭＡスコアの高い人同士の間ではさしたる差はないと考えたくもなる。つまり高いＧＭＡスコアは有能なプロフェッショナル集団への入場券にすぎず、その集団の中での差の原因にはならない、という見方だ。

こうした見方は広く共有されているが、しかしまちがいである。職業に見られるＧＭＡスコアのばらつきが下位集団ほど大きく、上位集団ほど小さいことはまちがいない。ＧＭＡが全般的に低い職業でも例外的に高い人はいるが、弁護士や科学者やエンジニアにはＧＭＡスコアが平均以下という人はおそらく一人もいないだろう。[11] したがってこの観点からすると、高い知的能力はステータスの高い職業に就くための必要条件であって、それ以上の何物でもないと言えそうである。

だがこの見方は、上位集団の中での出来不出来を見落としている。一三歳のときに計測した能力で見て最上位一％の人の間でも、めざましい結果とＧＭＡスコアとの間には強い相関性がある。[12] 最上位一％集団の上位四分の一は、下位四分の一と比べ、博士号の取得、著作の出版、または特許の取得にいたる確率が二〜三倍高い。言い換えれば、ＧＭＡは九九パーセンタイルと八〇パーセンタイル、あるいは五〇パーセンタイルとの間だけでなく、九九・八八パーセンタイルと九九

・一三パーセンタイルとの間でもなお問題になるのである。それも大いに。

知的能力と実績の関係をさらに雄弁に物語る調査がある。二〇一三年にフォーチュン五〇〇にランクされる企業のCEOと四二四人のアメリカの富豪（保有資産で見て最上位〇・〇〇〇一％）を対象に行った調査では、予想通り、彼らハイパーエリートたちの知的能力がきわめて高いことが確かめられた。[13] それだけでなく、このハイパーエリート集団の中でも、教育水準が高く知的能力が高いほど報酬が多く（CEOの場合）、純資産額が多かった（富豪の場合）のである。ついでに、おもしろいこともわかったので紹介しよう。有名大学を中退してから大富豪になったスティーブ・ジョブズ、ビル・ゲイツ、マーク・ザッカーバーグは例外中の例外だということだ。アメリカの成人で大学を卒業した人は全体の三分の一であるのに対し、富豪の八八％は無事卒業していたのである。

以上から、結論はあきらかだ。一般的な知的能力は判断を要する職業におけるすぐれた結果に大いに貢献するのであり、GMAスコアが高い集団の中でも、スコアが高いほど職業上の実績も高い、ということである。あるスコアを超えたらその後の差はたいして意味を持たないというもっともらしい意見は、いまのところ実証的な裏付けを得られていない。この結論から、次のことが言える。プロフェッショナルの判断が検証不能なケースでも、目に見えない標的を正確に撃ち抜いていると思われる判断が存在するとき、知的能力の高い人の判断はそれに近い可能性が高い。判断力が求められる仕事に誰かを採用するなら、できるだけGMAスコアが高い人間を選ぶことが理に適っている。

だがこの推論には、重大な不備がある。選抜対象の全員に標準的なテストを課すことができない場合、知的能力が高いと思しき人物をどうにかして見きわめなければならないことだ。そうなると厄介なことになる。というのもＧＭＡの高い人間はさまざまな面に秀でており、したがって他人に自分の正しさを説得する能力にも長けているからだ。つまり、ＧＭＡの高い人間は他の人よりよい判断ができると同時に、自分の判断の正しさを同僚に印象付け、信頼を勝ち得、現実の結果と照合できない場合にはリスペクト専門家になれる可能性が高い。中世の占星術師はおそらく当時としてはきわめてＧＭＡが高かったにちがいない。

自分の判断に合理的な根拠を雄弁に述べ立てられる知的能力が高そうな人物を信用するのは、場合によっては賢明かもしれない。だがまちがいなく正しいとは言えないし、場合によっては完全に裏目に出るだろう。では、ＧＭＡテストや類似のテストを実施できない場合に、すぐれた判断のできる人材を見分ける方法はほかにないだろうか。

認知スタイル

知的能力とは別に、人間の「認知スタイル（cognitive style）」にはさまざまなちがいがある。認知スタイルは、こと判断に関する限り、「判断すべき問題に直面したときのアプローチ」と言い換えることができる。人それぞれの認知スタイルを計測するためのさまざまな手法が開発されてきた。計測値の多くはGMAとの相関性が高いが（逆もまた言える）、計測するのは知的能力ではなく別のものである。

そうした計測手法の一つに認知反射（cognitive reflection）テスト（CRT）がある。かんたんな問題で構成されており、いまや有名になったバットとボール問題はその代表例だ。

バットとボールは合わせて一ドル一〇セントです。
バットはボールより一ドル高いです。
ではボールはいくらでしょう？

認知反射を測る問題には、このほかにこんなものもある。[14]

あなたはかけっこをしていて、二位の選手を追い抜きました。
いまあなたは何位でしょう？

CRTでは、すぐに思いつく（まちがった）答え（最初の問題では「一〇セント」、次の問題では「一位」）を退けて正しい答えを探そうとするかを計測する。認知反射は現実の世界の判断や考えにも反映され、CRTスコアが低いことは現実の世界の判断にも現れ、[15]スコアが低い人ほど幽霊や占いや超能力を信じやすく、見えすいた「フェイクニュース」に引っかかりやすい[16]。CRTスコアからスマートフォンの使用時間を推定することも可能だ[17]。

CRTは、熟考する傾向と衝動的な考えに囚われる傾向を計測する有効な手段の一つであることが広く認められている[18]。要するに、人間には注意深く考えるタイプと直感を信じるタイプがいるということだ。私たちの用語を使うなら、システム2の遅い思考に頼るか、システム1の速い思考一辺倒かをCRTで測ることができる。

また、こうした傾向を測るための自己評価テストもある（もちろんこれらのテストは相互に相関している）。認知欲求尺度（need-for-cognition scale）はその一つだ[19]。このテストでは、問題を深く考えるタイプかどうかを答えてもらう。たとえば、「かなり考えないと解けないような問題に取り組むのが好きだ」とか「考えることは性に合わない」といった文章がどの程度自分に当てはまるか、尺度の目盛りで答える。認知欲求の高い人は認知バイアスに囚われる可能性が低い[20]。一風変わった関連性も報告されている。「ネタバレ注意」の表示付きの映画レビューを避ける人は、認知欲求が高い傾向があり、ネタバレのレビューを読みたがる人は低い傾向があるという[21]。

とはいえこのテストは自己申告式であるうえ、社会的に好ましい答えがわかっているので、当然ながら自分をよく見せたい人は「考えることは性に合わない」を選ばないだろう、という疑問が湧く。この理由から、自己申告でない方法を使うテストも開発されている。

その一つが成人意思決定能力尺度（Adult Decision Making Competence scale）である[22]。この

テストでは、自信過剰や不合理なリスク認識などの典型的な判断エラーを犯しやすい傾向を計測する。また、ハルパーン批判的思考評価（Halpern Critical Thinking Assessment）は批判的思考能力を重点的に計測するテストで、合理的に考えられるか、学習可能なスキルが身についているかなどをみる。[23] このテストを受けると、たとえばこんな質問をされる。「あなたは二つの減量プログラムのうちどちらがいいか、友人からアドバイスを求められました。一方は体験者が成功した減量は平均一〇キロ、もう一方は平均一五キロだとされています。どちらを選ぶべきかアドバイスする前に、確認しておきたい点はありますか？」。こう尋ねられて、実際に減量に成功したのは何人か、またその後一年以上減った体重を維持できたのか、といった点を挙げたら、批判的思考に関して高いスコアを獲得できるだろう。意思決定能力や批判的思考のテストのスコアが高い人は、人生でもよい判断を下すと考えられる。すくなくとも、悪い選択によって引き起こされる不快な経験は少ないだろう。たとえばレンタルビデオを返し忘れて追加料金を請求されるとか、望まぬ妊娠をしてしまうとか……。

こうした認知スタイルやスキルなどの計測値から判断の質を予測することは理に適っているようにみえる。だが計測値が判断対象に左右されることを忘れるべきではない。ウリエル・ハラン、イレーナ・リトフ、バーバラ・メラーズは、予測的判断の精度と関連づけられる認知スタイルは何かを調べた結果、認知欲求のスコアは追加的な判断材料を熱心に探す姿勢とはあまり相関性がなく、判断の質とも関連づけられないとの結論に達した。[24]

予測的判断の質に関わる認知スタイルあるいは個性を計測できる尺度は、別にある。心理学者のジョナサン・バロンが開発した「積極的に開かれた思考態度（actively open-minded thinking）」尺度である。[25] 積極的に開かれた思考をする人は、自分の当初の仮説に反するような情報や反対意見を積極的に探し、慎重に天秤にかける。彼らは、「反論を聞いて納得するのは好ましい性格の現れである」といった主張に同意し、「自分の考えを変えるのは性格が弱い証拠だ」とか「直感こそがよい意思決定の最良の決め手である」といった主張には同意しない。

つまり、認知反射や認知欲求のテストは注意深い遅い思考に取り組む傾向を計測するのに対し、開かれた思考テストはさらに踏み込み、自分の判断は未完成であり必要に応じて修正したいとする謙虚な思考態度を計測する。第21章では、この思考スタイルこそが優秀な予測的判断を特徴づけることを検証する。彼らは新しい情報が入ってくると柔軟に自分の考えを修正し、思い込みを正す。興味深いのは、積極的に開かれた思考が学習可能だという証拠がいくつか得られていることだ。[26]

ここでは、「これこれの分野でよい判断を下せる人はこうやって選ぶとよい」といった確定的な結論を出すつもりはない。それでも、さまざまな研究の成果を駆け足でみる中から二つの大きな原則が浮かび上がってきた。一つは、専門家の判断が結果や正解と照合できる領域（たとえば天気予報）とそれができない領域すなわちリスペクト専門家の領域とを峻別すべきだということである。ひょっとすると、政治アナリストの発言は非常に力強く説得力がある一方で、チェスのグランドマスターはひどく控えめで、自分の指した手の根拠をちゃんと説明できないかもしれない。それでも、眉につばをつけて聞くべきなのは後者より前者の判断である。

二つ目は、同等の訓練や経験を積んだ同僚と比べ、あきらかに抜きん出てよい判断をする人がいる。そうしたすぐれた判断者は、バイアスもノイズも少ないと考えられる。このような差がつく原因の多くは知的能力と認知スタイルで説明できるとしても、判断の質を明確に予測できるような単一の尺度は存在しない。おそらく求めるべき人材は、自分の最初の考えに反するような情報も積極的に探し、そうした情報を冷静に分析し自分自身の見方と客観的に比較考量して、当初の判断を変えることを厭わない人、いやむしろ、すすんで変えようとする人である。

いま述べたすぐれた判断者の人物像は、広く受け入れられている決断力のあるリーダー像とはだいぶちがうかもしれない。みんなが大好きなのは、揺るぎなく迷いのないリーダーだ。何が正しいかを直ちに見抜き、自分の判断に自信を持っているように見えるリーダーが大勢の信頼を獲得する。だが判断エラーを減らしたいのであれば、リーダーは（いやリーダーでなくてもだが）反対意見が正しく自分の判断がまちがいである可能性をいつでも認める用意のあることが望ましい。そのようなリーダーが決断力を発揮するのはプロセスの最後であって、最初ではないのだ。

よい判断を下せるのはどんな人かについて話そう

「君はたしかに専門家だ。しかし君の判断は結果で検証可能なのか、それとも不可能なのか？」

「われわれは二人の専門家から得た助言のどちらかを選ばざるを得ない。しかし、彼らの専門的な能力や過去の実績は何もわかっていない。だから、知的能力の高いほうのアドバイスを採用することにしよう」

「ただ、知的能力がすべてというわけではない。認知スタイルや思考態度といったものも重要だ。われわれが選ぶべきなのは単に頭のいい人間ではなく、開かれた思考のできる人だと思う」

第19章　バイアスの排除と判断ハイジーン

多くの研究者が、そして多くの組織も、判断からバイアスを取り除こうと懸命に努力してきた。この章では、そうした取り組みからわかってきたことを検討したい。[1] さまざまなバイアス排除手法を分類したうえで、試す価値のある方法としてリアルタイムの意思決定プロセス・オブザーバーを提案する。最後にノイズに目を転じ、判断ハイジーンの考え方を説明する。

事後方式と事前方式

バイアスの排除には主に二つの方法があり、その特徴は計測の比喩で説明すると理解しやすいだろう。あなたの家の浴室にある体重計は、だいたいいつも〇・五キロ多めに出るとする。つまり体重計にはバイアスがかかっている。だからといってこの体重計が役立たずというわけではない。体重計のバイアスに対処する方法は二つある。一つは、体重を測るたびに〇・五キロ引く方法だ。もちろんこれは面倒だし、ときには忘れてしまう可能性もある。もう一つの方法は、体重計を調整してきちんと測れるようにすることである。

判断からバイアスを取り除く取り組みも、この二つとよく似ている。つまり判断を下してしまってから修正する事後方式と、判断を下す前にバイアスの可能性を取り除いておく事前方式である。

事後方式は直感的に行われることが多い。たとえばプロジェクトチームの管理者は、チームが三カ月で完成させる計画を立てた場合、余裕を見込んで四カ月あるいは五カ月先を完成予定日に設定しておく。こうして、直感的に察知したバイアス（計画の錯誤）を修正しておくわけだ。

こうしたやり方がもっと組織的に行われるケースもある。たとえばイギリス財務省はグリーンブックと呼ばれる「中央政府における政策評価」指針を発表し、政府プログラムや事業の評価方法を定めている[2]。そこには、計画担当者は楽観バイアスの排除に努めなければならず、そのためにはコストや期間をしかるべく修正することが必要だと書かれている。修正は、その組織の過去の楽観バイアスに照らして行うことが望ましい。過去のデータが存在しない場合には、プロジェクトの性質に応じた一般的なパーセンテージを適用することを推奨している。

事前方式は、二つのタイプに分類できる。中でも有望なのは、判断や意思決定が行われる環境を改善することだ。このやり方はナッジ（好ましい選択肢に誘導する方法）という言葉でつとに有名である[3]。この場合のナッジは、バイアスの影響を減らしたり、バイアスを列挙して注意を促したりすることで、よりよい選択や意思決定に導くことを目的とする。年金プランへの自動加入はその代表例だ。無関心や先送りや楽観バイアスを回避するために、従業員は自ら加入を拒否しない限り、自動的に年金プランに加入するしくみになっている。おかげで年金加入率は大幅に上昇し、この方式がきわめて効果的であることを実証した。自動加入方式は、「明日はもっと貯蓄しよう（Save More Tomorrow）」プランを併用することが多い。これは、将来給与が上がったときは年金積立額を自動的に増やすことにあらかじめ同意するプランである。自動加入方式は、さまざまなところで使われている。たとえばグリーンエネルギー、貧困家庭の子供たちのための無料給食、さまざまな生活保護プログラムなどだ。

このほかにもさまざまな選択を行う局面でナッジが活用され、正しい決断が容易な決断になるよう工夫が凝らされている。たとえば手続きを簡略化して精神科系の治療を気軽に受けられるようにするのはその一つだ。また製品や事業の隠れた特徴を前面に押し出すことも、ナッジの一例である。たとえば目立たなかった破格の手数料を明示する、などだ。食品売り場やウェブサイトはナッジを活用して消費者のバイアスを排除し、健康によい食品の購入を促している。たとえば健康によい食品を目立つところに展示し、効果のほどをくわしく説明する、などだ。

意思決定者の研修にもある種の事前方式のアプローチが取り入れられている。自分のバイアスに気づかせ、それを克服するよう促すわけだ。こうした研修はブースティングと呼ばれ、統計の初歩を教えるなど、意思決定者の能力改善を図ることを目的とする。[4]

とはいえ、教育によってバイアスを減らす取り組みは尊敬すべきではあるが、思うよりずっとむずかしい。言うまでもなく、そうした教育は有用である。統計学を専門的に学んだ人は、統計的推論においてエラーを犯しにくい。[5] しかしバイアスを避けることを教えるのは困難だ。数十年におよぶ調査から、自分の専門分野ではバイアスを排除できるプロフェッショナルでさえ、専門以外の分野ではバイアスから逃れられないことがわかっている。たとえば気象予報官は、予報に過剰な自信を持ってはいけないことを学んでいる。彼らが降水確率は七〇%だと言ったら、一〇〇回に七〇回は雨が降ると考えてよい。だがその彼らでさえ、ほかのことではふつうの人と同じく自信過剰になったりする。[6] 自信過剰の克服がむずかしいのは、新しい問題もすでに出会ったことのある問題と似ていること、どこかで遭遇したバイアスはどこにでもあることをなかなか認められないからだ。

しかし、斬新な教育方法を使って一定の成功を収めた例もある。その一つがボストン大学のキャリー・モアウェッジのチームによる実験で、教育ビデオと「真剣なゲーム」を使う。参加者はビデオとゲームを通じて、確証バイアスやアンカリングといった心理的バイアスに起因するエラーに気づかされるしくみになっている。ゲームのあとでは自分の犯したエラーについてフィードバックを受け、同じエラーを繰り返さないためにはどうすればいいかを学ぶ。ゲームは教育ビデオより効果的で、直後のテストではエラーの頻度が大幅に下がることが確かめられた。[7] しかも八週間後に類似のテストを行ったときも、効果が維持されていた。またパリ経営大学院のアンヌ＝

ロール・セリエのチームは、確証バイアスの学習目的で開発した教育ゲームをＭＢＡの学生にやらせたところ、彼らはとくに指示を受けなかったにもかかわらず、別の授業で出された問題解決の課題にゲームで学んだスキルを応用したという。[8]

バイアス排除の限界

事後方式でバイアスを修正するにせよ、ナッジやブースティングでバイアスを予防するにせよ、バイアス排除アプローチの大半には一つの共通点がある。それは、何らかの特定のバイアスの存在を前提にして、それをターゲットにしていることだ。その前提はだいたいにおいて妥当だとしても、的外れのときもある。

プロジェクトチームの例で考えてみよう。プロジェクトの管理者は、一般にチームが自信過剰になりやすいことを知っている。だが、いまチームに影響を与えているバイアスが自信過剰だけだとか、自信過剰が圧倒的に重要な要因だと言い切れるだろうか。もしかするとチームリーダーは過去に類似のプロジェクトで大失敗をしたことがあり、過度に慎重になっているかもしれない。となると、自信過剰ではなくむしろ逆のバイアスがかかっていることになる。あるいは、チームが計画を立てるときの類似のプロジェクトを参考にし、そのアンカリング効果に影響されているかもしれない。さらに、管理者が余裕を見込むことを見越して、いつも以上に強気に期間を見積もる可能性だってある。

あるいは、投資の決定を考えてみよう。投資家の見通しというものはだいたいにおいて自信過剰気味である一方、損失回避という強力なバイアスも働く。こちらは自信過剰とは逆のベクトルに作用し、投じた金額を何としても失うまいとする。あるいは、企業が複数のプロジェクトにリソースを配分するケースを考えてみよう。意思決定者は新しいプロジェクトの成功を確信しているかもしれないし（おなじみの自信過剰だ！）、既存事業からリソースを割くことに気乗り薄かもしれない。後者は現状維持バイアスで、その名のとおり、ものごとを現状のままにしておくことを好む。

以上の例からわかるように、実際にどんな心理的バイアスが判断に影響を与えているのかを正確に知ることは非常にむずかしい。少なからぬ要素が絡んでくる状況では、複数の心理的バイアスが作用する可能性があり、それらは重なり合って同一方向へのエラーを増幅することもあれば、打ち消しあって予想外の結果にいたることもある。

要するに、事後方式（バイアスの修正）も事前方式（バイアスの予防）も、状況によっては有効にバイアスを排除できるが、状況によってはできないということだ。どんなタイプのエラーが起きやすいかがあらかじめわかっており、実際に統計的バイアスとしてはっきり現れるような状況では、バイアス排除アプローチはうまくいく。非常に強いバイアスがかかると予想されるような類の意思決定には、バイアス排除アプローチが効果を上げる可能性が高い。たとえば、むやみに強気な計画に対しては、計画の錯誤を想定してバイアス排除アプローチを適用するのは妥当だと言える。

問題は多くの状況で、どんなエラーが起きやすいかが前もってわからないことだ。判断者によって心理的バイアスの影響が異なり、それを予測できないような状況はすべてこれに該当し、システムノイズを生むことになる。このような状況では、言うなればもっと広い網を仕掛け、さまざまな心理的バイアスを一網打尽にすることが望ましい。

意思決定プロセス・オブザーバー

そのために提案するのが、最終判断の前でも後でもなく、リアルタイムでバイアスを見つけ出すアプローチである。言うまでもなく、バイアスがかかっている最中にそのことに気づく人はめったにいない。バイアスに気づかないこと自体、「バイアスの盲点（bias blind spot）」というバイアスである。[9] 人間は他人のバイアスにはすぐに気づくが、自分のバイアスには気づかないのである。だから意思決定プロセスを第三者が見ていれば、バイアスに気づく可能性が高い。その第三者が、意思決定や判断に影響する主なバイアスを見抜く訓練を受けていれば、なおのことである。

ではここで、何らかの重要な結果をもたらすような複雑な判断を下そうとする集団を想像してほしい。たとえば、パンデミックにどう立ち向かうか政策を決定しようとする政府、深刻な症状を呈している患者の最善の治療法を検討する医師のミーティング、重要な戦略を議論する経営チーム、等々。ここに意思決定プロセス・オブザーバーが同席して議論を傍聴し、チェックリストに従って、何らかのバイアスが議論をあらぬ方向に押し流していないかを見きわめる、というわけだ。

オブザーバーの役割は言うまでもなくかんたんではないし、組織によってはオブザーバーを指名することが現実的に不可能だ。最終決定権を持つ人物にバイアスを減らす気がまったくなければ、オブザーバーがいくら指摘したところで役に立たない。意思決定権を持つ人が率先してオブザーバーを指名し、その役割を支援するぐらいでないと、このやり方は機能しないだろう。ともかくも、誰にせよ自らオブザーバー役を買って出ることは断然おすすめしない。大勢を敵に回し、何の成果もあげられずに終わるのがオチだ。

だが非公式の実験では、このアプローチにかなり効果があったという。すくなくとも、組織のリーダーまたはチーム全体がバイアスを取り除きたいと真剣に考え、適切な意思決定プロセス・オブザーバーを選んだ場合には、その選任自体に重大なバイアスがかかっていない限り、よい結果につながると考えられる。

こうした条件下で意思決定プロセス・オブザーバーを選ぶ方法は三つある。第一は、管理職など監督の任にあたる人がオブザーバーを務める。彼らは通常はチームから提出された報告や提案に目を通すだけだが、オブザーバーを務める際には判断プロセスやチーム内のダイナミクスにも注意を払う。そうすれば、プロセスに影響を与えているバイアスを見つけて警告を発することができる。[10] 第二は、チームのメンバーの一人が「バイアス・バスター」を務めることだ。チームのことはよくわかっているので、判断をミスリードしがちなバイアスに気づきやすい。ただこのやり方だとチーム内で憎まれ役を務めることになるため、孤立無縁になりやすい。第三は、外部からオブザーバー役を連れてくる方法である。この場合には中立な立場から見られるメリットがある一方で、チームの内情がわかっていないというデメリットがある。

意思決定プロセス・オブザーバーが効果的に役割を果たすには、一定の訓練とツールが必要だ。ツールの一つが、バイアス・チェックリストである。チェックリストを使うべき理由ははっきりしている。チェックリストには重大な意思決定を改善させてきた長い歴史があり、エラーの再発防止にも最適のツールだとわかっているからだ。[11]

たとえばアメリカでは、政府機関は多額のコストを伴う規則（大気および水質汚染防止、労災死の抑制、食品安全性の強化、公共衛生危機への対応、温室効果ガスの削減、国土安全保障の強化など）を定める前に、公式の影響分析の実行が義務付けられている。「行政管理予算局（OMB）文書A4号」という味もそっけもない表題のぶあつい文書（五〇ページ近い）に分析の手順が記載されており、一読すれば、あきらかにバイアス防止目的で設計されたことがわかる。政府機関が新たな規則を導入する際には、厳格な規則・緩やかな規則のメリット、デメリットを検討し、費用と便益を天秤にかけ、バイアスがかからないように情報を扱い、将来への影響を適切に計算に入れなければならない。だが政府機関の多くは、このぶあつい文書の指示に従っていない

（たぶん読んでもいないだろう）。その代わりと言っては何だが、重要な条件を無視したり見落としたりすることがないよう、一ページかそこらの簡便なチェックリストは作成している。[12]

バイアス・チェックリストの例を付録Ｂに掲げた。[13] この包括的なリストはあくまで一例であり、意思決定プロセス・オブザーバーが組織のニーズに合わせて的を絞るとともに、やりやすいようカスタマイズするのがよいだろう。[14] 重要なのは、発生しうるすべてのバイアスを網羅した長々しいリストを作らないことである。出現頻度が高く、重大な結果を招きやすいバイアスに絞るのがよい。

意思決定プロセス・オブザーバーが適切なバイアス・チェックリストを使って役割を果たせば、バイアスの影響を抑えることが可能だ。非公式の小規模な試みではすでにいくつか有望な結果が得られているが、私たちの知る限りではまだこのアプローチを組織的に行った例はなく、また具体的なさまざまな実施方法のメリット、デメリットもわかっていない。現場と研究室の両方で今後積極的にこのアプローチの実証実験が行なわれることを期待したい。

判断ハイジーン

バイアスはよく見かけるし、どういうものか説明もできるエラーである。バイアスは偏りなので（射撃場を思い出そう）方向性があり、ナッジでその悪影響を抑制したり、ブースティングで特定のバイアスを克服したりできる。それに、バイアスは目に見えることが多い。だから、オブザーバーが意思決定プロセスの進行中にリアルタイムでバイアスを見つけ出すことができる。

一方のノイズは予測不能なエラーであり、見つけ出して「これだ」と指摘できるものでもない。そこで往々にして無視することになる。ノイズが重大な結果を招いているときでも、である。こうしたわけだから、バイアスをなくす方策が病気の治療と似ているとすれば、ノイズを減らす方策は予防的な衛生管理に似ていると言える。予防の目的は、不特定の潜在的エラーが起きる前に防ぐことにある。

このアプローチを私たちがハイジーン（衛生管理）と呼ぶのはこのためだ。手洗いは予防的衛生対策の一つだが、手を洗うとどのバイ菌を防げるのかはよくわからない。わかっているのは、とにかくいろいろなバイ菌に効果的だということである（パンデミックのときはとくにそうだが、そうでないときも有効だ）。同様に判断ハイジーンも、どのエラーの防止に役立つのかははっきりしないが、とりあえずノイズを減らすことのできるテクニックだと考えてほしい。

手洗いに擬えたのは意図があってのことだ。衛生対策は面倒でつまらない。効いているのかいないのかよくわからないし、何を予防できたのかも永久にわからないままだ。また、いざ問題が発生したときに、どの衛生対策を守らなかったのが原因なのか、おそらく追跡不能である。こうした理由から、手洗いの習慣を徹底するのはむずかしい。衛生習慣の重要性をよくわきまえている医療従事者でさえ、そうだ。

手洗いその他の予防対策と同じく、予防的な判断ハイジーンもきわめて有益であるにもかかわらず、効果が見えにくくありがたがられない。目立つバイアスを是正すれば、すくなくとも何かをやり遂げたという達成感を抱くことができる。だがノイズはそうはいかない。ノイズを減らせば、統計的には多くのエラーを防いだことになる。だがどのエラーを防げたのかはわからない。ノイズは見えない敵だ。見えない敵の脅威を防いでも、得られるのは見えない勝利だけである。

ノイズが引き起こす多くの損失を考えれば、見えない勝利であってもそれをめざして戦う価値はある。以下の章では、五つの分野で採用されているハイジーン手順を取り上げる。そして第５部の最後の第25章ではそれぞれを評価し、どのように組み合わせると効果的かを検討する。

バイアスの排除と判断ハイジーンについて話そう

「いま減らしたいのがどういうバイアスで、どんな具合に結果に影響を与えているのか、はっきりしているのだろうか。もしわかっていないなら、複数のバイアスが作用している可能性を考えなければならない。その場合、どのバイアスが強く作用しているのかを見きわめるのはとてもむずかしい」

「話し合いを始める前に、まず意思決定プロセスのオブザーバーを指名しよう」

「今回は判断ハイジーン手順をきちんと実行できた。よい決定を下せたのはたぶんそのおかげだろう」

第20章　科学捜査における情報管理

二〇〇四年三月、マドリード。朝の通勤客で込み合っていた列車が次々に爆破され、死者一九二人、負傷者二〇〇〇人以上を出す大惨事となった。現場に残されたビニール袋に指紋が発見され、インターポール（国際刑事警察機構）を通じて国際手配される。数日後、アメリカ連邦捜査局（ＦＢＩ）はこの指紋がオレゴン州在住のアメリカ人ブランドン・メイフィールドのものだと断定した。

メイフィールドはたしかに疑わしく見えた。元陸軍将校で、エジプト人女性と結婚してイスラム教に改宗している。退役後は弁護士をしており、タリバンに加わるためにアフガニスタン行きを試みた若者（後に有罪となった）などを弁護したことがある。こうしたわけで、もともとＦＢＩから要注意人物としてマークされていた。

メイフィールドは監視下に置かれ、家に盗聴マイクが仕掛けられ、電話も盗聴された。これほど厳重な監視をしても、何も疑わしい証拠は出てこない。にもかかわらずFBIは逮捕に踏み切るのだが、結局不起訴となった。なにしろメイフィールドは一〇年ほど国外に出たことさえなかったのである。しかも彼の勾留中に、メイフィールドの指紋は現場の遺留指紋と一致しないとの連絡がスペインの捜査当局からFBIに入った。スペイン当局によれば別の人物の指紋と一致したという。

二週間後にメイフィールドは釈放され、最終的にアメリカ政府は彼に謝罪するとともに、二〇〇万ドルを払って示談が成立している。当然ながら政府は、なぜこのようなエラーが起きたのか詳細に調査するよう命じた。その結果わかったのは、「この誤鑑定は人為的ミスであって、分析方法や技術には問題はなかった」ということである。[1]

ありがたいことに、このようなヒューマンエラーはそうひんぱんには起きない。それでも、この件から学ぶべきことは多い。なぜアメリカ最高の指紋分析の専門家が、遺留指紋をまったく別人の指紋と一致するなどと断定したのか。原因を突き止めるには、まずは指紋鑑定というものがどのように行われるのかを理解したうえで、プロフェッショナルによる他の判断との共通点を探る必要がある。指紋鑑定はきわめて科学的なものだと私たちは考えがちだが、実際には、鑑定者の心理的バイアスにかなり左右される。そうしたバイアスは多くのノイズを生み、それが誤鑑定につながるケースは想像以上に多い。科学捜査に携わる組織はこの問題を認識しており、克服に取り組んでいる。彼らが活用している判断ハイジーン手順は、判断者に与える情報の順序やタイミングを厳格にコントロールするというものだ。これは、科学捜査のみならずあらゆる状況で役に立つ。

指紋

指紋とは、指先の皮膚に隆起した線（隆線）の作る紋様（皮膚紋理）のことであり、またそれが物の表面に付着した跡のことも意味する。古代にも人間を識別する特徴として指紋が用いられた例はあるが、近代的な指紋研究が始まったのは一九世紀になってからのことだ。スコットランドの医師ヘンリー・フォールズが、指紋は一人ひとりみなちがうこと（万人不同）、成長しても変化しないこと（終生不変）に気づき、個人の特定に活用できるとする論文をネイチャー誌に発表した。

それから数十年の間に指紋は容疑者の犯罪歴を調べる目的で広く使われるようになり、フランスの警察官僚アルフォンス・ベルティヨンが開発した人体測定による識別法に取って代わるようになる。そのベルティヨン自身も一九一二年に指紋照合システムを確立した。「群衆の知恵」のところで登場したフランシス・ゴルトンも、イングランドで同様のシステムを作り上げている（とはいえ、彼ら指紋研究の父たちはめったに賞賛されない。それも当然で、ゴルトンは指紋が人種による分類を行うのに有効なツールだと考えていたし、ベルティヨンはおそらくはユダヤ人に対する偏見から、冤罪事件として名高いアルフレド・ドレフュス事件の一八九四〜九九年の訴訟で筆跡鑑定に関して専門家として誤った証言をした）。

ほどなく警察は、指紋には再犯者の識別以外にも有効な使い道があると気づく。一八九二年にアルゼンチンの警察官ホアン・ブセティッチが世界で初めて潜在指紋（肉眼では見にくい無色透明の指紋。検出用の粉末をかけて顕在化させる）を現場で採取し、容疑者の実際の指紋と照合して犯人と特定したのである。以来、犯罪現場に残された潜在指紋を標本指紋（識別された個人から適切な方法で採取した鮮明な指紋）と照合することが広く行われるようになり、科学的な証拠として重視されるようになる。

もし読者が電子的な指紋認証リーダー（多くの国の入国管理局でよく見かけるもの）を目にしたことがあるなら、指紋照合は機械にもできる単純な作業で、すぐにも自動化できそうだと感じただろう。だが犯罪現場で採取された潜在指紋を標本と照合するのは、クリーンな二つの指紋の照合に比べると、はるかにむずかしくデリケートな作業である。指を指紋リーダーの所定の位置にしっかりと載せれば、標準化された形式のきれいな指紋を記録することができる。これに対して潜在指紋は、一部が欠けていたり、不鮮明だったり、薄れていたり、歪んでいたりする。だから、管理された環境で専用のインクを使って押捺された指紋から得られるような情報は、潜在指紋からは量的にも質的にも得られない。潜在指紋は他人または本人の他の指紋と重なり合っていたりするし、ゴミや汚れなどの人工物が付着していたりする。だから、容疑者の標本指紋と完全に一致するかどうかを決めるには、指紋分析の専門家の判断が必要になる。

潜在指紋を受け取った専門家は、ＡＣＥ－Ｖ（分析・比較・評価・検証）と略称される手順に従って鑑定を行う。まず、その潜在指紋には比較照合が可能なクオリティがあるかどうかを分析する。可能となれば、標本指紋と比較する。その後に比較した結果を評価し、鑑定を行う。すなわち、潜在指紋と標本との一致・不一致・不明の判断を下す。一致と鑑定した場合には、別の専門家による検証を行う。

この手続きは数十年にわたって高い信頼を維持してきた。目撃者の証言がまったく当てにならないことがあきらかになったり、自白ですら虚偽だったと判明したりしても、指紋は確固たる証拠として受け入れられてきたのである。すくなくともＤＮＡ鑑定が実用化されるまでは、そうだった。二〇〇二年まで、アメリカの裁判で指紋に疑義を唱えて認められた例はない。たとえば当時のＦＢＩのウェブサイトには、こんな自信たっぷりの文章が掲載されていた。「指紋は多くの場合、個人を特定する完全無欠の方法である」[2]。指紋の誤鑑定というめったにないことが起きた場合には、専門家の無能力か不正のせいにされた。

指紋が証拠としてこれほど長い間揺るぎない地位を保っていられたのは、一つには誤鑑定だと立証することが非常にむずかしいからである。一組の指紋の真の価値とは、誰が真犯人かを示す検証可能な証拠を提供することにある。だが、検証可能だということはあまり理解されていない。なるほどメイフィールドのケースや他のいくつかのケースでは、とんでもない誤鑑定だったことが判明した。だがだいたいにおいて、容疑者が指紋鑑定に異議を申し立てたところで、当然ながら指紋のほうが証拠としての信頼性は高いと判断される結果に終わる。

すでに述べたように、正解がわからなくてもノイズの計測に支障はない。指紋分析にはどの程度のノイズが生じているのだろうか。そもそも指紋分析官は、量刑を決める裁判官や損害額を査定する保険会社の担当者と異なり、数値を決めるのではなく、潜在指紋と標本指紋が一致するか・しないかを判断する。この種の判断で、どの程度の意見のばらつきが生じうるのか、その原因は何か。ユニバーシティ・カレッジ・ロンドンの認知神経科学者イティエル・ドロールは、初めてこうした問題に取り組んだ。これまでノイズなどないと考えられてきた分野で、精力的にノイズ検査を実施したのである。

指紋分析における機会ノイズ

認知神経科学者つまりは心理学者が科学捜査に楯突くとは奇妙だと思われるかもしれない。たとえば「ＣＳＩ：科学捜査班」シリーズのようなテレビドラマを見たことがある人なら、科学捜査官というものはぴったりした薄いゴム手袋をはめ、顕微鏡を使いこなし、どんな微細な証拠も見逃さないといったイメージを抱いているだろう。だがドロールは、指紋鑑定とは人間の判断が大きく関わってくる仕事だと見抜いていた。そして認知神経科学者として、判断のあるところノイズありだと推論する。

この仮説を検証するために、ドロールはまず機会ノイズに注目した。すなわち、同じ証拠を繰り返し見たときに、同じ専門家の判断に生じるばらつきである。ドロールが指摘するとおり、「専門家が自分自身との一貫性を保てないとなれば、信頼性は危うくなり、そもそもの判断根拠にも専門性にも疑問符がつく」[3]。

指紋というものは、機会ノイズの検査対象として完璧である。というのも、医師の診断や裁判官の量刑判断と異なり、一組の指紋を明確に覚えていることは、ふつうはできないからだ。それでも、分析官が万が一にでも指紋を思い出せないよう、最初の鑑定から一定期間を置くことは必要である（ドロールの実験に参加したある強気の指紋分析官は「いまから五年以内のいかなる時点でも、同じ指紋を出されたら必ず気づく」と大見得を切ったらしい）。加えて重要なのは、分析官が自分の能力をテストされていると気づかないよう、通常の鑑定作業の一環として実験を行うことだ。こうした状況で最初の鑑定と二回目とにちがいが出たら、機会ノイズの存在が確認されたことになる。

科学捜査における確証バイアス

ドロールは最初に行ったノイズ検査のうち二種類に重要なひねりを加えておいた。指紋を二回目に見せるとき、分析官の一部にバイアスを誘発しやすい情報を与えたのである。たとえば、一回目の鑑定で容疑者の標本指紋と「一致」と判断した分析官には、「容疑者にはアリバイがあった」とか「犯行に使われた凶器の鑑識結果は、容疑者のものではないことを示した」といった情報を与える。また、一回目の鑑定で「不一致」または「不明」と判断した分析官には、「刑事は容疑者が犯人だと確信している」、「目撃者全員が彼を特定した」、「容疑者は犯行を自白した」などの情報を与える。ドロールはこの実験を専門家の「バイアスのかかりやすさ」を確かめるテストだと述べている。状況に関する情報は確証バイアスを発動させるからだ。

　実際、分析官はバイアスにかかりやすかった。同じ分析官が二回目に同じ指紋を鑑定する際にバイアス誘発情報を与えたところ、一回目と判断を変えたのである。最初の実験では、容疑者の無罪を強くうかがわせる情報を与えられた五人中四人が一回目の「一致」の鑑定をくつがえした。[4]六人の分析官が四組の指紋の照合を行う次の実験では、二回目の鑑定時にバイアス誘発情報を与えると、二四件のうち四件が変更されている。[5]もちろん、大半の鑑定は変更されていない。だがこの種の判断の重みを考えると、六件に一件という割合はかなり多いと考えるべきだろう。ドロールの実験結果は、他の研究者による実験でも裏付けられている。

　予想されたことだが、分析官が判断を変えやすいのは、そもそもむずかしい判断だったとき、バイアス誘発情報が強力なとき、一致から不一致または不明へ変更するときである。しかしともかくも、「指紋鑑定の専門家が、指紋に実際に含まれている情報ではなく、状況に応じて判断を下していた」というのは大いに問題だと言わざるを得ない。[6]

　しかもバイアス誘発情報は、分析官の最終判断（一致、不一致、不明）だけに影響をおよぼすわけではなかった。なんと、見たものをどう解釈するかだけでなく、何を見るかにも影響を与えるのである。ドロールらは先ほどとは別の実験で、バイアスを誘発しやすい状況に置かれた分析官は、そうした状況にないときと比べ、文字通り同じものを見ないことに気づいた。[7] 具体的には、潜在指紋に照合対象となる標本指紋を並べて提示された場合には、分析官が観察する細部、専門的に言うと特徴点（指紋の模様の特徴を表す場所）の数が、潜在指紋だけ見せられたときと比べて大幅に減ってしまう。後に別の研究でもこのことが確かめられ、「なぜそうなるのかははっきりしない」と書き添えられた。[8]

ドロールは、バイアス誘発情報の影響を受けることを「科学捜査の確証バイアス（forensic confirmation bias）」と命名した。以来このバイアスは、血液パターン分析、放火捜査、白骨化した遺体の身元調査、法医学など他の科学捜査技術についても研究されている。いまや科学捜査の決定打とされるＤＮＡ鑑定ですら、確証バイアスの餌食になりかねない。[9] 少なくとも、非常に複雑な鑑定をしなければならない状況ではそう言える。

科学捜査官が確証バイアスにかかりやすいことは、単に理論上懸念されるだけではない。なにしろ彼らをバイアス誘発情報から遮断するような組織的な予防策はまったく講じられていないのである。証拠に添付された送付状には往々にして状況説明などが書き添えられているし、捜査官が警察官や検察官などと直接話す機会も多々ある。[10]

確証バイアスは、また別の問題も引き起こす。エラー防止手順としてきわめて重要なＡＣＥ－Ｖでは、別の専門家による独立した検証を行うことが定められている。この検証は、「一致」の鑑定を確定させる前に行う。ところが多くの場合、この第二の専門家による検証の対象になるのは「一致」の鑑定だけだ。ここには重大な確証バイアスの危険が潜んでいる。[11]というのも、検証を担当する専門家は、鑑定結果が「一致」だったと知っていることになるからだ。このような検証の仕方では、独立した判断を統合する場合に通常期待できる「群衆の知恵」のメリットを得ることはできない。なぜなら検証が実際には独立していないからである。

　メイフィールドの件では、確証バイアスのカスケードが作用したと考えられる。じつはこの事件では、二人どころか三人のＦＢＩの専門家が誤鑑定に関わっていた。事後検証で指摘されたように、最初に鑑定した分析官は、指紋データベースから一致の可能性を検索する自動化システムの「相関性の高さ」に強い印象を受けていた。この分析官にはメイフィールドの経歴などの情報は知らされていなかったはずだが、データベース検索の結果に加え、「非常に注目度の高い事件に関わっているという強いプレッシャーが重なった」ことが確証バイアスを生む下地になったと考えられる。[12]こうして最初の分析官が「一致」と誤鑑定してしまうと、「その後の鑑定も汚染された」と報告書は述べている。最初の分析官の地位が高く非常に尊敬されていたことから、「他の人がちがう意見を述べるのは次第にむずかしくなった」[13]。こうして最初の誤鑑定が繰り返され、増幅され、ついにはメイフィールドが犯人であることは「ほぼ確実」と結論づけるに至ったわけである。さらに裁判所から指名されて、メイフィールドの弁護側の代理として証拠調べを行った別のきわめて優秀な専門家も、ＦＢＩによる「一致」の鑑定を支持したのだった。

同じ現象が他の科学捜査技術でも広い範囲で起きている。潜在指紋の鑑定は科学捜査の領域で最も客観的だと評価されているのに、その専門家がバイアスに影響されうるなら、他の技術の専門家もそうだと考えるのが妥当だろう。たとえば銃器の専門家が、潜在指紋は容疑者のものと一致したと知らされたら、そこでまたバイアスがかかることになる。また、法歯科医が、DNA鑑定で容疑者が犯人と特定されたと知らされたら、歯型は一致しませんとは言いにくくなる。となれば、おぞましいことだがバイアスの連鎖が懸念される。[14] 第8章で集団によるノイズの増幅を取り上げたが、まさにあれと同じように、確証バイアスによって引き起こされた最初のエラーがバイアス誘発情報となって二人目の専門家に影響を与え、二人目の判断が三人目のバイアスを誘発する……という具合に連鎖が続く。

ドロールらはバイアス誘発情報によって専門家の判断が変わりうることを確かめただけでなく、機会ノイズのさらなる証拠も発見している。バイアス誘発情報を与えられなくとも、指紋分析官はときに自分の以前の判断をくつがえすことがあるのだ。[15] バイアス誘発情報を与えられたときほどその頻度は高くはないものの、ともかくも判断の変更は起こりうる。二〇一二年にFBIが実施した調査は、この発見を大規模に裏付ける結果となった。[16] 調査では七二人の分析官を対象に、自身が七カ月前に鑑定した二五組の指紋を通常の環境で再鑑定させた。その結果、きわめて優秀な分析官であっても機会ノイズに影響されるケースがままあることが判明する。なにしろ鑑定の一〇件に一件が変更されたのである。その大半が「不明」からの変更または「不明」への変更で、誤って「一致」に変更したケースはなかった。この調査の発見で最も悩ましいのは、「一致」と鑑定され有罪判決につながったいくつかのケースで、後になって「不明」と鑑定されうることだった。とくにバイアスを誘発するような状況ではなく通常と同じように整えた状況であっても、同じ指紋を同じ分析官が再び見て当初の鑑定が変わる可能性があるとなれば、彼らの判断には一貫性がないことになるではないか。

冤罪はどれほどあるのか？

これらの発見から浮かび上がる現実的な疑問は、誤った指紋鑑定に基づく有罪判決つまり冤罪はどの程度あるのかということである。法廷で証言する専門家の信頼性に問題があるとなれば、見過ごすわけにはいかない。専門家の証言が有効であるためには、その信頼性が条件になる。自分の判断に同意できないような人物は信用できないではないか。

科学捜査の誤りによって有罪になるケースはどのくらいあるのだろうか。アメリカにはＤＮＡ鑑定により冤罪を晴らす活動をしているイノセンス・プロジェクトという非営利組織がある。この組織によって無実が証明された三五〇件を調べたところ、四五％のケースで科学捜査の誤った適用がすくなくとも一因だったことがわかった。[17] これが由々しき問題であることは言を俟たない。とはいえ、裁判官や陪審員にとっての問題は別にある。法廷で証言する専門家をどの程度信頼してよいかを決めるには、指紋分析官をはじめとする科学捜査官が重大なエラーを犯す確率はどの程度なのかを知りたい、ということだ。

この要求に対する最も信頼できる答えは、大統領科学技術諮問会議（ＰＣＡＳＴ）の報告書にある。ＰＣＡＳＴはアメリカの最高水準の科学者と技術者で形成された組織で、二〇一六年に刑事訴訟における科学捜査のあり方を深く掘り下げて検討した。[18]報告書では指紋分析の有効性について入手できた証拠を検証・要約しており、とくに「一致」の誤鑑定（メイフィールドのケースがこれだ）の可能性を詳細に論じている。

報告書によると、「一致」の誤鑑定の証拠は意外にもきわめて少ない。ＰＣＡＳＴが指摘するとおり、このような調査がごく最近まで行われなかったことは「きわめて遺憾」である。最も信頼できるのはＦＢＩが二〇一一年に自ら行った大規模な指紋鑑定精度調査だが、じつは公表されているデータはこれしかない。調査では一六九人の分析官を対象に、約一〇〇組の潜在指紋と標本指紋の鑑定を行った。[19]その結果、「一致」の誤鑑定はきわめて少なく、六〇〇件に約一件だったという。

六〇〇分の一はたしかに低いエラー率ではあるが、報告書も認めるとおり、「一般の人々（つまりは大方の陪審員）が、指紋分析の精度に関して長年言われてきたことに基づいて期待する確率からすれば大幅に**高い**と言わざるを得ない」[20]。しかもこの調査ではバイアス誘発情報は与えておらず、分析官はテストを受けていることを知っていた。したがって、実際よりもエラー率がかなり低めに出たと考えられる。現に後にフロリダ州で行われた調査では、「一致」の誤鑑定はもっとずっと多かった。[21]調査によってこのようにちがう結果が出ることからして、指紋鑑定の精度についても、どのように最終判断にいたるのかについても、より多くの調査が必要だと言えよう。

とはいえ安心できる発見も一つある。これまでに行われたすべての研究で一貫してわかったことだが、分析官のエラーは安全側に偏っているように見えることだ。分析精度はパーフェクトではないにせよ、分析官は自分たちの判断がどういう結果を招くかよく承知しており、誤鑑定をした場合のコストが非対称に大きいことをわきまえている。証拠としての指紋の信頼性がきわめて高いだけに、「一致」の誤鑑定は悲劇的な結果を引き起こしかねない。それに比べれば「一致」以外の鑑定の重大性は低いと言える。ＦＢＩの専門家も「多くの事案で〝不一致〟は〝不明〟と同程度の影響しか与えない」と認めている。[22]言い換えれば、犯行に使われた凶器に指紋があれば十分に有罪の証拠となりうるが、指紋がないからといって容疑者が無罪だということにはならない。

分析官のエラーは安全側に偏っているという私たちの認識とも一致するが、分析官は「一致」と判断する前に再考、再々考することがデータから判明した。ＦＢＩが行った「一致」鑑定精度調査によると、潜在指紋と標本指紋を同一人物から採取したペアの鑑定で（正しく）「一致」とされたのは三分の一以下だったという。また、「一致」の誤鑑定は「不一致」の誤鑑定よりはるかに少なかった。[23]だから、分析官にはバイアスがかかりやすいとしても、両方向に均等にかかるわけではない。ドロールも「指紋分析官に〝不明〟の鑑定を下すようバイアスをかけるのはかんたんだが、〝一致〟の鑑定を下すようにするのはむずかしい」と認める。[24]

指紋分析官は、「一致」の誤鑑定は何としてでも絶対に避けなければならない最悪の過ちだと教えられてきた。そして彼らの名誉のために付言すれば、指紋分析官はこの原則を守って行動している。あとはただ、メイフィールドのケースのような「一致」の誤鑑定が再び起きないよう、彼らがつねに細心の注意を払うことを祈るばかりである。

ノイズに耳を傾ける

科学捜査にノイズがあるからといって、科学捜査官を責めているわけではない。私たちはいつもノイズを探しており、科学捜査に見つかったのもその結果にすぎない。判断のあるところノイズあり。それも、思うよりずっと多く。指紋分析のような仕事はきわめて客観的な性質のものと受け止めやすい。だから多くの人が、指紋分析に判断が関わってくるとはふつうは考えない。だが実際には矛盾や不一致の入り込む余地があり、ときにはエラーに至ることもある。「一致」の誤鑑定の発生率がいかに低いとしても、ゼロではない。ＰＣＡＳＴが指摘したとおり、陪審員はそのことを十分に認識すべきである。

ノイズを減らす第一歩は、当然ながら、ノイズが生じる可能性を認めることだ。とはいえ、指紋分析官の集団が自発的にそれを認めるはずもない。彼らはドロールのノイズ検査の結果もなかなか信じようとしなかった。指紋分析官が事件の状況に関する情報に無意識のうちに影響されることがあるという指摘に、多くの専門家が腹を立てた。指紋学会の会長は、ドロールの研究に反論する形でこう書いている。「判断プロセスにおいていかなる形でも外部からの情報に左右されるような……指紋分析官は、あまりに未熟であり、ディズニーランドででも職探しをするほうがいい」[25]。また一流指紋研究所の所長も、事件の情報（これはまさにバイアス誘発情報である）にアクセスすることは「ある種の満足感を与えてくれ、指紋分析官の仕事のよろこびとなる。それによって彼らの判断が変わることはない」と断言した[26]。ＦＢＩでさえ、メイフィールド事件の内部調査を行った際に「潜在指紋の分析官は、他の分析官が行った鑑定の検証を日常的に実行している。このとき彼らは最初の鑑定結果を知っているわけだが、それに影響されることはない」と述べている[27]。要するに彼らは確証バイアスの存在すら否定している。

指紋分析官がバイアスのリスクに気づいている場合でも、バイアスの盲点に陥りがちだ。つまり、他人のバイアスの存在にはすぐに気づくが、自分自身のバイアスには気づかない。二一カ国の科学捜査官四〇〇人を対象に行った調査では、七一％が「認知バイアスは科学捜査全体にとって重要な懸念事項である」ことに同意したものの、「自分自身の判断が認知バイアスに影響される可能性がある」と考える人は二六％にとどまった[28]。言い換えれば、科学捜査に携わるプロフェッショナルの約半分は、同僚の判断はノイズだらけだが自分の判断はクリーンだと考えているのである。ノイズは目に見えない問題だ。目に見えないものを見つけることが仕事のプロフェッショナルにとってさえ。

情報を与える順序とタイミング

それでもドロールらの粘り強い働きかけにより科学捜査官の態度も徐々に変化し、指紋分析における エラー対策を導入する例も増えてきた。たとえばPCASTの報告書はFBIの研究所に対し、分析手続きを見直し確証バイアスのリスクを最小限に抑えるよう勧告している。

必要な対策はそれほど複雑ではない。科学捜査の分野で導入されたのは、判断者に与える情報とタイミングを厳格に管理して時期尚早な印象形成を防止するという判断ハイジーン手順だ。これは、科学捜査以外にも多くの分野で応用可能である。多くの判断にとって一部の情報は必要だが、それ以外は不要だ。情報は多ければよいというものではない。判断者に早まった印象形成を促し判断にバイアスをかけかねない情報は、むしろ邪魔である。

そうした考えの下、分析官の判断の独立性を保つための新しい手続きが定められ、彼らが必要とする情報だけを必要になったときに限って提供することになった。つまり分析官には可能な限り犯罪の状況を知らせずにおき、必要になったときに段階的に情報を与える。ドロールらはそのための段階的情報管理の手順を考案した[29]。

並行して行うべき手順として、分析官は各段階で自分の判断を記録に残すことをドロールは推奨している。これも判断ハイジーンの重要な手順の一つだ。潜在指紋の分析を終えたら、一致判断の対象となる標本指紋を見る前に分析結果を記録する。こうすれば、両方を照らし合わせて見たいものだけを見るというリスクを防ぐことができる。次に両者を照合した指紋鑑定の結果を、事件の状況に関する情報を知る前に記録する。状況情報を知った後で鑑定を変更する場合には、変更点と変更の理由をやはり記録に残さなければならない。こうした手順を守れば、最初の直感がプロセス全体にバイアスをかけてしまうリスクを抑制できる。

この論理は、第三者による検証（これも判断ハイジーンの重要な手順である）にも適用される。すなわち鑑定の検証を行う第二の分析官には、第一の分析官が下した鑑定の結果を知らせてはならない。

科学捜査に生じるノイズは容疑者にしてみれば生死にも関わる重大事であり、きわめて懸念すべき問題であることは改めて言うまでもあるまい。その一方で、新たな発見に満ちてもいる。私たちはあまりにも長い間、指紋鑑定にエラーが起こりうる可能性に無知だった。専門家の下す判断に対する人々の信頼はときに行きすぎであり、だからこそノイズ検査で予想外に大量のノイズを発見することになる。その一方で、比較的単純な手続きでこうした弱点を克服できることは、判断の質的向上に腐心する人々にとっては朗報となろう。

本章では、判断ハイジーンのうち「判断者に与える情報とタイミングの厳格管理」を重点的に論じた。この手順は、幅広い分野で機会ノイズの防止に応用できる。読者もすでにご存知のとおり、機会ノイズを引き起こす要因は、その時々の気分からその日の天気まで無数に存在する。こうした要因を人間の力でコントロールすることは望み薄だが、最も顕著な要因から判断を遮断することなら十分に可能だ。人間の判断が、たとえば怒りや恐れといった感情的要因にも左右されうることは読者もよく承知しているだろう。だから、可能であれば数日、数週間後にもう一度判断するのはよい習慣である。そのときには、機会ノイズの発生要因がちがっている可能性が高いからだ。

一方、判断が情報（たとえ正しい情報であっても）という機会ノイズに左右されうることはあまり理解されていない。指紋鑑定の例が示すように、状況に関する情報や最初の判断結果を知った瞬間から確証バイアスが作用し始め、早まった印象形成を促し、矛盾する情報を無視するようになる。ヒッチコックの映画のタイトルをもじって言うなら、できるだけ「疑惑の影」を維持し、「知りすぎていた男」にならないようにするのがよい判断者である。

情報管理手順について話そう

「判断のあるところノイズあり。指紋鑑定も例外ではない」

「この件についてはいろいろな情報が入ってきている。だが知っていることをすべて専門家に話すのは、彼らが判断を下すまでやめておこう。バイアスがかかりかねないからだ。向こうからどうしても必要だと要求してきた情報のみ提供することにしたい」

「セカンドオピニオンを求めるにしても、その人物が最初の判断を知っていたのでは、独立した意見にはならない。三番目の人物もそうだ。確証バイアスのカスケードが起きてしまう」

「ノイズと戦うには、まずノイズが存在することを認めなければならない」

第21章　予測の選別と統合

多くの判断には予測が関わってくる。次の四半期の失業率はどうなるか。来年は電気自動車が何台売れるか。二〇五〇年には気候変動の影響はどうなっているか。ビルの完成までに何年かかるか。あの会社の年間利益はどれほどか。この採用候補者は仕事ができるか。新たに成立した大気汚染防止法によるコスト増はどれほどか。今度の選挙で誰が勝つか。こうした問いに対する答えは重要な意味を持つ。官民を問わず組織の選択は答えの如何に懸かっているのだ。

予測の分析では、予測を誤るのはどんなときで、それはなぜかの解明を試みる。この分析で鮮明になるのは、バイアスとノイズのちがい、あるいは一貫性の欠如や信頼性の欠如である。ある種の予測にあきらかにバイアスがかかっていることは、誰もが同意するだろう。たとえば政府は予算を立てるときにひどく楽観的だ。[1]だいたいにおいて非現実的に高い経済成長率を見込み、それに基づいて税収を胸算用する。彼らの予測では、赤字はあり得ないほど小さく抑えられることになっている。もっとも、政府の現実離れした楽観主義が認知バイアスに起因するのか政治的思惑によるのかは、さして問題ではないが。

予測をするとき人間はとかく自信過剰になりやすい。[2] 誰かが何かを予測したとして、それを点推定ではなく区間推定で表してくれと頼んだら、本来以上に誤差を小さく見積もるにちがいない。たとえば、アメリカ企業の最高財務責任者（ＣＦＯ）に翌年のＳ＆Ｐ五〇〇指数のリターンを予測してもらった調査がある。[3] ＣＦＯには二つの数字を見積もってもらった。一つは最小値（実際のリターンがこの数字を下回る可能性は一〇分の一と見込む値）、もう一つは最大値（上回る可能性は一〇分の一と見込む値）である。つまりこの二つの数字は八〇％信頼区間の中にある（＝区間の中に入らない可能性は一〇分の二）はずだ。ところが彼らの見積もった数値の信頼区間は三六％にすぎなかった。ＣＦＯは自分たちの予測の精度についてあまりにも自信過剰だったわけである。

予測にはノイズも多い。Ｊ・スコット・アームストロングの『予測の原理』（未邦訳）は、専門家の間でさえ「予測的判断におけるエラーの原因は統計的信頼性の欠如だ」と指摘する。[4] 実際、ノイズはエラーの重要な原因となる。本人が自分の以前の予測とちがう予測をすることはいくらでもあるし（機会ノイズ）、個人間の予測のばらつきもめずらしくない。たとえ専門家であっても、である。たとえば複数の法学者に同一事案の最高裁判決を予測してもらったら、あまりのノイズの多さに驚くことになる。[5] また環境専門家に大気汚染防止法がもたらす経済的メリットを年ベースで予測してもらったところ、三〇億ドルから九〇億ドルもの開きがあった。[6] 経済学者に失業率と経済成長率の推移を予測してもらう調査でも、非常に大きなばらつきが確認されている。本書ではノイズの多い予測の例をたくさん挙げてきたが、調査ではもっと多くのノイズが発見されているのである。[7]

予測精度の向上

調査の結果を受けて、ノイズとバイアスを減らす方法も提案されている。ここでは全部を検討する余裕はないので、応用範囲の広い方法を二つ取り上げることにしたい。一つは、すぐれた予測担当者を選ぶことである（第18章参照）。もう一つは多数の独立した判断を統合することで、こちらは判断ハイジーンの中で最も応用範囲が広い手順である。

複数の予測を統合する最もかんたんな方法は、平均を出すことだ。平均すればノイズが減ることは数学的に保証されている。具体的には、個々の値を二乗したうえで二乗値の平均を算出し、その平方根をとる。一〇〇個の判断の平均をこうして求めると、ノイズを九〇％減らすことができ、四〇〇個の判断なら九五％減らすことができる。つまり、ノイズをほぼ排除できる。この統計の法則が、第7章で取り上げた群衆の知恵アプローチの出発点になっている。

平均を出してもバイアスは減らないので、全誤差すなわち平均二乗誤差（ＭＳＥ）への影響は、含まれているバイアスとノイズの比率次第ということになる。個々の判断が独立であれば、共通のバイアスを含んでいる可能性は低い。群衆の知恵が最善の答えになるのはこのためだ。複数の予測を平均すると精度が大幅に高まることは、多くのデータが示している。[8] たとえば証券アナリストによる「コンセンサス予想」はその代表例だ。売上高、天気、経済などさまざまな分野で予測担当者集団の非加重平均はおおむね個々の予測を上回るし、場合によっては個人の予測すべてを上回ることさえある。[9] 平均の出し方がちがっても、効果は同じだ。さまざまな分野について三〇例の実証分析を行ったところ、エラーは平均して一二・五％減ったことが確かめられた。[10]

単純な平均以外にも、予測を統合する方法はある。「群衆を選ぶ」方法は、その一つだ。[11] 最近の予測実績に基づいて最も精度の高い数人（たとえば五人）を選び、その予測を平均すれば、多数の予測の単純平均と遜色ない精度が見込める。それに意思決定者にしてみれば、単に統合するだけでなく選別もしているので、この戦略を採用することの納得感を得やすい。

「予測市場」の活用も、統合方法の一つだ。[12] 予測市場では証券市場を模したやり方で、選挙やスポーツの結果、映画の興行成績など将来のさまざまな結果を予測する。市場参加者は確率の高そうな予測にお金を賭けるので、正しい予測を行うインセンティブが働く。多くのケースで予測市場はきわめてうまく機能している。これはつまり、予測市場が七〇％の確率で起きると見込んだ出来事はおおむね一〇〇回に七〇回起きるという意味である。さまざまな産業で多くの企業が予測市場を活用している。[13]

もう一つ、デルファイ法と呼ばれる方法もある。[14] 古代ギリシャの神託から名前をとったこの方法では、参加者（たとえばその分野の専門家集団）に個別に回答（または投票）してもらい、得られた結果をフィードバックして他の参加者の判断を知ったうえで、再度同じ事柄について回答してもらう。これを数ラウンド繰り返す。ポイントは、このプロセスの間ずっと匿名性を保ち、無関係の要因に判断が影響されないようにすることだ。フィードバックと再考を繰り返すことで、予測はある程度収束すると期待できる（最初のラウンドの意見分布を示して、次のラウンドの判断が一定範囲内に収まるよう促すこともある）。デルファイ法では、統合と社会的学習のメリットの両方を活かすことができる。

デルファイ法は多くの場面でうまく機能するが、実際に行うのはなかなかむずかしい。[15]より簡便なミニ・デルファイ法、またの名をＥＴＥ（Estimate-Talk-Estimate）法なら、短時間で判断を統合することができる。[16]これは、最初に参加者が個別に（しゃべらずに）予測を行い、次に全員が順に発表する。こうして他の人の意見と説明を聞いたうえで最後にまた個別に予測する。この二回目のラウンドで提出された個別の予測の平均をとってコンセンサス予測とする。

優れた判断力プロジェクト

予測の質に関する最も先見的な研究の一つが、二〇一一年に始まった「優れた判断力プロジェクト」（ＧＪＰ）である。プロジェクトを主宰したのは、フィリップ・テトロック（第11章で、専門家の予測をチンパンジーのダーツ投げにたとえた人物である）、妻のバーバラ・メラーズ、そしてドン・ムーアという一流の行動経済学者三人だ。プロジェクトの目的は、一部の人間が予測に卓越しているのはなぜか、また予測の精度を向上させるにはどうしたらいいかを調べることにある。

プロジェクトには最終的に数万人のボランティアが参加した。専門家ではなく、さまざまな経歴を持つごくふつうの人たちである。彼らは次のような数百問の質問に回答した。

□北朝鮮は今年中に原子爆弾を投下するでしょうか？
□ロシアは今後三カ月以内にウクライナの領土の一部を公式に併合するでしょうか？
□インドとブラジルは今後二年以内に国連安全保障理事会の常任理事国になるでしょうか？
□来年、ＥＵを離脱する国はあるでしょうか？

ここに挙げた例からわかるように、国際情勢に関する質問が中心である。というのもこの種の予測は、もっと日常の平凡なことの予測と同じ問題点を抱えているからだ。弁護士が判決の行方を予測したり、テレビ局が番組の視聴率を予測したりするときには、それなりの能力や知識が必要になるが、テトロックのチームが知りたいのはふつうの人の予測能力だった。彼らが調べたのは、ふつうの人の中に並外れて予測精度の高い人はいるか、そうした予測能力は習得できるか、せめて訓練できるかということである。

プロジェクトの結果をよりよく理解するために、参加者の予測能力を評価する際にテトロックらが採用した方法の特徴を説明しておこう。第一に、大量の予測を収集した。一回や二回の予測ではまぐれ当たりということがある。たとえばひいきのチームが次の試合で勝つとあなたが予想したとしよう。そしてほんとうに勝ったとしても、あなたが予測に秀でているとはたぶん言えない。だってあなたはいつだってそのチームが勝つと予想するのだ。そしてチームの勝率がだいたい五割だとすると、あなたの予想の半分は当たる。これは別にすばらしい予測能力には該当しないだろう。幸運の影響を排除するためには、たくさんの予測をしてもらって平均する必要がある。

第二に、何らかの出来事が起きるか起きないかではなく、起きる確率をパーセンテージで予測してもらった。多くの場合、予測といえばだいたい「起きる・起きない」の二者択一である。だが将来の出来事は知り得ない（客観的無知）のだから、確率予測のほうが好ましい。もし誰かが二〇一六年に「七〇％の確率でヒラリー・クリントンが大統領に選ばれるだろう」と予測したら、その人は必ずしも大外れだったとは言えない。七〇％の確率で起きることは三〇％の確率で起きないからだ。ある人が優秀な予測者かどうかを知るためには、確率予測を現実と照合しなければならない。たとえば、マーガレットが五〇〇件の出来事が起きる確率を六〇％と予測し、実際に三〇〇件が起きたら、マーガレットの予測は実際とよく一致していると言える。予測値と実際の値がどれだけ一致しているか検証することを専門的には較正（Calibration）という。較正精度が高いことは、すぐれた予測の要件の一つである。

第三に、質問に巧妙なしかけを加えてある。単にある出来事が起きる確率を質問するだけでなく、期間を限定している。たとえば一年以内に起きる確率を答えてもらう、というふうに。さらに、新しい情報が入るたびに予測を修正する機会を与える。たとえば二〇一六年の時点で、イギリスが二〇一九年末までにEUを離脱する可能性を三〇％と予測したとしよう。だがいよいよ国民投票が行われ「離脱」票が増えるにつれ、離脱の確率をどんどん高くしたくなるはずだ。とはいえ離脱と決まっても、二〇一九年末までに離脱するかどうかはじつは確実ではない（実際にも公式の離脱は二〇二〇年だった）。

新しい情報に応じて修正された予測は新たな予測として扱われる。修正の機会を与えることで、参加者は状況の変化やニュースに注意を払い、自分の予測を絶えずアップデートするようになる。これはまさに、企業や政府の予測担当者に求められることだ。彼らこそ、新しい情報に基づいてひんぱんに予測をアップデートすべきであり、豹変ぶりを批判されても気にしてはいけない（実際にそう批判されたジョン・メイナード・ケインズは、「事実が変わったら私も考えを変える。あなたはそうしないのか？」と応じたと言われる）。

第四に、プロジェクト参加者の予測精度の評価にブライア・スコアを使った。ブライア・スコアは一九五〇年にグレン・W・ブライアが開発した評価システムで、確率予測における予測値と実況値（実際に起きたか起きないか）の乖離を計測する。

ブライア・スコアは確率予測につきまとうさまざまな問題を回避する賢い方法だ。たとえば予測者には、大外れにならないようつねに安全側に予測するというインセンティブが働く。もう一度マーガレットの例で考えてみよう。マーガレットの予測は較正精度が高いと先ほど書いた。五〇〇件の出来事が起きる確率を六〇％と予測し、実際に三〇〇件が起きたからである。だがもしかすると、彼女の予測能力はたいしたことがないかもしれない。もしいつも雨が降る確率は六〇％だと予測し、実際に五〇〇日のうち三〇〇日雨が降ったら、たしかに較正精度は高いが、彼女の予測は「今日は傘を持っていくほうがいいわ」と毎日言っているようなもので、全然意味がない。ではここで、ニコラスと比べてみよう。ニコラスは、三〇〇日の雨の日について雨の確率を一〇〇％と予測し、二〇〇日の晴れの日について雨の確率を〇％と予測した。ニコラスもマーガレットもX％の確率で雨が降ると予測して実際にX％の日に雨が降ったのだから、予測の較正精度はパーフェクトである。だがニコラスの予測のほうが、はるかに価値がある。「今日は傘を持たなくて大丈夫」とはっきり請け合ってくれるからだ。専門的には、ニコラスの予測は較正精度が高いだけでなく、分解度（Resolution）も高いという。

ブライア・スコアは較正精度と分解度の両方を評価する。よいスコアを出すためには、平均的に的中率が高い（すなわち較正精度が高い）だけでなく、一件ごとに的中させなければならない（すなわち分解度が高い）。ブライア・スコアは平均二乗誤差の原理に基づいており、スコアが小さいほどよく、ゼロは完全予測である。

さて、優れた判断力プロジェクトの特徴と評価方法がわかったところで、いよいよ結果に移ろう。プロジェクト参加者の予測精度はどうだったのだろうか。乱暴にまとめると、大半の人はお粗末だったが、二％だけとびぬけてすぐれている人たちがいた。彼らを「超予測者」とテトロックが名付けたことはすでに述べたとおりである。超予測者たちは、無謬にはほど遠いものの、偶然をはるかに上回る的中率を示した。ある政府高官が超予測者について「傍受した情報など機密情報を扱う資格のある情報機関のアナリストの平均を上回る」と評価したことは注目に値する。[17]情報機関のアナリストは、いうまでもなくアマチュアではない。高度な訓練を受けている。しかも機密情報にアクセスできる。にもかかわらず、超予測者に負けてしまったのである。これは注意を払う価値がある。

永遠のベータ版

なぜ超予測者は的中率が高いのだろうか。第18章の議論からすれば、知的能力が高いほどよいということになる。この推測はまちがってはいない。超予測者のＧＭＡ（一般知的能力）テストの成績はプロジェクト参加者の平均を上回る（しかも参加者の平均は全国平均を上回っている）。だが差はそれほど大きくはないし、参加者の中にはＧＭＡテストの成績がきわめてよいにもかかわらず超予測者でない人が大勢いる。となれば、一般的な知的能力のほかに、数字に強いのではないだろうか。この推測も当たってはいるものの、べつに数学の天才揃いというわけではなかった。超予測者の特徴は、分析的、確率的に考えられることだったのである。

超予測者は問題をどのように捉え、どのように構造化するのだろうか。たとえば重大な地政学的問題（EUから離脱する国はあるか、これこれの地域で戦争が勃発するか、政府高官が暗殺されるか、など）に取り組むとき、彼らはいきなり漫然と予測するのではなく、まず構成要素に分解する。直感だの虫の知らせだのには頼らず、「答えがイエスになるのは何が起きた場合か」「答えがノーになるのは何が起きた場合か」を考える。次に、そこから派生する問いをまた考える。こうして問いと答えを重ねていく。

超予測者は「統計的視点」から考えることにも長けており、基準率をつねに探す。ガンバルディのケース（第13章）で述べたように、ガンバルディの経歴や人柄に注意を払う前に、平均的なCEOが二年の契約期間を全うできる確率を知っておくことは役に立つ。どうやら超予測者には、基準率を調べる習慣が身についているようだ。一年以内に中国とベトナムが国境紛争をめぐって武力衝突する可能性はあるか、と質問されると、超予測者はすぐさま中国とベトナムがいま何をしているか調べたりはしない。おそらくその件についてニュースや解説記事を読んで自分なりの直感は働いているにしても、それはひとまず棚上げする。彼らは、直感に従うとだいたいにおいてろくなことにならないと知っているのだ。だから基準率を調べる。過去の国境紛争が武力衝突に発展したケースはどのくらいあるのか。もしそういうケースが稀だとすれば、まずその事実を押さえる。その後に初めて中国とベトナムの現状に目を向ける。

要するに、超予測者を際立たせるのは彼らの絶対的な知的能力ではない。それをどう応用するかが重要なのである。第18章でよい判断につながる認知スタイルを論じたことを覚えておられるだろうか。超予測者はそれを身につけている。とくに「積極的に開かれた思考態度」が超予測者の特徴だと言える。それは、「自分の当初の仮説に反するような情報や反対意見を積極的に探す」態度であり、反対意見が正しく自分の判断がまちがいである可能性をいつでも認める用意があり、「自分と同じ意見の人よりちがう意見の人に耳を傾けるほうが有益だ」と考える態度である。このような人は、新しい情報を入手したときに当初の予測を躊躇なく修正する。

超予測者の思考スタイルを、テトロックは「永遠のベータ版」と表現する。ベータ版とはコンピュータプログラムの完成前にリリースされるバージョンのことだが、「永遠の」という形容詞がついているのは、ユーザーからフィードバックをもらって改善するサイクルをエンドレスに繰り返すからだ。テトロックは、「永遠のベータ版であること、すなわち自分の予測を絶えずアップデートし自己改善することこそが、超予測者の必須条件である」と述べている。[18]「超予測者を超予測者たらしめているのは、備わっている能力や気質ではなく、予測に臨むやり方である。精力的な調査、注意深い思考、自分の当初の予測に対する批判的検証、他の情報や判断の収集と比較考量、絶え間ないアップデートが超予測者の特徴だ」。彼らは「試す、失敗する、分析する、修正する、また試す」という思考サイクルが大好きなのである。[19]

予測におけるノイズとバイアス

超予測者を特徴づけるのが思考スタイルだとなれば、訓練によってそれを身につけ、超予測者にはなれなくても近づくことはできるのではないか、と読者は思われたことだろう。テトロックのチームもまさにそう考えた。そしてプロジェクトの第二段階として、超予測者でない人の予測精度を高めるにはどうしたらいいかというテーマに取り組んだ。

チームは超予測者以外のプロジェクト参加者をランダムに三つのグループに分け、それぞれに異なる改善方法を試し、その後の予測の的中率を調べて効果を測定した。三つの方法は、本書でこれまでに挙げた手順とまさに同じものである。

1　**教育**：第一のグループには、予測精度を高めることを目的として用意された教材で確率的推論の初歩を教える。参加者はさまざまなバイアス（基準率の無視、自信過剰、確証バイアスなど）について学ぶとともに、多くの予測を平均することや参照クラスを考慮することの大切さを理解する。

2　**チーム結成（統合の一種）**：第二のグループはチームで予測を行う。メンバーの予測を知ったうえで検討し、自分とは異なる論拠を天秤にかけ、開かれた思考態度で臨むことを体験するとともに、それによって予測精度が高まることを学習する。

3　**選別**：参加者全員の予測精度に成績をつけ、一年間の終わりに最上位二％を超予測者に認定して、次の一年間エリートチームとして共同で予測を行う。

上記の三種類を試みたところ、ブライア・スコアでみた予測精度はどの方法でも上昇した。教育は効果があったし、チーム結成はさらに大きな効果があり、選別にはそれを上回る効果があった。

この結果は、判断を統合することとよい判断者を選別することの重要性を改めて裏付けたと言える。だが話はまだ終わらない。テトロックとメラーズの共同研究者であるヴィル・サトパは高度な統計処理技術を開発し、どの改善法にどの程度の効果があったのかを探った。[20] サトパの推論によると、ある人の予測精度が他の人より高い理由、低い理由は主に三つある。

第一に、精度の高い人は予測に必要なデータを見つけて分析するスキルに長けていると考えられる。このことは、情報の重要性を示唆する。

第二に、一部の人は一方の側に偏ってエラーを犯す傾向がある。一〇〇回の予測のうち、何かが起きる確率をほぼ必ず過大評価する人は変化を好むバイアスが、過小評価する人は安定を好むバイアスがかかっていると考えられる。

第三に、一部の人はノイズが小さい、つまりランダムエラーが少ない。判断と同じく予測でも、ノイズを誘発する要因はたくさんある。ある種の情報に対する過剰反応（これはパターンノイズの一種である）や機会ノイズのほか、使う尺度がちがう場合にもノイズが生じる。

サトパ、テトロック、メラーズ、マラト・サリコフのチームは、自分たちの予測分析モデルにBIN（バイアス、情報、ノイズ）と名付けた。そして各要素が先ほどの三通りの改善方法で予測精度の向上にどの程度貢献したのかを調べた。

答えは一言で言い表せる。どの改善方法も、主にノイズの削減によって予測精度の向上を実現していた。「三つの方法いずれについても、主にランダムエラーを減らしたことが精度向上につながったことがわかった。教育の目的はバイアスの抑制だったのに、こうした結果になったのは興味深い[21]」

教育がバイアスの抑制を目的として設計されたにもかかわらず、ノイズが削減される結果になった原因はかんたんに説明がつく。テトロックの教育は、バイアスはバイアスでも心理的バイアスの抑制を目的としていた。すでに読者もご存知のとおり、心理的バイアスの影響は必ずしも統計的バイアスと同じではない。心理的バイアスが各人のさまざまな判断に異なる度合いで作用すれば、ノイズが発生する。同じバイアスが、ある人を判断対象のある面に過剰反応させたり、別の人を無反応にさせたり、またその逆に作用したりする。だから心理的バイアスは、判断が一方向に偏るという意味での統計的バイアスを必ず生じさせると考えるべきではない。そこで、心理的バイアスを減らすための教育が、ノイズを減らすことによって成果を上げたのである。

チームで臨むやり方はノイズの削減に大きな効果を上げただけでなく、チームとしての情報収集能力を大幅に高めた。この結果は、判断を統合するロジックとよく一致する。一つの脳みそより大勢の脳みそのほうが情報を集められる。まして超予測者がチームで取り組んだ場合には、集団の二極化や情報カスケードのリスクを回避できるはずだ。彼らは持ち前の開かれた思考態度でもって互いのデータや知識を共有し、最大限に活用する。このメリットについてサトパらは「教育とのちがいは、チームであれば情報をよりよく活用できるようになる点だ」と述べている。[22]

選別は三つの中で最も大きい効果を上げた。精度向上の一因は、情報の活用にある。超予測者は判断に役立つ情報を見つけることに長けている。おそらく頭がよくて意欲も高いので、平均的な参加者よりこの種の予測に慣れているからだろう。とはいえ選別の効果が顕著に表れたのは、ノイズ削減のほうである。超予測者はふつうの参加者どころか訓練を受けたチームよりもノイズが少ない。この発見はサトパらにとって驚きだったようだ。「超予測者の精度が高いのは、新しい情報の収集・分析に長けていることよりも、計測誤差が少ないからなのだ」と認めている。[23]これはふつうの参加者には習得しがたい特質だった。

選別と統合が効果を発揮するのは

優れた判断力プロジェクトの成果は、判断ハイジーンの二つの手順の重要性を浮き彫りにしたと言えよう。一つは選別である（超予測者はやはりすぐれていた）。もう一つは統合である（チームを組むと予測精度は向上した）。この二つの手順は、他の多くの分野の判断に応用できる。

可能であれば二つを組み合わせて使うことが望ましい。すなわち、予測担当者、投資アナリスト、採用担当者などのチームを編成する。このとき、それぞれの分野で予測精度が高く、且つ相互に補い合える人材を選んで編成するとなおよい。

これまで本書で扱った判断の統合は、群衆の知恵の実験で示したように、独立した複数の判断の平均をとるという方法だった。このとき、より信頼度の高い判断を統合すれば、精度は一段と高まる。さらに、独立していると同時に相互補完的な判断を統合するとより効果的だ[24]。どういうことか、説明しよう。犯罪の目撃者が四人いたとしよう。このとき言うまでもなく、それぞれが互いに影響されていないことが重要だ。それに加えて、四人がみなちがう角度から目撃していれば、彼らがもたらす情報の価値は一段と高まる。

プロフェッショナルのチームを編成することは、採用候補者の将来の成績を予測するための一連のテストを設計することと似ている。このときに使う標準的な手法は、重回帰分析である（第9章参照）。重回帰分析では予測変数を順次試して目的変数との相関性を求める。テストを設計する場合、結果を最もよく予測できたテストをまず選ぶ。しかし次に加えるのは、必ずしも二番目に相関性の高かったテストではなく、第一に選ばれたテストと重複しないものがよい。たとえば二種類の適性テストがあって、一つは将来実績との相関係数が〇・五〇、もう一つは〇・四五だったとしよう。また性格診断テストの将来実績との相関係数は〇・三〇だが、適性テストとは相関しないとする。この場合、まず相関係数の高いほうの適性テストを選び、次に性格診断テストを選べば、候補者についてより幅広い情報を得ることができる。

同様に、予測チームを編成する場合には、予測精度の最も高い人を最初に選ぶ。だが次に選ぶのは、二番目に精度が高いが一番目と似たタイプの人ではなく、予測精度はそこそこだが別のスキルを持ち合わせている人物がよい。このようにしてチームを編成すれば、各人の判断が相関しないため、統合された判断の価値が高まる。このようなチームでは、案件ごとに各人の判断がちがうため、パターンノイズはかなり大きくなる。だが矛盾するようだが、このチームの予測精度の平均は、均質なチームの平均より高いのである。

ここで改めて強調しておきたいことがある。それぞれの判断が完全に独立していない限り、統合してもノイズは減らせないことだ。第8章で指摘したとおり、集団は往々にしてノイズを減らす以上にバイアスを増やしてエラーを増幅させる。組織が多様性の力を発揮したいなら、チームのメンバーが個別に判断を下したときに生ずる不一致を歓迎しなければならない。独立した多様な判断を引き出し、それを統合することは、判断ハイジーンの中で多くの場合最も容易で安上がりで、且つ最も応用範囲が広い手順である。

選別と統合について話そう

「四つの独立した判断の平均をとることにしよう。こうすれば確実にノイズを半分に減らすことができる」

「私たちは永遠のベータ版であり続けなければならない。超予測者のように」

「この状況を検討する前に、該当する基準率を知っておくべきだ」

「このチームは人材揃いではあるが、判断の多様性という面で不安がある」

第22章　診断ガイドライン

数年前、私たちの友人（仮にポールとしよう）がかかりつけの医師（ジョーンズ先生としよう）から高血圧だと診断された。ジョーンズ先生は薬の服用をすすめ、利尿剤を処方したが、いっこうに効果がない。ポールの血圧は高いままだった。そこで数週間後にジョーンズ先生はカルシウム拮抗剤を処方する。だがこちらもさしたる効き目は得られなかった。

ジョーンズ先生は途方に暮れる。週一回診察を受けるようになって三カ月が過ぎる頃、ポールの血圧は多少下がったものの、やはり高水準である。こうなったらどうすればいいのか。ポールは心配になり、ジョーンズ先生は動揺した。ポールは比較的若く、高血圧以外の問題はないのだからなおのことである。先生は、三番目の薬を試すべきかどうか逡巡した。

たまたまこの時点でポールは引っ越しをすることになる。そこで、新しい医師にかかることになった（スミス先生としよう）。ポールが高血圧の悩みとこれまでの経緯を話すと、スミス先生は即答した。「家庭用の血圧計をお買いなさい。それで測ってみてください。あなたは全然高血圧ではないと思いますよ。おそらくただの白衣シンドロームでしょう。あなたの血圧は、病院に来ると上がってしまうのです！」

ポールは言われたとおりにする――そして、彼の血圧は家ではまったく正常だった。その後もずっと正常値の範囲に収まっている（スミス先生に白衣シンドロームの説明をされてから一カ月ほど経つと、病院でも正常値になった）。

医師の主な仕事は診断を下すことである。患者が病気なのかどうか、病気だとすれば何の病気なのかを診断する。診断の多くは何らかの判断を要する。多くの状況で、診断は決まった手順でおおむね機械的に行われ、ルールや手続きを守ることによってノイズを最小限に抑えられるようになっている。医師にとって、肩の脱臼や足指の骨折を診断することはむずかしくない。もうすこし専門的な問題についてもそう言える。腱の損傷の超音波検査の結果評価にはノイズはほとんどない[1]。乳房病変の針生検の結果についても明確な判断ができ、ノイズはほとんどない[2]。

しかも、一部の診断では判断がまったく不要である。医療の進歩の多くは、判断の要素を排除することで、すなわち判断から計算に切り替えることで実現されてきた。たとえば溶連菌性咽頭炎が疑われる場合、患者の喉を綿棒で拭って抗原検査を行うと、短時間で溶連菌を検出できる（抗原検査を行えない場合には診断のノイズが大きくなる[3]）。もし空腹時血糖値が一二六ｍｇ／ｄＬ以上だったら、またはヘモグロビンＡ１ｃ（HbA1c）が六・五％を上回った場合には糖尿病が疑われる。[4] 新型コロナウイルス（Covid-19）感染拡大の初期には、医師は発熱や咳などの症状で診断せざるを得なかった。やがてＰＣＲ（ポリメラーゼ連鎖反応）検査が一般的になり、医師は判断する必要がなくなっている。

医師が判断するような状況ではノイズが大きくなること、ときにはエラーが生じることを多くの人は承知している。だから、セカンドオピニオンを求めるよう患者にすすめることが標準的な手順になっており、病院によってはセカンドオピニオンの取得が義務付けられているケースもある。[5] セカンドオピニオンが最初の診断とちがう場合には、ノイズがあるということだ。ただし、どちらの医師が正しいのかはわからない。最初の診断とあまりにちがうセカンドオピニオンに出くわした患者（ポールがそうだ）は仰天するが、それはノイズの存在自体ではなくその大きさに驚いたのである。

この点を深く掘り下げ、医療現場で使われる判断ハイジーン手順について解説することがこの章の目的である。ここで焦点を合わせる手順は、ガイドラインの導入である。医療におけるノイズだけでゆうに一冊の本が書けること、その対策として医師や看護師や医療機関がさまざまな努力をしてきたことを私たちはよく承知している。医療におけるノイズは、診断に限らない。ここでは扱わないが、治療法についてもノイズは大量に存在し、多くの本や論文が書かれている。たとえば患者が心臓に問題を抱えている場合、選択される治療法は医師によって驚くほどちがい、それは選ぶ薬にも、選ぶ手術方法にも、いや手術するかどうかの判断にもおよぶ。約二〇年前に実施されたダートマス・アトラス・プロジェクトは、メディケア診療に関する地域別の診療行為を調査し、「アメリカ国内における医療資源の分布と活用に関する顕著な差異」を詳細に報告した。[6]他の多くの国でも同様の結果が出ている。[7]しかし残念ながらここで取り上げるのは、診断におけるノイズに限ることにする。

病気診断の実態

医療におけるノイズを扱った文献は山ほどある。ノイズの存在を確認する実証的な研究もあれば、ノイズを減らす方法に関する規範的な研究もある。医療分野ではノイズを減らす方策が長年にわたって模索されてきたためアイデアの宝庫状態になっており、他分野にも役立つものが少なくない。

ノイズが存在する場合、ある医師が正しければ別の医師はあきらかにまちがっている（たぶんバイアスもかかっている）。予想されたことだが、ここでもスキルは大いに重要だ。たとえば放射線科医による肺炎の診断にはきわめてノイズが多いが、そのかなりの部分がスキルの差によるものだ。正確に言うと、「診断のちがいの四四％がスキルの差で説明できる」という。[8]したがって「一律の診断ガイドラインを策定するよりもスキル向上プログラムの実施のほうが効果的」だということになる。[9]ここでもまた、バイアスとノイズの両方を減らし、ひいてはエラーを減らすために、教育と選別が重要である。

放射線学や病理学などやや特殊な分野では、医師自身がノイズの存在を十分に承知している。放射線科医は自分たちの診断のばらつきを「アキレス腱」と自嘲気味に呼ぶほどだ。[10] 放射線学や病理学におけるノイズが何かと話題になるのは、他の分野よりノイズが多いからなのか、ノイズの存在を検証しやすい（したがって研究文献も多い）からなのかははっきりしない。おそらく後者の要因のほうが大きいのではないかと思われる。放射線画像診断に関する限り、ノイズの存在を確かめるのはきわめて容易だ。ＣＴスキャンやＭＲＩを行えばよいのである。

医療分野では、個人間のノイズすなわち検者間信頼性（interrater reliability）は、通常はＫ統計量（カッパ値）で計測する。[11] カッパ値が高いほどノイズは小さい。カッパ値が一のときは完全一致、〇ならダーツ投げをするチンパンジーと変わらない。一部の分野では、医療診断のカッパ値で表した信頼性が、学業成績で言えば「不可」になっている。これはノイズが非常に多いことを表す。ときに「可」という結果が出るときもあり、こちらのほうがもちろんましではあるが、それでもノイズが少ないとは言いがたい。薬物相互作用（複数の薬の飲み合わせによる効果の増強または相殺）という重要な問題について、ランダムに選んだ一〇〇例を医師に判断してもらったところ、信頼性は「不可」だった。[12] 腎疾患がどのステージか診断することなどかんたんだろうと思いがちだが、腎疾患を持つ患者の標準的な検査結果を腎臓専門医に判断してもらったところ、判断の一致度は「不可」〜「良」の間だった。[13]

乳房病変が癌かどうかの診断では、病理学医の間の一致度は「可」にとどまった。[14] 乳房増殖性病変についても「可」だった[15]。ＭＲＩ検査結果を見て脊椎管狭窄症かどうかを内科医が診断した場合も、一致度は「可」だった[16]。こうした結果には驚きを禁じ得ない。本章の冒頭で、ある種の医療診断ではノイズがほとんどないと述べたが、分野によっては、きわめて専門性が高くてもノイズがかなりあるということになる。患者がたとえば癌のような深刻な病気と診断されるかどうかは、どの医師が担当するかによってちがってくる――乱暴に言えば、くじ引きのようなものだ。

そんなバカな、という読者のために、ノイズがきわめて多い分野について、専門の文献からさらにいくつか例を挙げておこう。これはけっして、診断精度を向上すべく絶えず進歩を遂げている医療の現場について、何か偉そうなことを言うためではない。このような分野であってもいかにノイズが多いかを知ってもらうためである。このため、比較的近い過去または現在の例を挙げる。

１　心臓病：心臓病は男女を問わずアメリカでつねに死因のトップの座を占めている[17]。冠動脈造影は、急性期かそうでないかを問わず、狭心症・心筋梗塞などの最終診断に欠かせない重要な検査だ。患者が繰り返し胸の痛みを訴え、冠動脈の七〇％に狭窄が認められた場合には、急を要さない状況では積極的な治療（ステントの挿入など）が選択される。ところが冠動脈造影図の読み取りにはばらつきが大きく、不必要な治療が行われる可能性は小さくない。最近の研究によると、七〇％の狭窄があるかどうかの判断の検者間一致度は三一％にとどまった[18]。心臓専門医はこうしたばらつきの大きさをよく承知しており、改善の努力が続けられているが、まだ解決にはいたっていない。

2　子宮内膜症：子宮の内側を覆う子宮内膜組織が子宮の外で増えてしまう病気である。痛みがあり、不妊になることもある。腹腔鏡検査をして診断するのが一般的である。腹腔鏡で撮影した患者三人（うち二人は進行度の異なる子宮内膜症患者、一人は内膜症ではなかった）のデジタル動画を一〇八人の婦人科医に見せ、病変の数と位置を診断してもらったところ、数と位置の両方で驚くほどのばらつきがあった。[19]

3　結核：結核は世界で広く見られる病気で、死に至ることも少なくない。二〇一六年だけで一〇〇〇万人以上が罹患し、およそ二〇〇万人が命を落としている。結核診断に一般に用いられるのはおなじみの胸部X線撮影だ。肺に白い影が映れば結核菌の存在が疑われる。結核診断に見られるばらつきについては、約七五年分の資料が蓄積されており、数十年にわたる改善の努力にもかかわらず、診断のノイズは相変わらず多い。検者間一致度は「可」かせいぜい「良」である。[20]他の国でも同程度のばらつきが報告されている。[21]

4　悪性黒色腫：病理学医が皮膚の病斑を調べて悪性黒色腫（きわめて危険な皮膚癌の一種）か

どうかを診断する場合の検者間一致度は「良」にとどまる。病理学医八人に判断してもらったところ、全員一致または不一致は一人のみというケースは、全体の六二%にとどまった[22]。腫瘍学研究所で行われた別の調査でも、悪性黒色腫の診断精度は六四%にすぎなかったという[23]。つまり、病斑三件に一件は誤診したことになる。さらに、ニューヨーク大学の皮膚科医を対象に調査したところ、組織検査によっても三六%は悪性黒色腫と正しく診断できなかった。「悪性黒色腫は死にいたることがあり、患者の生存率に大きく関わるだけに、診断が正しく行えないのは重大な問題である」と調査は結論づけている[24]。

5　乳癌：放射線科医による乳癌のマンモグラフィ診断にはばらつきが大きい。ある大規模な調査によると、乳癌を見落とす誤診は放射線科医によって〇%（その放射線科医はつねに正しい）から五〇%以上（半分以上について乳癌を見落とした）までの開きが、逆に乳癌でないのに乳癌と診断する誤診は一%未満から六四%（三件に二件近くについて癌ではないのに癌と診断した）までの開きがあった[25]。いずれにせよノイズが多いことはまちがいない。

以上の調査では診断者間のノイズを主に扱っているが、機会ノイズの存在も判明している。放射線科医が同じ造影図を見せられて前とちがう判断をすることがある、ということだ（ただしこちらのほうが他人の判断との不一致よりは少ない[26]）。血管造影図で狭窄の度合いを医師二二人に再評価してもらったところ、自分自身の過去の評価との不一致が六三〜九二％の間で起きた。[27]基準があいまいで判断が複雑な領域では、過去の自分との一致度（検者内一致度）は低くなる。[28]

調査では、機会ノイズの原因は説明していない。だが、病気の診断とは別の問題について行われた大規模な調査で、医療現場における機会ノイズの単純きわまりない原因が指摘された。[29]これは、医師も患者も心得ておくべきである。要するに、午前中の早い時間ほど医師は癌検査を指示するが、午後遅くになるとその頻度はかなり下がる。乳癌と大腸癌の検査を指示する比率は午前八時が最も高く六三・七％だが、次第に下がって午前一一時には四八・七％になる。その後正午には五六・二％に持ち直すが、午後五時には四七・八％まで落ち込む。つまり午後遅くに受診した患者は、ガイドラインに従えば受けるべきだった検査を受けないことになる。

この実態をどう解釈すべきだろうか。考えられる説明は、複雑な症状を抱えた患者の診察には標準時間（二〇分）以上の時間がかかり、そうした患者を何人も診察するうちにどうしてもスケジュールが遅れ気味になって後のほうの予約の患者に十分な時間が割けなくなるというものだ。すでに指摘したようにストレスや疲労は機会ノイズの原因になるから（第7章）、ここでもそうした要因が働いたと考えてよいだろう。何とか遅れを取り戻そうとして、予防的な措置について話すのを省略してしまうケースが出てくるわけだ。また病院でシフト勤務の終わりごろになって疲労が重なると、手洗いを怠るという結果も出ている（つまり手洗いにもノイズが生じるわけだ）。[30]

ガイドラインの効果

医療のさまざまな状況でノイズがこれほど存在することについて、何か首尾一貫した説明ができるなら、それは医療にとってのみならず、広く人類にとって役に立つはずだ。[31]だが不幸にしてそのような説明はいまのところできていない。いずれそうした説明がなされることを切に希望する。とはいえ現時点でも、いくつかの手がかりは得られている。

まず一方には、病気の診断がほぼ機械的に下され、判断の入り込む余地のない領域が存在する。また、機械的ではないものの単純明快で、医学教育を受けた人ならみな同じ結論を下す可能性がきわめて高い領域も存在する。さらにまた、高度に専門化が進み（たとえば肺癌専門医など）、ノイズは存在しても最小限に抑えられている領域も存在する。しかしその一方で、判断の余地がきわめて大きく、しかも減らすことがむずかしい領域も存在する。これから見ていくように、精神医学の大半はここに該当する。

こうした領域のノイズを減らすには何が有効だろうか。すでに述べたように、教育や訓練はスキル向上に有効だ。[32]スキルはまちがいなくノイズを減らす役に立つ。また、複数の専門家の判断の統合も有効だ。セカンドオピニオンはまさにそれである。[33]アルゴリズムもきわめて有望だと言える。医療分野では現在すでにディープラーニング・アルゴリズムや人工知能（ＡＩ）がノイズ削減に活用されている。たとえば、乳癌患者のリンパ節転移の検出にアルゴリズムが活躍しており、最も高性能なアルゴリズムは優秀な病理学医を上回る成績を挙げている。[34] それに言うまでもなく、アルゴリズムにはノイズがない。ディープラーニング・アルゴリズムの活用も進んでおり、糖尿病に伴う網膜症など目の病気の検出で大きな成果を上げてきた。[35] またＡＩは、現時点ですでにマンモグラフィに基づく乳癌診断において放射線科医と同等以上の確率を誇っている。[36] 近い将来にＡＩのほうが優位に立つだろう。

医療分野の専門家は今後一段とアルゴリズムに頼るようになると予想される。アルゴリズムは確実にバイアスとノイズの両方を減らせるし、それによって命を救い、コストを節約できる。だがこの章で強調したいのは、人間の判断を導くガイドラインのほうだ。というのも医療分野は、ガイドラインの運用方法次第で成果に大きな差が出ることを如実に示してくれるからである。

診断に関するガイドラインでおそらく最も有名なのは、アプガースコア（Apgar score）だろう。これは、産科麻酔医のヴァージニア・アプガーが一九五二年に開発した。新生児に問題がないかどうかは、かつては医師か助産師が判断していた。アプガースコアが開発されてからは、これが標準的なガイドラインとなる。出生直後の新生児の状態を、皮膚色、心拍数、刺激に対する反射、筋緊張、呼吸状態の五項目に〇〜二点のスコアをつける。最高点は一〇点だが、一〇点はめったにない。七点以上であれば正常と考えられる（表3参照[37]）。

表を見て気づくのは、数値で表されているのは心拍数だけで、あとはすべて判断事項だということである。それでも判断がこまかい要素に分解されており、それぞれは一目見てすぐに評価で

表3：アプガースコア

項目	点数
皮膚色	0:全身蒼白 1:体はピンク色だが、手や足は青みがかっている 2:全身がピンク色
心拍数	0:脈がとれない 1:毎分100回未満 2:毎分100回以上
刺激に対する反射	0:気道の刺激に反応しない 1:気道の刺激に顔をしかめる 2:気道の刺激に咳・くしゃみをする
筋緊張	0:ぐったりしており、動かない 1:腕と脚をやや曲げる 2:活発に動く
呼吸状態	0:呼吸していない 1:弱々しく泣く 2:力強く泣く

きるため、評価者がさほど高度な訓練を受けていなくとも評価者間の不一致がひどく大きくなるということはない。つまりアプガースコアはノイズを最小限に抑えられる。[38]

アプガースコアは、ガイドラインがいかに有効か、なぜノイズを減らせるのかを示す代表例と言える。ルールやアルゴリズムとは異なり、ガイドラインは判断の必要性を排除しない。したがって最終判断は純粋な計算結果として導き出せるわけではない。だから項目ごとにばらつきが出る可能性はあり、したがって最終判断が一致しない可能性もある。それでもガイドラインによってノイズを削減できるのは、複雑な判断をあらかじめこまかく定義された判断しやすい要素に分解してあるからだ。

このアプローチのメリットは、第9章で取り上げた単純な予測モデル（線形回帰モデル）のメリットに照らしてもあきらかだ。新生児の健康状態を評価する医師は、いくつもの要素に注意を払わなければならない。このとき機会ノイズが入り込む余地は大いにある。日によって、あるいは気分によって、あまり重要でない兆候に必要以上にこだわったり、重大な兆候を見落としたりする。しかしアプガーのガイドラインは、経験的に重要だとわかっている五項目に医師の注意を集中させる役割を果たす。そして各項目のスコア別の説明は単純明快そのものだ。これで項目ごとの判断は非常に容易になり、したがってノイズは減る。さらにアプガースコアは機械的に合計を出すので、判定者が独自の重み付けをするといったことは起きない。重要な予測因子への集中、判断の単純化、機械的な集計は、いずれも多大なノイズ削減効果をもたらす。

医療の多くの分野で同じようなアプローチが採用されている。たとえばセンタースコア（Centor score）がそうだ。これは、溶連菌性咽頭炎の診断ガイドラインである。発熱（三八度以上）、咳がない、扁桃の膨張・膿苔付着、前頸部リンパ節膨張・圧痛、年齢（一五歳未満か、四五歳以上か）で判断し、合計が二点以上なら抗原検査の実施が推奨される。このわかりやすく判断の容易なガイドラインのおかげで、多くの患者が不必要な検査や抗生剤の使用を免れている。[39]

乳癌の診断にもガイドラインが確立されている。マンモグラフィ、超音波、ＭＲＩの読影用語、カテゴリー分類、報告作成方法の標準化を図るＢＩ－ＲＡＤＳがそれだ。これはアメリカ放射線専門医学会が中心になって作成した。こちらも造影図の解釈からノイズを減らす役割を果たしている。調査でも、ＢＩ‐ＲＡＤＳの導入によってマンモグラフィの検者間一致度が高まったことが確認された。[40] このようにばらつきが大きい分野ではとくにガイドラインは効果的であり、病理学では多くの成果が上がっている。[41]

精神科診断のノイズを減らす

精神医学は、ノイズに関しては異色の分野である。ノイズが極端に大きく、同じ患者を同じ診断基準で診断しても精神科医の間での不一致がめずらしくない。このためノイズを減らすことが最優先課題となっており、すくなくとも一九四〇年代から取り組みが行われてきた。[42] だがこれから見ていくように、絶えず努力が続けられてきたにもかかわらず、ガイドラインがノイズ削減に効果的だったとは言いがたい。

一九六四年に経験豊富な精神科医一〇人が参加した調査では、患者九一人の診断を行ったところ、二人の医師の意見が一致したケースは五七％にとどまった。[43] やはりいくらか古い調査では、二人の精神科医が州立病院の患者四二六人を別々に診断したところ、患者の精神疾患の種類に関する診断の一致度は五〇％にすぎなかった。外来患者一五三人を診断した別の調査では、一致度は五四％だった。これらの調査ではノイズの原因は特定されなかったものの、興味深い事実が判明している。医師によって特定の診断を下す傾向があきらかになったのである。たとえばある医師は鬱病、別の医師は不安神経症の診断を下す確率が目立って高かった。
なぜ精神科の診断ではノイズが大きいのだろうか。専門医たちは明確な答えを持ち合わせていない（そのこと自体、ノイズが大きい）。診断のカテゴリー数が多いことはまちがいなく原因の一つだ。ある調査では第一の精神科医にまず患者を診てもらい、次に短い休憩を挟んで第二の精神科医に同じ患者を診てもらった。その後に二人が互いの診断を突き合わせ、不一致であれば原因を探るという試みをしている。[44]
その結果判明したのは、精神科医と一言で言ってもバックグラウンドやスタイルにちがいがあるということだった。同じ精神医学でも学派があるし、精神科医として受けた研修や経験もちがい、患者と話すときのスタイルもちがう。たとえば「発生生物学寄りの教育を受けてきた医師は幻覚症状を過去に受けた虐待のトラウマと判断することが多い」一方で、「生物医学寄りの教育を受けてきた医師は同じ幻覚症状を統合失調症の一部と判断しやすい」という。[45]こうしたちがいはパターンノイズの一例だと言える。
だがノイズの最大の原因は、医師のちがいよりも何よりも不適切な分類法にある。この点は広く認識されており、専門医の間で不満の種になっていた。そこでアメリカ精神医学会が編纂した診断マニュアル『精神疾患の分類と診断の手引』の改訂第三版（ＤＳＭ－３）が一九八〇年に刊行され、このとき初めて精神疾患の詳細かつ明確な診断基準が示された。とにもかくにも診断ガイドライン確立に向けた第一歩が踏み出されたのである。

ＤＳＭ－３の刊行を契機に診断のノイズに関する研究も大きく前進し、ガイドラインがノイズ削減に有効であることも確かめられた。[46] とはいえこのマニュアルが大成功を収めたとは言いがたい。[47] 第四版が一九九四年に刊行され、さらのその大幅改訂版が二〇〇〇年に出た後でさえ、ノイズが引き続き多いことが調査で判明している。[48] ウエストバージニア大学病院のアーメド・アボラヤのチームは「精神疾患に診断基準を設けることによって診断の信頼性は高まった」と評価したものの、[49] 相変わらずノイズは深刻だとして「一人の患者の入院に際して多数の異なる診断が下されたケースもある」と指摘した。[50]

二〇一三年には一三年ぶりの改訂版ＤＳＭ－５が刊行された。[51] この版ではより客観的で明快な尺度を設けたこともあり、アメリカ精神医学会としては大幅なノイズの削減を期待したものである。[52] だがノイズはいっこうに減らなかった。[53] たとえばメルボルン大学のサミュエル・リープリッヒらは、「患者が深刻な鬱病かそうでないかについて、相変わらず診断にばらつきがある」と指摘する。[54] ＤＳＭ－５導入後の調査でも医師間の一致は「最低」と評価された。具体的には、「高度な専門教育を受け経験も積んだ精神科医が実験環境で診断したにもかかわらず、鬱病の診断の検者間一致度は四〜一五％にとどまった」。[55] 別の調査では、ＤＳＭ－５の導入で一致度が下がったケースすらあったことが判明している。「混合性不安鬱病など一部の病気の診断はあまりに信頼性が低く……診断基準が臨床現場で有効だとは言えない」。[56]

精神科に関してガイドラインにさほど効果が上がらない主な原因は、「一部の疾患の診断基準がいまなおあいまいで判断がむずかしい」ことにある。[57] 診断をこまかい要素に分解してノイズ削減に成功した領域も一部にはあるものの、判断の余地が残されている限りノイズは消えない。この点を踏まえ、より標準化された診断ガイドラインの策定を求める声が上がっている。新しいガイドラインの要件として、次の点が挙げられている。[58] 第一に、あいまいな基準を排除して明快な基準を確立すること。第二に、「症状の有無について医師の意見が一致すれば、診断についても一致する可能性が高い」ことを踏まえ、症状とその深刻度の定義を明確化すること。第三に、診察時の患者との面接では、自由な会話に加え標準的な質問手順を導入することである。ある面接ガイドライン案には、不安神経症、鬱病、摂食障害などの診断精度を高めるための二四項目の質問が含まれている。

こうした試みはなかなか有望そうに見える。だが実際にどの程度ノイズを減らせるかは未知数だ。「患者の訴える主観的な症状に頼らざるを得ないこと、医師がその訴えを解釈すること、血液検査のような客観的な計測値が存在しないことといった要因により、精神疾患の診断は不可避的に信頼性が低くなる」と指摘する向きもある。[59] この意味で、医療の中でも精神科はノイズの削減がきわめてむずかしいと言えそうだ。

こうした問題はあるにしても、決めつけるのはまだ早い。一つはっきりしているのは、医療全般においてガイドラインはバイアスとノイズの両方を減らす点で大きな成功を収めてきたことである。ガイドラインは医師、看護師、そして患者を助け、その過程で公衆衛生を大幅に向上させた。医療分野にはもっと多くのガイドラインを導入することが望まれる。[60]

医療のガイドラインについて話そう

「医師の診断には想像以上にノイズが多い。X線撮影を行った場合ですら、専門医の意見が一致しないことがある。患者にとっては、受ける治療がくじ引きで決まるのとたいして変わらないとさえ言える」

「月曜日でも金曜日でも、あるいは朝早くでも午後遅くでも、つねに安定した診断を下していると医者は言いたがる。だが実際にはそうではない。疲れは診断に影響する」

「医療ガイドラインが導入されれば、医師の診断ミスで患者が犠牲になるケースは減ると期待できる。ガイドラインは診断のばらつきを減らすことになるので、医師にとっても大いに助けとなるはずだ」

第23章　人事評価の尺度

まずはちょっとした実験をやってみてほしい。友人でも同僚でもいい、あなたのよく知っている人を三人取り上げて、親切・知性・勤勉の三項目について五段階で評価する。五が最高で一が最低である。さて評価を終えたら、今度はその三人をよく知っている身近な人（夫または妻、親しい友人など）に同じことを頼む。

これは、自分と他人とで評価がどれほどちがうかを実際に知るよい機会だ。できれば、なぜ評価に食い違いが出たのかを話し合ってほしい。すると、お互いの使う尺度がちがったと気づくかもしれない。つまり、レベルノイズである。あなたは並外れてすぐれているときだけ五をつけるつもりだったが、もう一人の人は世間一般より上なら五をつけていいと考えた、という具合に。あるいは、どういう人を親切だと感じるか、頭がいいと評価するかがお互いにちがった可能性もある。親切だとか頭がいいといったことの定義はおそらく人によってちがう。

　ではここで、三人の評価にはじつは昇進またはボーナスが関わっているとする。あなたともう一人は社内で部下の人事評価に携わっており、その会社は親切、知性、勤勉を基準に昇進やボーナスを決めるとする。そうとわかったとき、お互いの評価の差はどうなるだろうか。最初の評価のときと変わらないか、それともちがいはもっと大きくなるだろうか。結果がどうなろうと、方針や尺度のちがいはノイズを生む可能性が高い。これが実際に企業の人事評価の現場で起きていることである。

判断の入り込む余地は大きいか

　ほとんどすべての大企業で、正式の人事評価が定期的に行われている。評価される側にとってはうれしいことではない。ある新聞は「誰もが憎む人事評価」という挑戦的な見出しを掲げたものだ。[1]そして誰もが、人事評価にはバイアスもノイズも入り込むことを知っている（と私たちは信じている）。だがほとんどの人は、実際にどれほどノイズが大きいかを知らない。

　理想の世界では、人事評価に判断の余地はない。客観的な事実だけで従業員の仕事ぶりをぴたりと評価できる。だが現代の組織の大半は、アダム・スミスの有名なピン工場とはちがう。ピン工場ではすべての労働者についてアウトプットが計測可能だった。だが、現代の企業では最高財務責任者（ＣＦＯ）のアウトプットをどうやって測るのか。あるいは研究主任のアウトプットは？　ナレッジワーカーと呼ばれる今日の知識労働者には、往々にして互いに矛盾するような目標のバランスをとりながら仕事をこなすことが要求される。だから、一つの仕事だけに注目して評価するのは正しくないし、歪んだインセンティブを与えることになりかねない。たとえば医師一人当たりの外来患者数は病院の生産性を高める重要な要因の一つだが、医師がこの指標を上げることだけを考えるのは望ましくないし、それだけで評価され報酬が決まるのはさらに好ましくない。たとえば営業担当者の売り上げやプログラマーの書いたコード行数といった数値指標はあるにしても、こうした数字は額面通り受け取らず、なんでも気前よく買ってくれる顧客の多い地区を担当しているとか、非常に条件の厳しいプログラムを請け負ったなど、状況を考慮する必要がある。こうしたさまざまな要因を考え合わせると、人事評価を客観的な数値基準だけに頼って行うことはまず不可能だとわかる。そこで、判断ベースの人事評価が広く行われているわけだ。[2]

四分の一はシグナル、四分の三はノイズ

人事評価についてはこれまでに膨大な量の研究論文が発表されており、人事評価のノイズがきわめて大きいことは多くの研究で実証済みである。[3] この陰鬱な結論を導き出した研究の多くは、大流行の三六〇度評価を対象にしている。三六〇度評価とは、評価対象者について上司、同僚、部下、取引先など立場のちがうさまざまな人から評価を受ける方式で、通常は多くの項目について多角的に評価する。三六〇度評価の結果を分析すると、まったくうれしくない事実が浮かび上がってきた。真の不一致、すなわち評価対象者本人の仕事ぶりに起因する不一致は全体の二〇〜

三〇％程度にすぎず、残りの七〇〜八〇％はシステムノイズだったのである。[4]

これほど多くのノイズはいったいどこで発生するのだろうか。人事評価の不一致に関する調査が多数行われたおかげで、いまではシステムノイズの構成要素がすべてわかっている。[5]

人事評価をめぐるノイズの状況を描き出すのはけっしてむずかしくない。ここでは、二人の評価者リンとメアリーがいるとしよう。リンはだいたいいつも評価が甘く、メアリーはだいたいいつも辛い。つまりすべての評価対象者について、リンによる評価は平均的にメアリーより高い。これはレベルノイズである。裁判官について論じた箇所で指摘したように、このノイズの存在は、リンとメアリーがどの対象者についてもちがう印象を受けているか、でなければ受ける印象は同じでも使う尺度がちがうことを意味する。

次にここで、リンがあなたを評価するとしよう。そして、あなた自身についてもあなたの業績貢献度についてもひどく低い評価をしたとする。ふだんはだいたい甘めなのに、あなたにはいつも辛い。これは私たちが安定したパターンと呼ぶものだ。このパターンはリンに固有の（しかもあなたを評価するときに固有の）パターンなので、パターンノイズを生むことになる。

最後に、メアリーは人事評価を行う直前に、会社の駐車場で誰かが自分の車を凹ませてしまったことを発見したとする。一方リンはその日の朝会社から予想外に多額のボーナスをもらって超ご機嫌だったとする。こうした出来事は言うまでもなく機会ノイズの発生源となる。

システムノイズの三つの構成要素（レベルノイズ、パターンノイズ、機会ノイズ）の比率については、調査によって異なる結論が出されているが、これはおそらく調査対象組織のちがいによるものだろう。だがいずれにせよ、ノイズが好ましくないことにちがいはない。多数の調査を分析して得られる結論ははっきりしている。人事評価は評価対象者の出来不出来を妥当に反映しているものだと私たちは期待するが、端的に言って、大半の人事評価はそうはなっていない。ある調査も「評価対象者の実績と人事評価との関係は弱い。控えめに言ってもはっきりしない」と総括している。[6]

組織にはいろいろと事情があり、評価者が対象者の仕事ぶりを正しく認識していたとしても、それが評価に必ずしも反映されない。[7] たとえば、評価者が「戦略的」な評価を行うケースがそうだ。[8] 評価後の本人との面談で気まずくなるのを避けるために故意に評価を高くする、長いこと昇進が先送りされていた対象者に点数を大盤振る舞いする、あるいは、自分のチームにいる仕事のできない奴を他部署で受け入れてもらうためにわざといい評価をつける、などが戦略的評価に該当する。

戦略的な計算が評価を歪ませるのは当然だが、それだけがノイズの原因ではない。そう断言できるのは、一種の自然実験の結果が出ているからだ。三六〇度評価が開発目的のためだけに使われたケースがある。つまり開発プロセスの一環として現場の評価者に使ってもらうが、この評価は実際の人事評価には使わないと説明する。すると評価者には（説明を信用する限りにおいて）、戦略的に評価を高くしたり低くしたりする理由はなくなるはずだ。この自然実験ではその分だけ評価の質は向上したものの、システムノイズは相変わらず大きく、評価対象者本人とは無関係の不一致が真の不一致を上回った。純粋に開発目的の評価システムですらノイズを免れなかったのである。[9]

三六〇度評価の問題点

人事評価システムがこれほど機能不全に陥っているなら、評価に関与する人間は問題に気づいて改善すべきである。実際、過去数十年にわたり企業は数え切れないほどの改革に取り組んできた。改革に際してはこれまでに取り上げた判断ハイジーン手順も採用されているが、私たちに言わせればまだまだ不十分だ。

ノイズを減らすためにほぼすべての組織で採用されている手順は、判断の統合である。三六〇度評価は複数の評価の統合にほかならない。三六〇度評価は、一九九〇年代に大企業では標準となった（専門誌ヒューマン・リソーシーズ・マネジメントは、一九九三年に三六〇度評価の特集号を発行している）。

複数の評価者による評価の統合はシステムノイズを減らすうえで有効ではあるが、三六〇度評価はそもそものために作られたわけではないことを肝に銘じる必要がある。その主目的は、上司による評価のみに依存する方式を改めることにあった。同僚や部下も評価に加われば、何を重視するか視点が変わってくる。今日の仕事は上司をよろこばせるためだけにするものではないのだから、この改革は有益なはずだった。三六〇度評価がもてはやされるようになった時期は、組織がプロジェクトベースの流動的な形に変化した時期と一致する。

三六〇度評価が計測可能な要素を客観的に予測できる点で有効であることは、いくつかの実証研究で確かめられている。[10]だがこの評価方法には、それとして固有の問題もあることは指摘しておかねばならない。コンピュータを使えば評価項目を追加するのはいとも簡単なうえ、企業の目標は多岐にわたり、また職務記述書にはむやみに煩雑な記載があるため、評価項目が膨大かつ錯綜したものになりやすい。かくして盛り沢山な質問票が評価者に渡されることになる。なにしろある会社の三六〇度評価では、一人の評価対象者について各評価者が一一分野四六項目の評価をしなければならないのだ。[11]これでは超人的に記憶力のよい評価者でないと、どの項目でどう評価したかを覚えていてこの項目とあの項目で矛盾しないように評価することはできないだろうし、評価対象者A、B、C……に同一基準を当てはめることもできまい。ある意味で、このむやみに複雑なやり方は単に無意味なだけでなく、むしろ有害である。たとえばハロー効果が作用すると、独立していたはずの項目が独立ではなくなってしまう。最初のほうの項目でとびぬけて高評価または低評価をつけると、その後の項目はそれに強く影響されてしまうからだ。

加えて、三六〇度評価システムの導入で評価にむやみに時間をとられるようになったことも深刻な問題だ。自社内にとどまらず顧客や取引先などからも評価を取得しなければならないので、どの会社でも中間管理職は部下や同僚などあちこちの社員の評価のみならず他社の社員の評価まで要求されることがめずらしくない。これではシステム自体の目的がどれほど立派でも、時間の限られている評価者への要求が多すぎて、とうてい質のよい評価は期待できまい。この場合、ノイズを減らす試みはコストに見合わないと言わざるを得ない。この点については第6部でくわしく論じる。

最後に、三六〇度評価といえども、あらゆる人事評価システムの抱える弱点と無縁ではない。それは水増し評価である。ある大手メーカーは、マネジャーの九八％が「期待に完全に応えた」という最も高い評価を与えられていることに気づいた。[12] ほぼ全員が最高の評価を得ているとなれば、この評価システムの存在意義を疑うのは当然だろう。

相対的な判断

水増し評価の問題を解決する方法は、理論上は評価方式を標準化することだ。そのためによく使われるのが、強制的ランク付け（スタックランキングとも言う）である。[13] 評価者はあらかじめ定められた分布（Aを二〇％、Bを七〇％、Cを一〇％など）に従って評価しなければならず、全員にAをつけることはできない。この方法はゼネラル・エレクトリックのCEOジャック・ウェルチが水増し評価をやめさせ人事評価を「公正に」するために導入して話題になり、多くの企業が追随したものの、のちに打ち切る企業が続出している。社員の士気やチームワークに好ましくない副作用があるとの理由からだ。

図 17：絶対評価と相対評価の尺度[15]

A図:

従業員Aの「仕事のクオリティ」
を評価してください:

1	2	3	4	5
きわめて不満足	不満足	ふつう	満足	きわめて満足

B図:

部下の「安全意識」を評価してください。安全意識とは、規則を守る、安全な方法で仕事に取り組む、職場の安全習慣をよく理解しているという意味です。

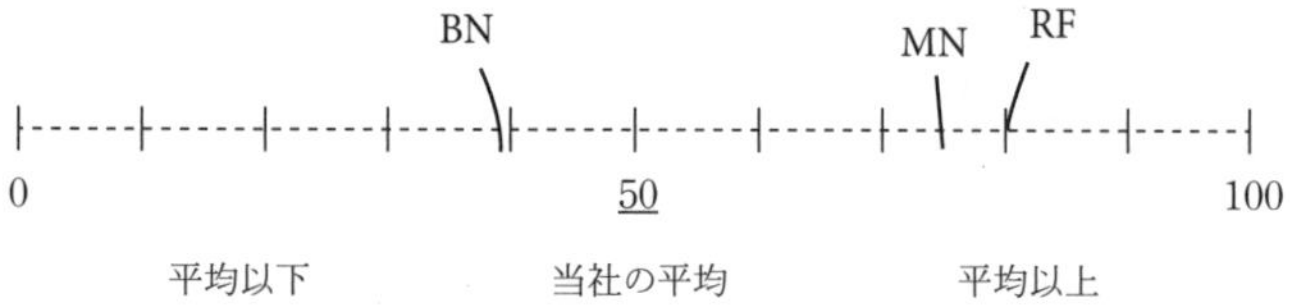

欠点があるとはいえ、ランキングのほうが絶対評価よりノイズが少ないことはたしかである。懲罰的損害賠償のところで述べたように（第15章参照）、何か基準なり参照値なりがあってそれに対して相対的に評価を下すほうが、絶対評価よりノイズが大幅に少ない。このことは人事評価にも当てはまる。[14]

　なぜそうなるのか、図17で考えてみよう。図には人事評価の二つの尺度を示した。A図は絶対評価の尺度である。ここでは評価者はレベル合わせを行い、従業員の「仕事のクオリティ」について、自分の受けた印象を尺度の目盛りに合わせる。これに対してB図では、「安全意識」という範囲の狭い評価項目について、評価対象者を相対的に評価する。具体的にはパーセンタイル・スケール上に、特定の母集団における位置付け（ランキングまたはパーセンタイル）を判断する。ここでは、評価者は三人の従業員（BN、MN、RF）を評価した。

B図のアプローチにはA図にまさる点が二つある。第一は、評価を細分化された項目（ここでは安全意識）だけに限定して行うことだ。これは、構造化という判断ハイジーン手順の一つであり、くわしくは次章で取り上げる。こうするとハロー効果を抑えることが可能だ（言うまでもなく、構造化が功を奏するのは評価項目を個別に扱う場合に限られる。「仕事のクオリティ」のような定義のあいまいな評価項目で対象者をランク付けしようとしても、ハロー効果は抑制できない）。

第二は、第15章で論じたように、ランク付けによってパターンノイズとレベルノイズの両方を減らせることである。チームのメンバー二人を比較評価するほうが、一人ひとりを別々に取り上げるより一貫性のある評価ができる（つまりパターンノイズを減らせる）。さらに重要なのは、ランキングによって自動的にレベルノイズを排除できることだ。リンとメアリーが同じ二〇人のグループを評価するとしよう。リンがメアリーより甘めだとすると、二人の評価の平均は乖離するが、ランキングはそうではない。甘めでも辛めでも順位自体は同じである。

実際にも強制的ランク付けの主目的はノイズの削減にある。それはつまり、どの評価者の平均も評価分布も確実に一致するということだ。ランク付けが「強制」され、分布があらかじめ決められていれば、たとえばA評価は対象者の二〇％以下、C評価は一五％以下というふうに割り当てられ、みんながその決まりに従えば、そうなる。

非強制的ランク付け

以上のように、強制的ランク付けは切望されている評価の改善をもたらす、はずだった。ところがこの方式の導入は往々にして猛反発を買うことになる。ここでは、強制的ランク付けが引き起こす厄介な問題に深くは立ち入らない（しかし問題の多くがこの方式の基本原理ではなく実行方法に起因することは言っておきたい）。それでも強制的ランク付けに伴う二つの問題点からは、広く当てはまる教訓を得ることができる。

第一の問題点は、絶対的な実力や実績と相対的なそれとを混同していることである。九八％のマネジャーが最上位二〇％に入ることは、当然ながらできない。いや五〇％や八〇％に入ることだってできない。だが、全員が「期待に応えた」と評価することは十分に可能である。ただし、その期待が事前に絶対的に定義されていることが条件になる。

マネジャーほぼ全員が「期待に応えた」なんてことはあるはずがない、と多くのエグゼクティブは考えるだろう。もしそういうことが起きるとしたら、そもそも期待が低すぎるのであって、自己満足的なぬるい風土に問題があると言う人もいるかもしれない。なるほどその見方は正しいかもしれないが、マネジャーの大半がほんとうに高い期待に応えたという可能性も十分にある。いや実際、とびぬけて優秀な人材を選抜したチームならそうなってもすこしもおかしくない。たとえばアメリカ航空宇宙局（ＮＡＳＡ）の人事評価制度で宇宙飛行士全員が完全に「期待に応えた」と評価されたとしても、評価が大甘だと批判する人はいないだろう。

要するに相対評価に依存する評価制度が適切なのは、その組織において相対的な実力や実績が問題になる場合だけである。全員が絶対的には優秀でも一定のパーセンテージしか昇進させないという組織においては、相対評価は理に適っている。たとえば大佐の中から大将を選抜するといったケースがそうだ。だが多くの企業がやっているのは絶対的な出来不出来を評価する目的で相対的なランク付けを強制することであって、これはまったく理屈に合わない。この場合、必ず一定比率の人間を「（絶対的な）期待に応えていない」と評価しなければならないが、このようなやり方は残酷であるうえにばかげている。たとえば特殊部隊のようなエリート部隊でも、必ず一〇％は「不満足」と評価しなければならないことになってしまう。

第二の問題点は、上位は二〇％、中間は六〇％といった評価分布の強制的な割り当ては、評価対象の集団において大規模な母集団の分布が再現されるとの想定に基づいていることだ。この大規模な母集団の分布は、だいたいにおいて正規分布に近いとされている。だが、仮に母集団の分布がわかっていたとしても、一人の評価担当者が評価する小さな集団の分布にそれが再現されるとは限らない。たとえば数千人規模の母集団からランダムに一〇人を選んだとしよう。この一〇人のうちぴったり二人が母集団の上位二〇％に入っていることは保証されない（いや、「保証されない」は控えめにすぎる。そうなる確率はごく低い）。しかも現実には問題はもっと深刻だ。

チームの編成はランダムではないからである。あるチームはエリート揃い、あるチームは平均以下のメンバーばかり、ということがめずらしくない。

そうした状況で強制的ランク付けを行えば、エラーと不公平を生むだけだ。五人編成のあるチームでは全員が甲乙つけ難く優秀だとしよう。メンバーに差のないこのチームの評価に無理に差をつけようとすれば、エラーを減らすどころか増やすだけである。

強制的ランク付けの反対論者は、人間にランクを付けることが冷酷無慈悲であって結局はやる気を失わせると非難する。この主張が当たっているかどうかはともかく、強制的ランク付けの致命的欠陥は「ランク付け」ではなく「強制」のほうである。絶対的な実力や実績を相対評価の尺度に合わせるのも、甲乙つけ難い集団にランクを付けるのも、いずれも不適切な尺度で評価することになり、このような評価方式を強制すればノイズは必然的に増えてしまう。

ではどうするか？

人事評価の改善のために企業は鋭意努力してきたわけだが、その結果は惨憺たるものと言わざるを得ない。なにしろあれこれ努力したがゆえに人事評価のコストは大幅に膨らんでいる。二〇一五年にデロイトトーマツが試算したところ、六万五〇〇〇人の人事評価に毎年二〇〇万時間が費やされているという。[16] あらゆる組織において、人事評価はする側にとってもされる側にとっても最も忌み嫌われる儀式の一つであって、それは昔から変わらない。ある調査によると、管理職や人事部長を含む社員のじつに九〇％が、自分の会社の人事評価は期待される水準に達していないと考えているという。[17] 大方の管理職は日頃からそう感じていただろうから、この調査はそれを追認した格好だ。評価の本人へのフィードバックは、能力開発プランを伴って行われればその後の向上につながるはずであるが、実際にはやる気を起こさせるケースとやる気を失わせるケースが相半ばしている。人事評価に関する調査を総括したある研究は、「過去数十年にわたって続けられてきた努力にもかかわらず、人事評価は相変わらず不正確な情報を量産しており、評価対象者の能力向上には何ら役立っていない」と断言した。[18]

ではいったいどうすればいいのか。一部の企業はついに評価制度そのものを廃止するという過激な選択に踏み切っており、そうした企業の数は増えている。この「人事評価革命」の支持派は多くのハイテク企業、一部のプロフェッショナルサービス企業、そしてごくわずかな伝統的企業だ。[19] こうした企業は、過去の実績の評価よりも将来志向の能力開発にフォーカスしたいと考えている。また、評価をするにしても数字を完全に追放した企業もある。つまり従来型の評価は断念したわけだ。

だが人事評価をやめない企業（こちらのほうが依然として圧倒的多数である）はどうしたらいいだろうか。ノイズを減らすために実行すべきは、正しい尺度を使うことである。つまり共通の準拠枠を持つことだ。準拠枠（frame of reference）は心理学用語だが、言うなれば判断の枠組みのことである。ある研究によると、評価フォーマットの改善と評価者のトレーニングを組み合

図18：行動基準評価尺度（左）とケース尺度（右）の例[22]

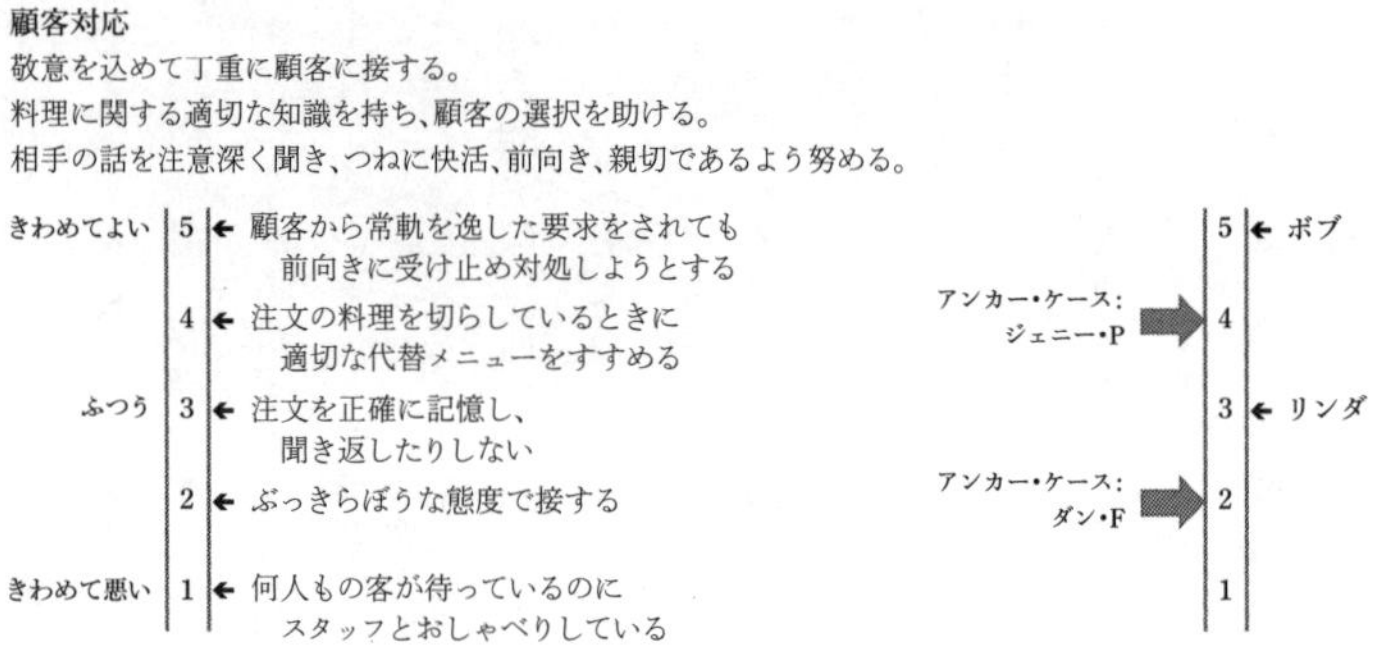

わせれば、評価者による尺度の使い方の不一致を減らせるという。

　最低でも、評価尺度を設けるにあたって、何を評価するのか解釈の余地を限定できるような十分に明確な記述にすべきである。現在多くの企業が使っているのは、行動基準評価尺度（behaviorally anchored rating scales）と呼ばれるものだ。この尺度では、点数ごとに該当する行動が具体的に記述されている。図18の左側に行動基準評価尺度の例を示した。

　だがデータを見る限りでは、行動基準評価尺度の導入で十分なノイズ削減効果が上がっているとは言いがたい。[20] そこでさらに評価者を対象に準拠枠のトレーニングを行うと、評価者間の一致が高まることが確かめられた。トレーニングでは、評価項目別にさまざまなケースを動画で見せられ、ちがいを認識することを学び、自分の評価を専門家による「正しい」評価と比較する。[21] この動画が準拠ケースとなり、評価尺度のアンカーの役割を果たす。行動基準の目盛りのついた尺度に対して、こちらはケース尺度というわけだ。その例を図18の右側に示した。ケース尺度が与えられている場合、アンカーとなるケースと比較して評価すればよい。つまりこれは相対的な評価となる。比較対照先のある評価は絶対的な評価に比べノイズが減るので、ケース尺度は数値や形容詞や行動基準の記述のある通常の尺度より検者間信頼性が高い。

準拠枠トレーニングは数十年前から知られており、ノイズが少なく精度の高い評価ができることも実証されている。にもかかわらず、さほど普及していない。理由は容易に推測できる。準拠枠トレーニングにせよ、ケース尺度にせよ、その他のツールにせよ、複雑で時間をとられるのである。これらのツールが効果を発揮するためには、組織に合わせて、それどころか往々にして評価対象単位に合わせてカスタマイズする必要があり、しかも仕事に必要とされる条件が変わればひんぱんにアップデートしなければならない。となれば、すでに多額の投資をしている人事評価制度にさらに予算を投入することになる。しかし現状はむしろ予算縮小の傾向にある（ノイズ削減のコストについては第6部でもうすこし踏み込んだ分析をしたい）。

加えて、評価者に起因するノイズの抑制に努めようとすれば、それは評価者が個人的な目的で評価におよぼそうとする影響力を抑えることにつながる。マネジャーたちにノイズを減らすためのトレーニングを受けるよう命じるのは、追加的に貴重な時間を投じ、しかもこれまで振るっていた影響力の一部を放棄するよう命じるのと同じことであり、猛反発を食うのはまちがいない。じつのところ、準拠枠トレーニングに関する調査研究の大半は学生相手に実施されたものであって、現場のマネジャーが対象ではないのである[23]。

人事評価という重要なテーマは、実務上でも評価そのものの考え方についても多くの疑問点を浮き彫りにしてきた。たとえば、人と人の相互作用に大きく依存する今日の組織において個人の出来不出来などというものはどの程度意味があるのか、と問う人がいる。それでもなお個人の評価に重要な意味があると考えるなら、自社における能力・実績分布は実際にどうなっているのかを真剣に分析する必要があるのではないか。ほんとうに正規分布なのか。あるいは一握りのスタープレーヤーの業績貢献度が偏って高く、あとは低調なのではないか[24]。また評価の目的が最高の人材を見つけ出すことにあるのなら、全員の人事評価を行いその結果をアメとムチに使ってやる気を出させようとするのは果たしてほんとうに合理的なのか（そして効果があるのか）。

人事評価制度をこれから設計する人あるいは手直しする人は、これらの問いやさらにもっと多くの問いに答えを出さなければならない。ここではこうした問いに真正面から取り組むつもりはない。それよりも、ごく控えめな助言をしておきたい。もしあなたの会社が人事評価を行っているなら、そこにはシステムノイズが大量に存在すること、したがってそのような評価は本質的に無意味であって、ほぼ確実に非生産的であることをわきまえてほしい、という助言である。このノイズを減らすのは難事業であり、技術的な操作で消去できるものではない。評価者に求められているのはどのような評価のやり方なのか、というところから明確にする必要がある。そこから出発するとおそらくは、評価尺度の明確化・具体化とその尺度を正しく使うためのトレーニングが評価の精度向上に必要だという結論に達するだろう。この方法は、他の多くの分野に応用可能である。

評価尺度について話そう

「わが社の人事評価制度には膨大な時間を注ぎ込んだが、それでも実態はといえば、ほんとうに能力や実績に基づく評価は四分の一にすぎず、残り四分の三はシステムノイズという体たらくだ」

「この問題に対処するために三六〇度評価や強制的ランク付けも試してみたが、事態はますます悪くなった」

「レベルノイズがこれほど多いのは、たとえば〝すぐれている〟と〝きわめてすぐれている〟の解釈が評価者によってちがうからだ。具体的なケースをアンカーとして評価尺度に付け加えれば、評価者の間の不一致を減らせるだろう」

第24章　採用面接の構造化

一度でも会社勤めをしたことのある人なら、採用面接という言葉が何を意味するかご存知だろう。あの緊張とストレスを思い出した人もいるかもしれない。採用候補者が将来の上司または人事部の採用担当者と顔を合わせる採用面接は、多くの組織で避けて通れない通過儀礼となっている。

ほとんどの場合、面接は何度も繰り返されてきた手順を踏んで行われる。最初にすこし気楽な世間話をした後、面接官は候補者に実務経験などを尋ね、過去の実績、直面した課題、仕事に対する意欲、事業に関するアイデアなどを質問する。性格の長所や短所、応募の動機や適性、会社の文化との相性などを聞く面接官もいる。趣味や関心事が話題に上ることもある。面接の終わり近くには候補者の側から質問する時間が設けられ、質問の的確さや洞察力も評価の対象になる。

もし読者が採用を行う立場だったら、きっとここに書いたような面接をすることだろう。ある組織心理学者が指摘したとおり、「この種の面接なしに組織に雇われることはめったにない。いや、考えられない」のである。[1] そして面接の末にいよいよ採用するかどうかを決定する際には、程度の差こそあれ直感的判断に頼ることになる。[2]

採用面接がこれほど普及し定着しているのは、一緒に働く人間を選ぶという重大事における人間の判断への深い信頼があるからにちがいない。そして判断を要する仕事の中では、人材採用には他の判断に比してきわめて優位な点がある。重要性が高く、しかも広く普及しているため、組織心理学者の格好の研究対象となり、ありとあらゆる角度から研究が進んでいることだ。応用心理学の専門誌アプライド・サイコロジーの創刊号（一九一七年）では人材採用について「最重要課題である……なんとなれば、人間の能力は結局のところ国家の主要なリソースであるからだ」と述べている。[3] それから一世紀後の現在、さまざまな人材選抜テクニック（もちろん標準的な面接も含めて）の有効性について多くのことがわかってきた。複雑な判断に関する限り、これほど多くのフィールドリサーチの対象になってきたものはほかにない。おかげで人材採用は完璧なテストケースとなっている。この分野の研究から得られる教訓は、複数の選択肢の中から選ぶさまざまな判断にも応用可能である。

面接に潜む危険

採用面接に関する研究成果にくわしくない読者は、これから述べることに驚かれるかもしれない。面接の主目的が、将来職務で成果を上げる候補者は誰かを判断することである限りにおいて、標準的な面接は有益であるとは言えない（なお「標準的な面接」は、これから取り上げる構造化された面接に対し、非構造化面接とも呼ばれる）。もっとはっきり言えば、多くの場合まったく役に立たないのである。

この結論にいたるまでには膨大な数の調査が行われ、面接後に面接官が行った評価と採用された候補者の職務上の実績との相関係数が計算されてきた。もし両者の間に強い相関があるなら、標準的な面接は（相関の強い他の選抜方法も）候補者の将来の実績を判断する有効な手段だということになる。

ここで一つ但し書きをつけておかねばならない。将来の「成果」あるいは「実績」なるものの定義のことだ。これは瑣末な問題ではない。通常は上司による人事評価が基本だが（組織によっては勤続年数が重視されるケースもある）、こうした評価の有効性が疑わしいことは前章で述べたとおりである。しかし採用時の判断の質を評価する目的に限っては、採用時の評価者が採用後にも人事評価を担当した場合には、その評価を相関関係の判定に使うのは妥当と言えるだろう。採用判断の質を分析する場合には、この前提で行うべきである。

では、分析結果はどうだったのだろうか。第11章では、一般的な面接評価とその後の人事評価の相関係数は〇・二八だった。別の調査では〇・二〇〜〇・三三と報告されている。[4] すでに述べたが、この数字は社会科学の基準からすれば十分な相関性ではある。だが、意思決定のベースとしてはとても十分とは言えない。相関係数〇・二八をパーセント一致率（PC）で言うと、かなりお粗末だ。面接のみで二人の候補者を判断した場合に、あなたがよいと思った候補者がほんとうによい確率は五六〜六一％である。もちろんコイン投げよりはましだが、重要な判断を行うときに頼れる方法とは言えまい。

面接には、人材の選抜以外の目的もあることは認めよう。とくに、企業側にとっては有望な候補者に自社を売り込む大切な機会であり、将来の同僚との関係構築の出発点となる。そうではあっても、やはり主たる目的は優秀な人材を選ぶことであり、だからこそ時間と労力を注ぎ込むのである。そしてこの主目的に関して採用面接の成績は芳しくないと言わざるを得ない。

面接におけるノイズ

標準的な面接が候補者の将来の実績予測でエラーが大きいことは容易に予想がつく。エラーの一部は、客観的無知が原因だ[5]（第11章参照）。仕事で能力を発揮できるかどうかは多くの要因に左右される。新しい環境に早く順応できるか、といったことから、プライベートなライフイベントの影響まで、じつにさまざまだ。その大半は、採用時には予測不能である。この不確実性が、採用時の予測を当てにならないものにする。採用面接だけでなく、人材選抜テクニックの多くがそうだ。

面接は、心理的バイアスの地雷原でもある。いまでは多くの人が、人種、性別、学歴などさまざまな面で志望企業の文化との同質性の高い人が選ばれやすいことを知っている。[6] 企業の側もこの種のバイアスのリスクをよく承知しており、採用担当者をはじめとする社員に研修を実施するなどの対策を講じて改善に努めてきた。このほかのバイアスも昔から知られている。たとえば候補者の評価において容貌などの外見が大きな比重を占めることは周知の事実だ。外見の美醜がまったく意味を持たないような職種であっても、美男美女は得をする。こうしたバイアスは、採用担当者のほぼ全員に共通するため、ある候補者の評価においてプラスであれマイナスであれ共通のエラーを生じさせることになる。

面接にはノイズも多いと聞いても、もはや読者は驚かないだろう。同じ候補者から受ける印象が面接官によって異なり、評価もひどくちがってくることはめずらしくない。ある調査によると、二人の面接官が同じ候補者を面接した後に行った評価の相関係数は、〇・三七〜〇・四四（ＰＣ＝六二〜六五％）だった。[7] その一因として、候補者が面接官によってちがう態度をとったという可能性はある。だが一人の候補者に複数の面接官が応対するパネル面接でも、評価の相関係数は高いとは言えない。あるメタ分析では、相関係数は〇・七四（ＰＣ＝七六％）という結果が出ている。つまり、同じ候補者を同じパネル面接後に評価しても、四回に一回は評価が食い違うということだ。

このばらつきの主因はパターンノイズである。つまり特定の候補者に対する面接官固有の反応に起因する。多くの組織はこの点を承知しており、一人の候補者に何人もが面接する方式をとるのがふつうだ。そのうえで、評価を何らかの形で統合する（多くの場合に評価の統合は面接官が集まって検討する形で行われるが、これに伴う問題があることはすでに指摘したとおりである）。採用面接でさらに驚くべきは、機会ノイズもきわめて多いことである。たとえば採用の決定は第一印象に左右されがちだ。この点についてはデータの強力な裏付けがある。第一印象が形成されるのは、ほとんどの場合、面接冒頭のくだけた会話による雰囲気作りの段階だ。そう、面接官がやさしく話しかけ、緊張する相手をくつろがせようとする最初の二、三分である。ここで形成される第一印象が、往々にして決定的な役割を果たすことになる。[8]

第一印象で判断して何が悪いのか、とお考えの読者もおられよう。たしかに、第一印象で得られる情報には有意義なものもある。それに大方の人は初めて会った人を第一印象で判断するものだ。となれば、経験豊富なその道のプロの面接官が第一印象で判断してもよさそうに見える。だが面接の最初の数分では、あきらかに表面的な情報しか得られない。しかもその大半は候補者の外向性とコミュニケーション能力で決まってしまう。握手の印象でさえ、最終判断に影響をおよぼす。[9]アメリカ人はがっちり握手することを好むが、それが自分の判断に影響することを自覚している面接官はほとんどいない。

面接官の心理

なぜ第一印象が長時間の面接の結果を左右してしまうのだろうか。理由の一つは、標準的な面接では面接官は自分の好きなように話の流れを自由に操作できることにある。そこで、第一印象を確かめるための質問を連発しやすい。たとえば候補者が内向的で口下手だと感じたら、過去にチームで働いた経験はあるか、チームの中でうまくやっていけたかといったことをしつこく質問するかもしれない。一方、外交的で陽気な印象の候補者にはそうした質問を省略するだろう。すると、応募者によって集める情報が同質でなくなってしまう。面接官が履歴書とテストの成績からすでに候補者に対して好印象または悪印象を抱いている場合の面接時の行動を追跡したある調査によると、好悪を問わず第一印象が面接のやり方に重大な影響を与えることが確かめられた。たとえば好印象を抱いている面接官は、候補者に対する質問を減らし、むしろ会社を候補者に「売り込む」傾向があるという[10]。

面接の問題点は、第一印象が結果を左右することだけではない。もう一つの問題は、面接官には目の前にいる候補者についてつじつまの合った像を形成しようとする傾向があることだ（第13章の「過剰な一貫性」を参照されたい）。ある興味深い実験では、学生に面接官の役と候補者の役を割り当て、面接官役の学生にはイエスかノーで答えられる質問だけをするよう指示した。次に候補者役の学生の一部に対し、質問にはランダムに答えるよう指示する（質問の最初の文字に応じてイエスかノーかを決める）。するとどうなったか。「初めのうち候補者役は、面接が支離滅裂になって、途中でふざけるなと怒られるのではないかと心配していた。だがまったくそのような問題は起きず、面接は何事もなく終わった」と実験を行った研究者は皮肉たっぷりに書いている。[11] つまり面接官役の学生は誰一人として、相手がでたらめに答えていると気づかなかった。いやもっと悪い。「候補者について面接から多くのことが得られたか」と問われると、「ランダム」面接に当たった面接官はイエスと答え、候補者が質問に誠実に答えたと述べたのである。このほどさように人間は何事にもつじつまを合わせてしまう。ランダムなデータに想像上のパターンを見つけ出したり、雲の形から具体的なものを思い描いたり、完全にデタラメな答えの中にロジックを見つけ出したりする能力をほとんどの人が備えているのである。

ここまで極端でなくても、次のような例もある。私たちのうちの一人がある候補者の面接をする羽目に陥った。その候補者の前職は中堅企業の最高財務責任者（CFO）だが、わずか数カ月でその会社を辞めている。そこで理由を尋ねたところ、候補者は「CEOと戦略的に意見が合わなかった」と説明した。その候補者には、別の同僚も面接を行っている。彼も同じ質問をし、候補者はまったく同じことを答えた。ところが面接終了後に話し合ったところ、面接官を務めた二人の評価は完全に食い違っていたのである。一人は候補者の第一印象に好感を抱いたため、CEOと意見が合わずにさっさと辞めたのは勇気と誠実さの表れだと解釈した。もう一人は第一印象が悪かったため、早期辞職は融通のきかない未熟な性格の表れだと受け止めた。ここで学ぶべき教訓は、こうだ。候補者についての判断を事実に基づいて下しているつもりでも、実際にはその前に形成された印象に基づいて事実を解釈しているのである。

標準的な面接のこうした欠点からすると、そこから意味のある結論を引き出すことは可能なのか、重大な疑念を抱かざるを得ない。しかし面接で形成された印象があまりに強烈なため、面接官は自分の判断にすっかり自信を持つのがふつうだ。そして履歴書や試験結果など他の情報と統合する際にも面接を過度に重視することになりやすい。

このことを裏付ける実例を一つ紹介しよう。教授のポストの候補者は、教授陣の前で実際に講義をするよう求められることが多い。指導スキルを見るためである。しかしこれが、通常の学生相手の講義に比べ非常な緊張を強いられる状況であることは言うまでもない。私たちは、候補者の一人が緊張のあまりうまくできず悪印象を与えてしまった例を目にしたことがある。しかしその候補者の履歴書には教育・指導に優れているとの評価が記載されていたし、その卓越した教授法により学内で表彰されてもいる。にもかかわらず、人為的に作られた状況での講義テストで失敗してしまったことが鮮烈な印象を残し、信頼性の高い過去の実績以上に最終決定に大きく響く結果となった。

ぜひとも強調しておきたいのは、候補者について得られる情報が面接以外にもある場合、たとえば試験結果や推薦状などがある場合には、そうしたインプットを加味して最終判断を下すべきだということである。このとき問題になるのは、読者もお気づきのとおり、どうやってさまざまなインプットを統合するかということだ。あれこれ勘案して総合的に判断する「臨床的統合」か、それとも何らかの計算式を決めておく「機械的統合」か。第9章で述べたように、機械的なアプローチのほうがすぐれている。一般的にも、候補者の将来の実績予測という特定の問題についてもそう言える。ところが非常に残念なことに、調査によると圧倒的多数の企業が臨床的なやり方をしている。[12] これではすでにノイズの多いプロセスにさらにノイズを加えるだけである。

構造化による採用面接の改善

従来型の面接と判断に基づく採用決定に当たり外れが多い（というよりも外れが多い）となると、どうすればよいのか。幸いにも解決策を提案している研究もあり、それに耳を傾けた企業もある。

人材選抜の方法を改め、その結果を公表している企業の一つがグーグルだ。グーグルの人事担当副社長を務めたラズロ・ボックは、著書『ワーク・ルールズ！』の中で、同社の人事評価システムについて詳細に語っている。グーグルも大方の企業と同じく、最高の能力を備えた人材を採用すべく膨大なリソースを注ぎ込んできた。が、思うような結果が出ない。採用面接に基づく将来予測と実際の実績データを分析したところ、「両者の間にまったく関係はなかった。ゼロだ……完全にでたらめだった」という。[13] この問題に取り組んだグーグルが導入した原則は、同社の数十年におよぶ調査の賜物だが、私たちの判断ハイジーン手順と共通する要素が少なくない。

同社が採用した方法の一つは、読者がすでによく知っているものだ。複数の判断の統合である。人材採用の場面で統合を導入するのはとくに驚きではない。実際、ほとんどの企業が一人の候補者に対して複数回の面接を行い、面接官の判断を統合しているだろう。グーグルだって負けてはいない。なにしろ同社はときに一人の候補者に二五回もの面接を課すのである！　ボックが採用面接制度を見直して下した結論の一つは、面接の回数を四回以下に減らす、というものだった。彼によれば、最初の四回で得られた予測精度がその後の面接で高まることはないという。そしてこの予測精度を引き上げるために、グーグルは他社が守っていないルールの厳重な遵守を面接官に要求する。それは、各面接官がまず個別に候補者を採点し、その後に初めて他の面接官と意見交換することである。統合が効果を発揮するのは独立した判断に限られることを、ここで改めて強調しておこう。

　グーグルは判断の統合のほかにも、ある判断ハイジーン手順を取り入れている。これまでに何度か言及した複雑な判断の構造化がそれだ。構造という言葉にはいろいろな意味があるが、判断を構造化するとは、グーグルの場合には評価を分解する、評価は独立に行う、総合判断は最後に行うという三つの原則を表す。

　まずは、第一の原則の分解について説明しよう。この段階では、意思決定を構成要素に分解する。私たちは分解された項目を「媒介評価項目」と呼んでいる。判断のガイドラインを作成するとき、最終判断にいたるまでの中間段階の判断を識別するが、あれと同じ手順である。この段階で重要な項目が何かを選び、それに基づいてどんな情報が必要かを見きわめ、不要なものをふるい落とす。

　グーグルの場合で言えば、媒介評価項目が四つ設定されている。認知能力、リーダーシップ、文化的な適性（つまり「グーグルらしさ」）、職務関連知識である（これらの項目のいくつかはさらに細分化されている）。候補者の容姿はもちろんのこと、話術や趣味やその他良きにつけ悪しきにつけ面接官が注意を奪われがちな他の要素は、構造化面接の評価項目にいっさい含まれていないことに注意されたい。

多くの人はそんなことはあたりまえだと感じ、この程度の構造化は常識だと思われたことだろう。たしかに、たとえば会計や事務のアシスタントを採用するなら、仕事の内容を明記した職務記述書に照らし合わせて必要な能力や知識を持っているか確認するだけでいいかもしれない。だが、特殊な職務や上級管理職になるとそうはいかない。しかも上級職ほど必要なスキルの特定があいまいになりがちだ。ある腕利きのヘッドハンターは、上級職で必要とされる能力や人格的要素を明確かつ具体的に記述することはむずかしく、そのせいもあっておろそかにされてきたと鋭く指摘する。意思決定者は「適任者とはどんな人なのか、何が求められるのか、要件の明確化にもっと時間と労力を投じるべきだ」とこのヘッドハンターは言う[14]。候補者に会う前にじっくり検討し、仕事の内容と求められる能力や人格特性などをはっきりさせておくことが肝要である。標準的な面接で面接官に渡されるのは、妥協の産物である総花的な職務記述書だ。記述は漠然としていて、理想の能力のウィッシュリストのようになっている。しかも理想の能力を計測する尺度は与えられないし、両立不能な能力のどちらを優先するかも指示されていない。

続いて、第二の原則である独立に移ろう。独立が意味するのは、評価項目ごとに候補者に質問を発して情報を収集し、そのたびに個別に評価することである。職務内容を要素に分解して列挙するだけでは十分ではない。標準的な面接では、面接官は項目ごとに質問せず、いっぺんに四、五項目の情報を候補者から得ようとし、面接が終わってから全部まとめて評価する。これではある項目の評価が別の項目の評価に影響をおよぼすことになり、ノイズだらけになってしまう。

この問題を克服するために、グーグルでは評価を事実に基づいて行うだけでなく、項目ごとに独立して行うことを徹底した。「構造化行動面接（structured behavioral interview）」の導入は、まさにその具体的な例である。[15] この面接では、面接官には候補者を気に入ったかどうかを決めることは求められていない。面接官の役割はもっぱら評価項目に必要な情報を収集し、項目ごとに採点することにある。そのために、候補者の過去の行動についてあらかじめ決められた質問をしなければならない（「これまでに、これこれの状況に遭遇したことはありますか、あなたはそのときどうしましたか、その結果どうなりましたか？」といった類の質問である）。また採点に際しては、あらかじめ定められた統一的な尺度に従うことが大切だ。その尺度には、質問ごとに「ふつう」、「よい」、「きわめてよい」の例がこまかく記載されている（前章で紹介した行動基準評価尺度にいくらか似ていると言えるだろう）。こうした共通の尺度があれば、判断のノイズを減らす役に立つ。

くだけたおしゃべりのあるおなじみの面接とはずいぶんちがうぞ、と感じただろうか。それは当たっている。じつのところ、構造化行動面接は口頭試問か尋問に近い。しかも一部の調査では、面接をする側も受ける側も構造化面接を嫌っていることが判明した（すくなくとも非構造化面接のほうを好む）。それに、どのような面接が適切に構造化されていると言えるのかについてはまだ結論が出ていない。[16] それでも、一つ確実なことがある。それは、構造化面接は従来の非構造化面接に比べ、将来の実績との相関性がずっと高いことだ。相関係数は〇・四四〜〇・五七、PCで言えば六五〜六九％である。[17] つまり、よい人材を選べる確率が七割近い。これは、非構造化面接の五六〜六一％と比べると顕著な改善と言ってよい。

加えてグーグルは、いくつかの評価項目では他の情報も考慮する。たとえば職務関連知識については、プログラマー志望者にはコードを書いてもらうというふうに実務試験を行う。[18] 調査によると、将来の仕事の出来不出来に関する限り、こうした実務試験の予測精度が最も高いことがわかっている。グーグルは、社内の照会も参考にする。これは、候補者が指名した照会先ではなく、たまたま本人を知っている社員に照会する方法である。

第三の原則は、総合判断は最後に行うというものだ。かんたんに言うと、直感を禁止するわけではないが、最後の最後まで遅らせるということである。グーグルの場合、最終判断は採用委員会が下す。委員会では面接ごとに各評価項目についてつけられたすべての採点を集めたファイルおよび実務試験の結果など他の評価資料に基づき、各委員が対等の立場で発言し、そのうえで誰に内定を出すかを決定する。

グーグルはデータ志向の強い企業として名高いにもかかわらず、そして評価の統合は機械的に行うほうが臨床的に行うよりすぐれているという数々の証拠があるにもかかわらず、最終決定は機械的には行わない。グーグルといえども、そこは人間の判断に委ねられている。それはそうだろう、採用委員会であらゆる情報を集約し、勘案したうえで議論するのは、「この候補者はグーグルでうまくやっていけるか？」ということなのだ。その答えを計算式で出すことはできまい。

私たちはこのやり方を賢明だと考えているが、その理由は次章で説明する。ここで強調しておきたいのは、グーグルの採用決定が機械的ではなくとも、四回の面接でつけられた採点の平均点がアンカーになっていることだ。さらに、実務試験の結果など基本的なエビデンスにも裏付けられている。このように、グーグルでは判断と直感の余地を残してはいるものの、それはすべてのエビデンスが集約され分析された後のことである。したがって、面接官（および採用委員）それぞれの傾向によって早い段階で直感的印象が形成され、それに基づく判断に突き進む危険性は抑えられている。

判断を分解する、評価は独立に行う、総合判断は最後に行うという三つの原則は、必ずしもすべての企業に当てはまるとは言えない。それでも、これらの原則は組織心理学者がずっと前から提唱してきたこととおおむね一致する。それに、私たちの一人であるカーネマンが一九五六年に実行した選抜方法とも共通することを言い添えておこう。カーネマンはイスラエル軍兵士を対象に適性評価を行って適した部隊に振り分けるための構造化面接試験を設計した[19]。これについては『ファスト&スロー』にくわしい。カーネマンが採用したのは、面接官は順序に従って質問し、評価項目ごとに点数をつけ、それから次の項目に進むというルールである。そして最後に面接官が判断を下す。しかしそれは必ず、各項目の採点を記入した後でなければならない。

人材採用において、構造化面接を含め構造化された判断プロセスの優位性を裏付けるエビデンスは豊富にある。経営陣が取り入れる気になりさえすれば、役に立つ実務的なアドバイスもいくらでも手に入るはずだ。[20] グーグルの実例が示すように、また多くの研究者が指摘するとおり、構造化プロセスにはコストも少なくて済む。対面の面接ほどコストがかかるものはないのだから、当然である。

にもかかわらず、非常に多くのエグゼクティブがいまだに非構造化面接の価値を信じて疑わない。驚くのは、面接を受ける側の多くもそう考えていることだ。標準的な対面での面接の場でこそ、将来の雇い主に自分の真の姿をわかってもらえると感じているらしい。研究者はこの現象を「錯覚の固執」と名づけている。[21] 一つはっきりしているのは、このような面接官や候補者は、採用判断にいかにノイズが多いかを過小評価している、ということである。

構造化面接について話そう

「構造化されていない標準的な面接では、候補者のことを理解できたつもりになったり、ウチの会社に合わないと決めつけたり、といったことは避けられない。こうした直感を鵜呑みにすべきではない」

「標準的な面接は危険だ。バイアスがかかりやすいだけでなく、ノイズも大きい」

「面接を、いや人材選抜プロセス全体を構造化すべきだ。まずは候補者に何を求めるのかをもっと具体的にはっきりさせよう。そして、項目ごとに独立して評価するというルールを決めて実行しなければいけない」

第25章　媒介評価プロトコル

すこし前にカーネマン、シボニーと友人のダン・ロバロは、組織におけるある意思決定方法について論文を書いた。この方法はノイズ削減を主目的として設計され、媒介評価項目を使うことから、媒介評価プロトコル（mediating assessments protocol）と命名されている。[1] このプロトコルには、第5部でこれまでに紹介した判断ハイジーン手順の多くが含まれている。何らかの提案なり選択肢なりの評価にさまざまな面を考慮して重みをつける必要がある場合にはいつでも、このプロトコルが幅広く役に立つ。また、企業、病院、大学、政府機関などあらゆる種類の組織で活用できるし、組織の性格や目的に応じて手直しすることも容易である。

この章では、複数の実際のケースを合成し定型化した形でプロトコルを紹介する。主役は架空の企業マプコだ。マプコは目下非常に重要な買収の機会を検討中である。そして買収の可否を判断するにあたり、こうした状況で企業が通常とる方法とはまったくちがう方法を採用することになる。とはいえ、通常の方法とのちがいが大きいといっても、見かけはあまり変わらない。不注意な人なら気付かないかもしれない。

第一回会合：アプローチに合意する

マプコが買収しようとしている相手は、競合先のロドコという企業である。ロドコの買収はだいぶ前から検討されており、いよいよ機も熟したとみて経営陣は取締役会を開いて買収の可否の検討に入ることを考えている。マプコのCEOジョーン・モリソンは、事前討議をすべく取締役会戦略委員会を招集した。そして意思決定の方法を改善する必要があると強調し、次のような提案をして委員会の面々を驚かせる。

「ロドコの買収に関しては取締役会が意思決定を行うことになります。今回は、取締役会で導入する予定の新しい手順を、この委員会で試したいと考えています。媒介評価プロトコルという方法で、名前は堅苦しいですが、考え方はいたってシンプルです。このプロトコルは、戦略的選択肢の評価と採用時の応募者の評価には共通性があるという発想から考案されました。

みなさんはすでに、構造化面接が非構造化面接よりよい結果を出していることを示した研究や、採用決定プロセス全体の構造化に関する研究の成果についてよくご存知でしょう。現に当社の人事部では、採用決定にこうした研究成果を活かしています。膨大な量の研究が、面接を構造化すれば標準的な面接より予測精度が大幅に高まると実証的に証明しているのですから、当然といえます。

そしてここで私が強調したいのは、候補者の評価と重要な戦略的選択肢の評価には類似性があることです。つまり選択肢は候補者に似ているのです。この類似性を踏まえ、応募者の評価に有効だと実証された方法を、戦略的選択肢の評価という今回の私たちの仕事にも応用したいと考えています」

選択肢は候補者に似ていると言われて、委員会のメンバーは狐につままれたような顔をした。採用プロセスは同じような決定を何回も行う。言うなれば潤滑油を注入されてよく回転する機械のようなものだ。しかも採用は時間に迫られているわけではない、と彼らは指摘した。これに対して戦略的決定はその状況に応じて考慮すべきことがちがうし、多岐にわたるうえ、だいたいにおいて時間が切迫している。何人かは、時間を余計にとられるようなことにはいっさい反対だと強い調子で言った。彼らは、自社の調査・分析グループの負担が増えることも懸念した。

ジョーンは反対意見にていねいに答えた。構造化プロセスを取り入れても意思決定に遅れをきたすことはないと請け合い、「買収の最終決定を下す取締役会のために、評価すべき項目をまず明確化する」ことが最初の手順になると説明した。「今回の案件を構成するさまざまな要素の評価リストをあらかじめ作成する必要があります。ちょうど構造化面接で職務記述書が求められる条件のチェックリストの役割を果たすように。評価リストで重要なのは、各項目を一つずつ個別に評価することです。構造化面接でも、一項目採点してから次へ進みますが、この点は非常に重要です。買収の可否を議論するのは、各項目の評価がすべて終わってからということになります。このやり方こそが、取締役会の集合知をよりよく活かす方法だと確信しています。

このアプローチを導入する場合、当然ながら調査チームの段取りや進め方がちがってきます。そこで、あらかじめご了承いただきたいのです」

まだ納得できないメンバーの一人が、採用において構造化は意思決定の質にどのような改善をもたらしたのか、またそのメリットが戦略的決定でも実現されると考える理由は何か、と質問した。ジョーンはきわめて論理的に、媒介評価プロトコルを導入し各項目の評価を切り離すことによって、情報の価値が最大化されると説明した。「私たちのいつもの取締役会の議論は、言ってみれば非構造化面接のようなものです」とジョーンは熱弁を振るった。「最後に下すべき決断のことが頭から離れず、すべての情報をつねにこの最終目的に照らしてみていませんか。つまり議論の最初から落としどころを探っていて、結局遅かれ早かれそこに到達する。これでは、非構造化面接で面接官が第一印象を確かめるための質問を連発するのと変わりません。取締役会も第一印象を裏付けるための議論をしているにすぎないと言えるでしょう。

構造化アプローチを採用した場合、各自がすべての項目の評価を終えるまでは、最終結論を下すための議論を始めることはできません。個別の評価は中間目標と考えたらいいでしょう。このアプローチでは、項目ごとに入手した情報を十分に吟味して評価することができ、しかもある項目の評価は別の無関係の項目には影響をおよぼさないことが特徴です」

委員会は、このアプローチを試してみることで合意する。だが、個別に評価するというその媒介評価項目とはどんなものか？　すでにリストはできているのか？　ジョーンはノーと応じた。「採用面接のように何度も行う意思決定プロセスであれば定型的なリストが存在するかもしれませんが、今回の買収案件では、私たち自身が評価項目を決めることになります。これは非常に重要なことです。今回の件で必ず評価すべきことは何かを具体的に決める必要があります」。戦略委員会は、翌日その媒介評価項目を決定することで合意した。

第二回会合：媒介評価項目を決める

「私たちがまずやるのは、今回の買収について独立して評価すべき項目を網羅したリストを作成することです」とジョーンは説明した。「各項目の調査と分析はジェフ・シュナイダーのチームが担当します。今日私たちがやるのは、彼らが分析すべき項目を決めてリストにすることです。買収の可否を判断するうえでみなさんが必要とする事実がすべて含まれ、必ずいずれかの項目に入っているという意味で網羅的であることが必要です。また先ほど〝独立〟という言葉を使ったのは、ある事実は一つの項目にのみ影響をおよぼすという意味です。これは冗長性を最小限に抑えることにもつながります」

戦略委員会はさっそく作業にとりかかり、調査が必要と考えられる膨大な事実と情報のリストを作成した。難題はこれを重複しないよう分類してリストにまとめることだとメンバーはすぐに気づく。それでも、手のつけられないほどむずかしくはなかった。最終的に委員会は七項目のリストにまとめる。リストは表面的には、買収提案に関する定型的な報告書の目次によく似ていた。たとえば、買収提案につきものの財務モデリング、ターゲット企業の経営陣のクオリティ、買収した場合に予想されるシナジー効果といった項目が含まれている。

どうやら戦略委員会の一部のメンバーは、とくに目新しいアイデアが出てこないことに失望したらしい。だが現時点ではそれは目標ではない、とジョーンは辛抱強く説明した。当面の目標は、調査と分析を担当するジェフのチームに的確な指示を出すことに尽きる。各評価項目は、チームから提出される報告書の各章のタイトルを表すことになるだろう。そして取締役会は各章を独立して検討するという段取りである。

分析チーム

分析チームのミッションは、買収そのものについて取締役会に何らかの意見を述べることではない。すくなくとも当面はそうではない、とジョーンは考えた。媒介評価項目一つひとつについて客観的で独立した評価を行い、それを取締役会に示すことがチームの任務である。最終的に分析チームが提出する報告書の各章の最後には、項目ごとの採点が付されることになる。それは、「最終決定においてこの項目にどのような重み付けがされるかは別として、この項目の評価に関する限り買収にイエスかノーか？」というシンプルな問いに対する答えになる。

今回の買収の調査・分析を担当するチームのリーダー、ジェフ・シュナイダーは、リストができ上がった日の午後にさっそくチームを集め、仕事の分担を決めた。チームのいつものやり方とちがう点はそう多くはないが、そのちがいの持つ意味は重要である。

まず、今回に限ったことではないが、分析はできる限り客観的に行うこと。評価は事実に基づいて行うこと。そして、可能であれば必ず統計的視点を取り入れること、とジェフは付け加えた。メンバーの多くは「統計的視点」が何を意味するかわからなかったため、ジェフは今回決まった媒介評価項目の中から二つを例に挙げて説明した。たとえば今回の買収が規制当局に承認される可能性を評価する際には、まず基準率を調べなければいけない。つまり、今回の買収と類似する案件が過去にどの程度の確率で承認されているかを調べる。となると、「類似する案件」とはどういう案件か、つまり統計学でいう参照クラスを定義することが重要になる。

また、ターゲット企業の製品開発部門の技術水準を評価する際には、「ターゲット企業の最近の実績をファクトベースで列挙し、〝ふつう〟とか〝優れている〟と評価するだけでは不十分だ。私が期待するのは、〝ターゲット企業の製品開発部門は、最近の製品発売実績で見て同業者の中で下から二番目の五分位階級に位置付けられる〟といった評価だ」。ジェフはさらに、できるだけ同業他社と比較して評価をするように、と付け加えた。なぜなら、相対的な評価のほうが絶対的な評価より精度が高いからである。

ジョーンからの指示に従い、ジェフはもう一つチームに注文をつけた。評価はできるだけ一人ひとり別々に行うこと。これは、一人の評価が他の人の評価に影響を与えるリスクを減らすためである。よって、各評価項目はちがうアナリストが担当する。各自相談せず一人で作業すること。

これには何人かが驚いた。「チームワークのほうがよいのではないか？」。さらに「もし意見交換もしてはいけないというなら、チームを編成する意味はあるのか？」という批判も出る。

ジェフは独立の必要性についてていねいに説明する必要があると気づく。「たぶんみんな、ハロー効果のことは知っていると思う。採用面接などで第一印象が強く影響し、職務上のスキルや専門知識といったことまでそれで判断してしまうことが往々にして起きる。独立性を求めるのは、これを避けるためだ」。それでも納得しないアナリストがいたため、ジェフは別の比喩を引き合いに出した。「犯罪の目撃者が四人いるとしよう。君が裁判官だとして、法廷で証言する前に四人で話し合うことを許可するだろうか？　もちろんしない！　そんなことをすれば、ある目撃者が別の目撃者に影響をおよぼすことになるからだ」。この比喩が果たして的確と言えるのか、疑問に感じたアナリストもいたようだが、ともかくもリーダーの言いたいことは伝わった。

さて困ったことに、チームには七つの評価項目を別々のアナリストに割り当てるだけの人数が足りていない。ジェフは経験豊富なジェーンに二項目を担当させることにした。できるだけかけ離れた項目を二つ選び、さらにジェーンには、最初の項目を評価して報告書に書き入れてから次の項目に移るよう念を押した。もう一つ悩ましいのは、ターゲット企業の経営陣の定性的評価である。ジェフは、経営手腕の本質的なクオリティに対する評価と、最近の実績に対する評価とが混同されてしまうのではないかと懸念する。この点に対処するために、外部の人事専門家の協力を得ることにし、定性的な評価はそちらに任せることにした。これで独立したインプットを確保できる、とジェフは考えた。

ジェフから分析チームへの最後の指示は、こうだ。報告書の各章は一つの項目の評価にフォーカスすること。そして、結論は採点の形で示すこと。ただし、アナリストは事実に関するすべての情報をその章で提示しなければならない。「いかなる情報も伏せてはならない」とジェフは強調した。「その章の論調が採点と一致するものになるのは当然だが、採点と必ずしも一致しない情報や、矛盾する情報も、隠してはいけない。君たちの仕事は、君の提言を経営陣に売り込むことではなく、あくまで真実を示すことだ。そうなると、すっきりまとまらずにもやもやした感じになってしまうかもしれない。だが現実は往々にしてそういうものだ」

同じ精神から、ジェフはアナリストに評価の信頼度もあきらかにするよう求めた。「取締役会はわれわれが完全な情報を持っているわけではないとよく承知している。ほんとうに判断がつかないときは、そうとはっきり言ったほうが彼らの助けになる。それから、この買収をやめるべき重大な何かにぶちあたったときには、ただちに報告してほしい」

分析チームは了解し、すぐに仕事にかかる。幸いにも、「重大な何か」はなかった。チームはすべての媒介評価項目に採点して報告書をまとめ、ジョーンと取締役会に提出した。

意思決定のための会合

ジョーンは報告書に目を通し、すぐにある重要な点に気づく。評価項目の多くで買収を支持する結果が出ていたが、必ずしもゴーサイン一色ではないことだ。項目によっては高い点数がついているが、項目によってはそうでもない。評価項目ごとに個別に評価したのだからこれは予想通りで、むしろ望ましい結果だ、とジョーンは感じた。評価に一貫性がありすぎるのは要注意である。取締役会で行われるプレゼンテーションの多くはきれいにつじつまが合っているが、現実は矛盾だらけであるほうがふつうだ。「いい兆候だわ」とジョーンは満足した。「評価項目間の矛盾や不一致をめぐって議論が起きるだろう。それこそが、取締役会に望まれる質の高い議論だ。もちろん結論を出すのはむずかしくなる。だがよりよい結論を出せるはずだ」

ジョーンは、報告書を検討し決定を下すための取締役会を招集した。冒頭で調査・分析チームがとったアプローチを説明し、同じ原則で臨むよう促す。「ジェフのチームは、各項目の評価を個別に行うよう最大限努力しました。今度は私たちがそれをする番です。つまり、媒介評価項目を一つひとつ切り離して評価し、その後に最終決定を議論します。ではさっそく、一項目ずつ取り上げていきます」

取締役会のメンバーは、構造化されたこのアプローチに厳密に従うことは困難だと承知していた。ジョーンは最後の議論に入る前に総合的な判断をしてはいけないと言うが、彼らの多くは業界のインサイダーである。みな、ロドコについてそれなりの見解をすでに持っていた。だから、それを口に出さないというのはかなり人為的でわざとらしい。それでも彼らはジョーンがやろうとしていることを理解していたから、彼女のルールに従い、自分の見解はとりあえず棚上げすることにした。

驚いたことに、このやり方は非常に有効だった。会議の間に当初の意見を変えた人も何人かいたほどである（もっとも、彼らは自分の最初の考えを口にしていないから、意見を変えたことは誰も知らないが）。ジョーンはデルファイ法として知られる手法におおむね従って会議を進めた。メンバーに個別に判断してもらい、その結果を全員が共有し、再び個別に判断を求めるという過程を何回か繰り返す。[2] 議論のメリットと個別の判断を統合するメリットの両方を活かせるやり方だ。

会議では、項目ごとにジェフがチームを代表して主なポイントを説明する（くわしい説明は報告書に記載されており、取締役会のメンバーはすでに目を通している）。次にスマートフォンの投票アプリを使って各自の採点をジョーンに送信する。もちろん調査チームの採点と同じでもいいし、ちがう点数を付けてもいい。採点の分布は、採点者の名前を伏せて瞬時にスクリーンに投影される。「これは投票ではなく、項目ごとに全体の趨勢を全員が共有すること」が目的だとジョーンは説明した。議論を始める前に各自の独立した意見をあきらかにすることで、地位や人間関係、話術の巧拙、場の雰囲気といった社会的影響を排除し、情報カスケードの発生を回避できる。

項目によってはすぐに合意が形成される項目もあったが、そうでない項目ももちろんあった。そこで議論の多くは後者に充てられることになる。ジョーンは賛否両論が尽くされるよう計らい、事実や論理で裏付けられた意見を述べるよう促すとともに、強硬に主張せず他の意見にも耳を傾けるよう導いた。買収を強く支持するメンバーがだんだん興奮してくると、ジョーンはこう言っている。「ここにいるのはものの道理がわかっている人たちばかりです。それでも合意できないのだから、これは誰が話し合ってもかんたんには合意できない問題なのです」

議論が出尽くしたところで、ジョーンは再びメンバーに採点するよう要請した。今度は最初のときより点数のばらつきがだいぶ小さくなっている。この手順、すなわち採点・結果の共有と討論・二度目の採点という手順がすべての評価項目について繰り返された。

最後にいよいよ買収の可否を決める段階に達する。検討をスムーズにするために、ジェフは項目ごとに取締役会の採点の平均点をホワイトボードに書き出した。取締役会の面々は興味深げに見守る。さて、どうやって決断を下すべきか？

あるメンバーは合計の平均を出せばいいじゃないか、と言う（おそらく臨床的なやり方より機械的な統合のほうがすぐれていることを知っているのだろう）。だがすぐに別のメンバーが反対した。いくつかの項目に重みを付けるべきだという。また別のメンバーは、評価に順位をつけてはどうかと述べた。

ジョーンは議論を遮った。「これは単純な計算式で結論を出せるような問題ではありません。

私たちはここまで直感を働かせないよう気をつけてきました。いまこそ、直感を働かせるときです。みなさんのご判断をうかがいたいと思います」

ジョーンはこの発言の論拠を説明しなかったが、じつは彼女は手痛い経験からこの教訓を学んだのだった。とりわけ重要な判断の場合には、大方の人が何らかのスキームや計算式に縛られることを嫌がるし、それを使って判断することに頑強に抵抗する。計算式を使わなければならないと決まると、システム自体を都合よくねじまげ、望みの結論に達するよう採点を変えてしまったりする。さらには（今回はさいわいにもそうではないが）、最後の最後になってそれまでの評価を覆すような決定的な何かが持ち出される可能性もなくはない（第10章で取り上げた「折れた足」ファクターに当たる）。そのようなまったく予想外の決定打が出てきた場合、評価の平均をとるといった機械的な方法にこだわるのは大きなまちがいだろう。

ジョーンは、この段階になってから直感の声を聞くのは、プロセスの早い段階で直感に依存するのとはまったくちがうということも知っていた。各項目について評価を済ませており、それを全員が共有している状況では、全員が議論した後で行った二度目の採点がアンカーの役割を果たす。ほとんどの媒介評価項目で買収を支持する評価結果が出ているのに、買収に反対するとなれば、合理的で強力な理由を説明できなければならない。この論理に従い、取締役会は通常とほぼ同じように買収について議論し採決した。

繰り返し行う意思決定と媒介評価プロトコル

いま挙げたのは一度限りの意思決定に媒介評価プロトコルを適用した例だが、繰り返し行う意思決定にも応用できる。たとえば、マプコがベンチャーキャピタル・ファンドだとしよう。ファンドの場合、スタートアップに投資するかどうかをひんぱんに決定する。こうしたケースでもプロトコルは使えるし、そのプロセスは一度限りの場合とほとんど変わらない。繰り返し行う意思決定の場合、二つの理由からむしろ進め方はより容易になる。

第一に、媒介評価項目をリストアップすることは同じだが、リスト作成は一度だけ行えばよい。ファンドは投資基準を持つことになり、これはすべての案件に適用される。基準を案件ごとに変える必要はない。

第二に、ファンドが同種の決定を何度も行う場合には、過去の経験を判断の尺度に使うことができる。たとえば、投資対象企業の経営陣の評価について考えてみよう。これはどのファンドも必ず行う評価だが、この種の評価は参照クラスと比較して行うことが望ましい。とはいえマプコの調査チームにはちょっと同情してしまう。ターゲット企業だけでなく、類似の企業についてまでデータを収集するのはなかなか大変である。

相対的な判断は、繰り返し行う判断でははるかに容易になる。一〇社、いや一〇〇社の経営陣を評価したことがあるなら、それを参照クラスとして共有すればよい。具体的には、アンカーとなるケースを目盛りにしたケース尺度を作って共有する。たとえばターゲット企業の経営陣は

「ABC社と同程度にすぐれている」が「DEF社の経営陣ほどではない」という具合に評価するわけだ。もちろん、アンカーとなるケースを評価者全員が知っていなければならない。また定期的にアップデートすることも必要である。ケース尺度はあらかじめ時間をとって作成しなければならないが、その価値はある。相対的な評価（ターゲット企業をABC社やDEF社と比較する）は、五段階や「不満足・ふつう・満足」といった形容詞の並ぶ尺度による絶対的な評価より信頼性が高いからだ。

プロトコル導入による変化

参考のために、媒介評価プロトコルを導入するとどんな変化が起きるかを表4にまとめた。

表を見ると、第5部で紹介した判断ハイジーン手順のいくつかが実行されていることがわかる。情報の順序とタイミングに注意する、判断を独立した評価項目に分解し構造化する、統計的視点に基づく参照フレームを活用する、複数の人の独立した判断を統合する、などだ。媒介評価プロトコルは可能な限り判断ハイジーンのテクニックを導入し、意思決定プロセスの改善をめざす。

プロトコルが対象とするのはあくまで意思決定のプロセスであって、その内容ではない。そのことに不満を抱く向きもおられよう。マプコの取締役会や調査チームの最初の反応は、プロトコルに対する典型的な反応を表している。だが意思決定の中身は案件によってちがうが、手順は汎用的なので応用がきく。直感を働かせて判断するのは楽しいことだが、手順に厳格に従うのは全

表4：媒介評価プロトコルの手順

1. 判断を媒介評価項目に分解する
(繰り返し行う判断では、1度決めれば流用できる)。

2. 各項目の評価では、可能な限り「統計的視点」を取り入れる
(繰り返し行う判断では、可能であればケース尺度を使い、
相対的に評価する)。

3. 分析段階でも、可能な限り項目ごとの評価の独立性を維持する。

4. 意思決定を行う会議でも、媒介評価項目を1つずつ
切り離して評価する。

5. 会議はデルファイ法に沿って進める。

6. 最終決定に臨むまでは直感を働かせないが、
最終決定に際しては直感を禁じない。

然楽しくない。しかもよい決断というものは、偉大な指導者の洞察と創造性から生まれるというのが定説になっている（とりわけ自分が指導者になるとこの定説を信じたくなるものらしい）。それに多くの人は「手順」という言葉を聞くと官僚的で融通がきかず煩雑で時間がかかるものと決めつける。

だが、企業や政府機関でプロトコルの一部または全部を適用した私たちの経験から言っても、そうした思い込みはまちがっている。たしかに、すでに官僚的な組織の意思決定プロセスにさらに複雑な手続きを追加するのであれば、好ましくない。だが判断ハイジーンは時間を食うものではないし、まして官僚的になる必然性はまったくない。むしろ逆だ。課題をあぶり出し活発な議論を促す。抑圧的なコンセンサスを成立させようとする官僚的

プロセスとは正反対だ。

判断ハイジーンを推奨する理由は単純明快である。企業や公的部門で意思決定を行う人たちは、重大な意思決定におけるノイズの存在にほとんど気づいていない。だから、ノイズを減らす対策もまったく行っていない。この点では、非構造化面接を唯一の人材選抜手段として頼り切っている採用担当者と何ら変わらないと言えよう。彼らは自分たちの判断に紛れ込んだノイズに気づかず、判断の妥当性にむやみに自信を持ち、判断を改善する方法の存在に気づかないふりをしていると言わざるを得ない。

言うまでもなく、手洗いですべての病気を防げるわけではない。同様に、判断ハイジーンですべてのエラーを防げるわけではない。これを導入したからといって、すべての意思決定を卓越した判断に変えることはできない。だが手洗いと同じで、目に見えないがそこら中にいる有害なバイ菌のような問題に取り組むことができる。判断のあるところノイズあり。ノイズを減らすためのツールとして、私たちは判断ハイジーン戦略を提案する。

媒介評価プロトコルについて話そう

「わが社では採用決定のプロセスを構造化した。採用だけでなく、戦略的な意思決定にも構造化を導入してはどうか？　考えてみれば、選択肢は候補者のようなものだから」

「この決断を下すのはむずかしい。媒介評価項目の採点はどうなっているのか？」

「この計画について、直感に基づいて総合的な判断を下すことは重要だ――しかし、いまではない。まず先に独立した評価項目ごとに検討しよう。その後のほうが、われわれの直感はずっとうまく働く」

第6部　ノイズの最適水準

一九七三年にマービン・フランケル判事が刑事裁判の量刑におけるノイズを減らすべきだと訴えたのは、じつに正しかった。彼が非公式に行ったのはかなり直感的なノイズ検査だったが、その後に組織的な公式の調査が行われ、同種の罪を犯した被告に対してとうてい正当化できないような量刑の格差が明るみに出ている。これほどの量刑のばらつきが存在するとは衝撃的であり、言語道断だと感じられた。

本書の分析と提案の多くは、フランケル判事の努力を広く一般化する試みであると同時に、その心理学的な理解を深める目的もある。刑事司法制度にノイズが存在するのはとりわけ許しがたく、恥ずべきことだと感じる人が少なからずいる。だが他の状況にしても容認できるわけではない。なにしろ官民を問わず、誰が判断しても同じと考えられている状況で、ばらばらの判断が下されているのである。保険の査定、人材採用、人事評価、医療診断、犯罪捜査……。教育現場でも、企業でも、政府でも、判断者間のノイズがエラーの主要因となっている。さらにどんな判断者も、機会ノイズから逃れられない。判断の本質とはまったく無関係の事柄、たとえば午前中だったか午後遅くだったか、月曜日だったか木曜日だったか、といったことに判断が左右されている。

だが、量刑ガイドラインに対して裁判官が示した頑強な抵抗からもわかるように、ノイズを減らす試みは往々にして激しい反対に遭う。ガイドラインなどというものは硬直的で人間味に欠けるし、それとして不公平な面があると多くの人は考えている。たぶん読者は、企業や雇用主や政府にごくまっとうな要求をしたとき、「いや、そうしてあげたいのは山々ですが、なにせ規則があるものですから」などと言われた経験があるだろう。そんなとき、その規則は融通の利かない非情でばかげたものだと感じられたかもしれない。だがおそらくそうした規則は、ノイズを（たぶんバイアスも）減らすという立派な意図があって定められた可能性が高い。

たとえそうだとしても、ノイズを減らす試みの中には深刻な懸念を引き起こし、賛同を得るのが困難さらには不可能というものも少なくない。加えてアルゴリズムや機械学習の出現は反対論者に新たな勢いを与えている。「さあ人間に代わってアルゴリズムを導入しよう」などと意気込む人は見たことがない。

ガイドラインの類に反対する論者の中でとりわけ影響力を持つのがイエ

ール大学ロースクール教授のケイト・スティスと連邦判事のホセ・カブラネスだ。彼らは量刑ガイドラインを強く非難した。それは結局、本書の私たちの主張の一つを非難することでもある。スティスらの批判の対象は量刑に限られてはいるものの、教育、企業、スポーツなど多くの分野におけるノイズ削減戦略への批判と解釈できるからだ。スティスとカブラネスは、量刑ガイドラインは「裁量の余地を与えること、すなわち判断の余地を与えることに対する恐怖と、専門家と中央集権制度に対する官僚的な妄信」の産物だと主張する。「判断の余地を与えることへの恐怖」が「案件ごとの個別の事情」を勘案することを禁じたのだという。彼らによれば、「機械的な解決では正義の要求を満たすことはできない[1]」。

こうした批判は検討に値する。判断が関わってくるような状況では、「正義の要求」とは機械的なやり方はいっさい認めないこと、つまりはノイズが発生するに決まっているようなプロセスやアプローチを容認、さらには義務付けることだと考える人が多い。なぜなら、「案件ごとの個別の事情」を勘案すべきだと考えているからだ。規模の大小を問わず、病院でも学校でも企業でも、こうした直感的な見方は深く浸透している。第５部で説明した判断ハイジーンにはノイズを減らすさまざまな手順が含まれているが、その多くが機械的なやり方を採用しない。たとえば問題を構成要素に分解しても、それぞれの判断は機械的には行わない。それでも多くの人が判断ハイジーンの導入をいやがる。

私たちはノイズを望ましくないばらつきであると定義した。そして望ましくないなら排除すべきだと考えた。だがこの問題はもっと複雑だし、もっと興味深い。他の条件がすべて等しいなら、ノイズはたしかに望ましくない。だが他の条件がすべて等しいとは限らないし、ノイズを減らすコストが便益を上回る場合もある。費用便益分析を行ってノイズのコストは甚だしく大きいという結果が出た場合でさえ、いざノイズを排除しようとすれば、受け入れがたいようなおぞましい事態を引き起こす可能性も否定できない。

ノイズを減らす試みに対する主な批判は七種類ある。

第一は、ノイズ削減には費用、時間、労力を含めてコストがかかりすぎ、そこまでしてやる価値はないという批判である。ノイズを減らすために必要な対策は負担が大きすぎるし、場合によってはとうてい受け入れられないという。

第二は、ノイズを減らす方法の中には、ノイズは減らせても今度はそれとして別のエラーを招きかねないものがあるという批判である。ときにはシステム全体にバイアスが生じることもあるという。たとえば、政府機関の予測担当者全員が現実離れした楽観的な仮定を採用したら、予測からノイズはなくなるとしても正しいとは言いがたい。ある病院の医師全員がどんな病気にもアスピリンを処方することにしたら、ノイズはなくなっても別のたくさんの問題を引き起こすだろう。

この二点の批判は第26章でくわしく検討する。続く第27章では、以下の五点の批判を俎上に載せる。これらもよく耳にする批判で、この先もしばしば声高に述べられることになるだろう。ルール、アルゴリズム、機械学習への依存度が高まればなおのことだ。

第三は、人間が尊厳をもって扱われていると感じるためには、多少のノイズは容認しなければならないという批判である。結局のところノイズは、多くの人が支持する不完全な判断プロセスの副産物なのだ。なぜその不完全なプロセスを支持するかといえば、従業員、顧客、申請者、学生、被告人などありとあらゆる人に発言の機会や裁量の余地を与え、自分は無視されていない、話を聞いてもらえたという感覚を与えてくれるからである。

第四は、新しい価値観に順応し倫理や政治が進化する際には、ノイズはつきものだからやむを得ないという批判である。このときノイズを排除しようとすれば、倫理や政治の姿勢が新しい予想外の方向へと進む状況に対応できなくなってしまう。ノイズのないシステムがもしあるとしたら、それは既存の価値観を硬直的に維持することになるという。

第五は、ノイズ削減を目的とする手法の中には、裏をかくような行動を促しかねないものがあるという批判である。つまり制度や規則を出し抜いたり禁止をうまく免れたりといった行動に走らせる。そうした悪しき行動を誘発するくらいなら、多少のノイズはあってよいのではないか、というわけだ。

第六は、ノイズの多いプロセスは結果として好ましい抑止力になりうるという批判である。担当判事の当たり外れによってひどく重い罰を受ける可能性があるとわかっていたら、人は悪しき行動をとらないだろう。すくなくともそのリスクを回避したければ慎重になるはずだ。だから、抑止効果をもたらすためにもノイズを容認する制度であってよいという。

最後の第七は、ノイズを減らす方法の中には人間の創造性を抑圧し意欲を削ぐものがあるという批判である。人間は単なるモノや機械の歯車のように扱われたくはないのだという。

私たちはこうした批判をできるだけ共感的に扱うつもりだが、それでも支持するわけにはいかない。すくなくとも、ノイズを減らすという目的自体を否定する主張は受け入れられない。このような批判はあらゆる場面で起きると憂慮している。もっとも、批判に説得力があるかどうかは、適用しようとする手順次第だという面はある。たとえば硬直的なガイドラインには反対しても、独立した判断の平均をとるといった統合には賛成かもしれない。あるいは、媒介評価プロトコルの適用には反対でも、統計的視点に基づく尺度の共有には賛成かもしれない。こうした点を勘案したうえでの私たちの結論は、こうだ。たとえ批判にもっともな点があるにしても、ノイズを減らすことにやはり価値はある。いやそれどころか、急を要する課題である。第28章では、多くの人が往々にして気づかずに日々直面するジレンマを例に挙げて、この結論を擁護する。

第26章　ノイズ削減のコスト

　ノイズを減らせと言われた人たちは、決まってコストがかかりすぎると反論する。極端な場合には、そんなことは不可能だと抵抗する人もいる。企業、学校、政府などあらゆる組織でこの手の反対意見を耳にする。なるほどお金がかかるというのはもっともな心配ではあるが、容易に克服できるし、多くの場合は言い訳でしかない。

　たとえば、高校の先生が学期中は毎週二五人が提出する小論文を一〇段階で評価しなければならないとしよう。この先生が小論文一本あたり一五分以下で評価するとしたら、評価はノイズだらけで不正確・不公平になることはまちがいない。先生がノイズを減らそうと決意し、判断ハイジーンをすこしばかり取り入れるとしたら、おそらく別の先生に声をかけて評価をしてもらうだろう。つまりどの論文も二人の先生が読んで評価することになる。このほか、もっと時間をかけて読む、評価プロセスを構造化する、時間を置いて二度読み、二度目は読む順番を変える、といった方法でもノイズを減らすことができる。評価ガイドラインといったものを作成するのもよいだろう。また、評価を行うのは必ず何曜日の何時と決めておくことも機会ノイズを減らすのに効果的である。

だがもしこの先生の判断がいつもかなり正確でノイズがあまりない場合には、いま挙げたような手段は不要になり、わざわざ手間をかけるにはおよばなくなる。ガイドラインを作るとか、別の先生にも採点してもらうなんて大げさだ、ときっとこの先生は考えるだろう。ほんとうにそうかどうかを判断するには厳密な分析が必要になる。この先生の評価精度には改善の余地がどれほどあるか、精度の向上はどの程度重要か、ノイズを減らす取り組みにどの程度の時間と資金が必要か……。言うまでもなく、答えは状況次第だ。たとえば高校生が毎週書く課題なのか、大学入学審査の対象になる卒業論文なのかで大きくちがってくる。

この基本的な分析は、あらゆる組織が直面するもっと複雑な状況にも当てはまり、ノイズ削減を拒む格好の理由になっている。たとえばある種の病気に関しては、病院も医師も何らかのガイドラインを策定して診断のばらつきをなくそうとする。とくに深刻な病気の場合、ノイズの削減には大きな意義があるし、現実に命を救うことにもつながる。ただし、その実行可能性とコストは考慮しなければならない。ある検査をすれば診断のノイズを大幅に減らせるとしても、その検査が侵襲的だったり危険だったりする場合、費用がかかりすぎる場合、また診断のばらつきがさして大きくないかさほど重大な結果を引き起こさない場合には、すべての患者にその検査を受けさせる必要はないと医師は判断するだろう。

一方、人事評価が生き死にに直結するケースはめったにない。それでも、ノイズが大きければ社員の間に不公平感が生まれ、会社にとって無用のコストを生じさせる。すでに論じたように、人事評価におけるノイズの削減は十分に可能だ。ではやる価値があるだろうか？　あきらかに誤った評価であれば、本人あるいは周囲が気付いて非難が渦巻くだろう。それでも組織の側は、手の込んだ面倒な手順を踏む価値はないと考えるかもしれない。そうした結論は、状況によっては偏狭で、保身的で、甚だしくまちがっている。判断ハイジーン手順のいくつかはやってみる価値があるはずだ。それでも、ノイズ削減はコストがかかりすぎるという言い分がつねにまちがいだとは言い切れない。

ノイズを減らすために選ぶ方法について、費用便益の慎重な比較が必要であることは私たちも認める。ノイズ検査に重要な意味があるのはこのためだ。検査を行うと、ノイズが理不尽なほど多く膨大な損失をもたらしていることが判明するケースが多い。そうしたケースでは、コストがかかりすぎるという反論は意味をなさない。

ノイズを減らすとエラーが増える？

ノイズを減らす試みに対する批判の第一はコストだったが、第二は、ノイズは減らせてもとんでもないエラーを引き起こしかねないという反論である。ノイズを減らすための手段があまりに乱暴で無思慮な場合には、たしかにこの批判は的を射ている。一部のノイズ削減手法はバイアスを助長することがありうる。たとえばフェイスブックやツイッターのようなソーシャルメディアが、ある種の猥褻な言葉を含む投稿はすべて削除するという硬直的なガイドラインを導入したとしよう。それによってたしかにノイズは減るかもしれないが、本来は削除すべきでない投稿まで葬り去ることになりかねない。こうした誤った対策は、方向性のあるエラーすなわちバイアスを生む。

ノイズを生みやすい慣行を廃止し自由裁量を減らす目的で設計された制度改革があちこちで行われている。そうした改革の多くはまっとうな意図のもとに設計されてはいるのだが、現実には「下手な治療は病気より悪い」という結果を招いている。経済学者のアルバート・ハーシュマンは著書『反動のレトリック』の中で、改革の試みに対してよく持ち出される反論を三種類挙げている。一つ目は、解決しようとした問題自体を深刻化させるという意味で逆効果だというもの[1]。二つ目は、どうせ何も変わらないから無駄だというもの。三つ目は、他の重要な価値を危うくしかねないというものである（たとえば、労働組合や組合権の保護は、経済成長を妨げるとして切り捨てられる可能性がある）。この三つの反論は、ノイズ削減に対して行われてもおかしくない。三つの中では、逆効果だという主張と他の重要な価値を損ねるという主張にはそれなりの説得力がある。反論の中には反対のための反対であって、効果のある改革を転覆させるためだけのものもあるが、一部のノイズ削減手法に重要な価値を損ねる可能性があることは否定できないし、また逆効果になる可能性も無視できない。

量刑ガイドラインに反対する裁判官が指摘したのは、まさにそうしたリスクだった。彼らはフランケル判事の業績をよく承知しているし、裁量の余地がノイズを生むことも否定しない。だが、裁量権を減らせば誤りを減らすのではなくむしろ増やすという。ヴァーツラフ・ハヴェルを援用して、反対派の裁判官たちはこう主張する。「世界は単に解くべきパズルだとか、指図を待っている機械だとか、情報をコンピュータにインプットすればいずれ普遍的な解決がアウトプットされるといった傲慢な思い込みは捨てなければならない」[2]。普遍的な解決という概念を否定する理由の一つは、各人の置かれた状況はそれぞれに大きく異なっており、よき裁判官はそうした個々の事情を汲み取らなければならないという強固な信念である。その信念はノイズを容認し、すくなくとも一部のノイズ削減手法を否定する。

コンピュータがチェスを指すようになったごく初期の頃、ある大手航空会社が国際線の乗客向けサービスの一環として、コンピュータチェスのプログラムを提供したことがある。客はコンピュータと対戦するわけだが、レベルは数段階用意されており、最低レベルではプログラムはごく単純なルールに従う。王手をかけられる局面では必ずかける、というルールだ。プログラムにノイズはないから、つねにこのルールに従ってプレイする。ところがそうなると悪手を連発するので、あまりやったことのない人でもコンピュータに勝ってしまう（航空会社としてはそこが大事だ。勝った客は機嫌がよいからである）。

アメリカの一部の州では、量刑ガイドラインとして「スリーストライクでアウト」というルールを導入した。[3] 三回重罪を犯したら例外なくアウト、つまり無期懲役にするという決まりである。このルールの導入で、裁判官がランダムに割り当てられる制度につきもののばらつきはなくなるはずだ。レベルノイズ、具体的には一部の裁判官が凶悪犯に甘すぎることを懸念する人々は、こうしたルールを強力に支持する。ルールを導入すれば、三度目は問答無用で無期懲役になる。

だが「スリーストライク」ルールがノイズを大幅に減らすとしても、それに伴う代償が大きすぎると抗議することは十分に可能だ。三回重罪を犯したとしても、暴力的ではなかったかもしれないし、劣悪な環境で育ったせいで犯罪に走ったのかもしれない。あるいは更生の余地が十分にあるかもしれない。そうしたケースでは、無期懲役は重すぎると言えるかもしれない。個々の事情をいっさい斟酌しない一律の無期懲役は厳しすぎるだけでなく、硬直的すぎると多くの人が考える。だから、ノイズ削減の代償は大きすぎるというわけだ。

ここで、ウッドソン対ノースカロライナ州訴訟の例を考えてみよう。[4] この訴訟でアメリカ最高裁は、法定刑としての死刑は憲法違反であるとした。残酷だからではなく、法律で定めていることが違憲だという。しかし法律で定めるのはノイズをなくすためである。これこれの罪をこれこれの状況で犯せば死刑、と決めておけばばらつきは出ない。これに対して最高裁は、個々の情状を斟酌する必要性を強調し、「法的に類似の範疇に分類される被告には、それぞれの経歴や習慣などを顧慮せずすべて同一の刑罰を与えるべきだとする考え方はもはや優勢ではない」とした。

法定刑としての死刑の重大な欠陥は、「所定の罪を犯した者を一人の人間として扱わず、機械的に死刑の対象とすべき顔も人格もない集団の一員として扱うことだ」という。

死刑が並外れて重い意味を持つことは言うまでもないが、こうした最高裁の考え方は法律とは無関係の多くの状況に当てはめることが可能だ。先生が生徒を評価するとき、医師が患者を診断するとき、上司が部下を評価するとき、保険会社の担当者が保険料率あるいは損害額を判断するとき、コーチが選手を選ぶとき……。これらすべての場面で、あまりに硬直的なノイズ削減ルールを適用するのはまちがっている、ということになる。もし会社が社員の人事評価や昇進や処分にたった一つか二つの項目しか評価しない単純すぎるルールを適用したら、ノイズを減らすことはできても、社員の実績の重要な面を見落とすことになると反論できる。重要な要素を除外してノイズを減らすような評価システムは、従来の直感的な（ノイズの多い）やり方以上に信用できない、とも言えることになる。

人間を「顔も人格もない集団の一員」としてではなく「一人の人間」として扱うという考え方については、第27章で論じる。ここでは、もっと散文的なことに集中しよう。一部のノイズ削減手法が逆に多くのエラーを生むことは事実だ。もしかすると、幼稚なコンピュータチェスに近いと言えるほどエラーが多いかもしれない。

たとえそうだとしても、反対論者の言い分は見かけほど論理的ではない。ノイズを減らすためのある手法がエラーを生むとしても、だからといってノイズの存在を容認してよいということにはなるまい。すべきなのは、よりよい方法を開発することである。不合理なルールを導入する代わりに判断の統合を行う、ばかげたルールやガイドラインをもっと賢いものに改善する、等々。たとえば大学の場合、入学試験の点数の上位から順に合格とするというルールにすれば、ノイズの問題は片付く。それでは硬直的だというなら、入試の点数、高校での成績、年齢、スポーツの成績、課外活動などを組み込んだ計算式を作って当てはめればよい。ルールの条件をこまかくするほど、幅広い範囲の要素を考慮できるので、正確性は高まる。だから医療現場では、ある種の病気の診断にはかなり複雑なルールを適用してノイズを抑制している。プロフェッショナルが活用するガイドラインやルールは必ずしも簡素ではないが、ノイズを減らす効果は確実にあるし、許容できないほどのコストはかからず、バイアスを生むこともない。もしガイドラインやルールがうまく機能しない場合には、判断の統合、媒介評価プロトコルのような構造化プロセスなど、他の判断ハイジーン手順に切り替えるとよいだろう。

アルゴリズムにノイズはないが、バイアスはありうる

ノイズ削減に伴う代償が大きいという批判は、アルゴリズムに関して言われることが多い。最近では「アルゴリズムバイアス」に対する懐疑的な見方が強まっている。すでに見てきたように、アルゴリズムはノイズを排除できる。そして多くの場合、それがアルゴリズムの大きなメリットだと考えられる。実際、単純にノイズがないという理由からアルゴリズム依存度を高めよと本書

は主張している、と解釈する向きもおられよう。だがこれもまたすでに述べたように、ノイズを減らす試みが受け入れがたい代償を伴うこともある。アルゴリズム依存度を高めた結果として人種や性別による差別や弱者の切り捨てといったことが起きるとすれば、それは容認できない。

アルゴリズムが差別を生む結果を引き起こすのではないかという懸念が広がっているが、たしかにそれは重大なリスクだ。数学者のキャシー・オニールは「数学破壊兵器」というタイトルの著書（邦訳は『あなたを支配し、社会を破壊する、ＡＩ・ビッグデータの罠』）の中で、ビッグデータとアルゴリズムによる意思決定への依存は偏見を植え付け、不平等を助長し、民主主義そのものを脅かしかねないと警告を発する。[5] また別の懐疑論者は「バイアスのかかった数理モデルはわれわれの人生を作り変えてしまう。しかも、そうしたアルゴリズムを開発した企業も、政府も、この問題に取り組もうとしない」と指摘した。[6] 独立系調査報道機関プロパブリカは、再犯予測に広く使われているアルゴリズムＣＯＭＰＡＳに人種差別の強いバイアスがかかっていると告発した。[7]

ノイズフリーのアルゴリズムを作ることはかんたんだが、人種差別や性差別その他諸々のバイアスのかかったアルゴリズムを作ることもじつにかんたんである。この点をゆめ忘れるべきではない。被疑者の肌の色でもって保釈を認めるべきか否かを判断するアルゴリズムはあきらかに差別的であり、多くの国で使用が禁じられている。また、採用判断において候補者に妊娠の可能性があるかどうかを考慮するアルゴリズムが女性差別であることはあきらかだ。この種のアルゴリズムは判断の好ましくないばらつきを排除はしても、容認しがたいバイアスを持ち込むことになる。

人種や性別を考慮の対象にしないアルゴリズムを設計すべきだし、原理的にそれは十分に可能である。ここで問題なのは、たとえ人種や性別を予測変数に使わないアルゴリズムであっても差別的になることはありうるし、その意味でバイアスがかかる危険性があることだ。多くの人が懸念を募らせているのも、まさにこの問題である。

アルゴリズムにバイアスがかかる原因は主に二つある。第一は、意図的かどうかを問わず、人種や性別との相関性の高い予測変数が使用された場合である。たとえば身長と体重は性別との相関性が高いし、出生地や現住所は人種との相関性が高い。

第二は、ソースデータにバイアスがかかっているケースである。バイアスのかかったデータでトレーニングされたアルゴリズムには、当然ながらバイアスがかかってしまう。たとえば治安予測アルゴリズムを考えてみよう[8]。これは、主に警察官の効率的配備のために地区別の犯罪発生率を予測するアルゴリズムだ。だが犯罪発生状況に関する既存データが、警察官が過剰配備されている状況を反映していたり、ある種の犯罪者だけが過剰に報告されていたりした場合、そのデータでトレーニングされたアルゴリズムはそれを放置したり、どうかすると増幅したりすることになりかねない。アルゴリズムのトレーニング・データにバイアスが入り込んでいたら、意図的か否かを問わず、そのバイアスを組み込んだアルゴリズムが設計されることになる。となれば、あるアルゴリズムの予測変数に人種や性別が含まれていなくても、人間と同じようにバイアスがかかる可能性はある。いや、この点に関する限りアルゴリズムのほうがタチが悪いという可能性もある。ノイズが排除されているため、人間の判断以上に確実にバイアスがかかるからだ。[9]

多くの人が抱いている現実的な懸念は、アルゴリズムが何かこれまでにない異質の影響を特定の集団におよぼすのではないかということだ。そうした影響をどのように突き止めるか、アルゴリズムの差別やバイアスや公平性に関与している要因は何かを見きわめることはきわめて複雑な問題であって、本書の手に余る。[10]

だがこうした疑問が提起されたという事実自体、アルゴリズムが人間の判断にまさる点だと言えよう。第一歩として私たちがすすめるのは、アルゴリズムを注意深く点検し、容認できないようなデータがインプットされていないか、好ましくない差別が行われていないか確認することだ。アルゴリズムに比べれば、人間の判断者を点検するほうがはるかにむずかしい。人間の判断は往々にして不透明だからだ。法的判断も含め人間はしばしば無意識のうちに差別をしているので、第三者でもそれを見落としがちだ。これに対して、アルゴリズムはある意味で人間より透明性が高い。

ノイズはないがバイアスのあるルールの問題に注意を払う必要があるのと同じく、ノイズはないがバイアスのあるアルゴリズムの問題にも注意を払わなければならない。ここで重要な問いは、精度、ノイズフリー、公平という重要な基準に照らして、人間の判断を上回るアルゴリズムを設計することは可能なのか、というものである。いま挙げた基準のみならずいかなる基準の組み合わせにおいても、アルゴリズムは人間の判断を上回ることが可能だと多くのエビデンスが示している（可能であって、必ず上回るではない点に注意されたい）。たとえば第10章で述べたように、アルゴリズムは保釈判断に関して人間の裁判官より正確だったし、人間より人種差別が少なかった。また人材採用でも、人間の採用担当者よりアルゴリズムのほうが履歴書の審査でより優秀且つより多様な人材を選べることも判明している。

　こうした例や他の多くの例からも、結論はあきらかだ。不確実な現実の世界において、予測的アルゴリズムは完全とは言えないにしても、人間の判断よりははるかにましだということである。人間の判断にはノイズが多く、しかも往々にしてバイアスもかかっている。アルゴリズムの優位は、有効性の点でも（よいアルゴリズムはほぼつねに人間より予測精度が高い）、差別の点でも（よいアルゴリズムは人間よりバイアスを減らすことができる）揺るがない。アルゴリズムが人間の専門家よりエラーが少ないとわかっているのに、それでもなお人間の判断を好むというのであれば、そのような直感的な好みのほうを見直す必要があるだろう。

　私たちの結論はシンプルであり、アルゴリズム以外にも当てはまる。ノイズ削減がコストを伴うことは事実である。だが多くのケースでコストは口実にすぎず、ノイズがもたらす不公平とコストを容認する十分な理由になっているとは認められない。なるほど、ノイズを減らす試みがそれとして別のエラー、おそらくは何らかのバイアスを生む可能性は否定しない。それはたしかに重大な問題ではあるが、その解決がノイズ削減の努力を放棄することだとは思えない。よりよいやり方を考えるべきである。

ノイズ削減に伴うコストについて話そう

「教育におけるノイズを減らしたいなら、かなりの支出を覚悟しなければならない。生徒の採点に関する限り、先生たちはノイズだらけだ。同じ課題を採点しても、五人が五人ともちがう」

「ソーシャルメディアが人間の判断に頼らず何らかのアルゴリズムを導入し、文脈を問わずある種の言葉を含む投稿を機械的に削除したら、たしかにノイズはなくなるだろう。だがたくさんのエラーを生むことになる。治療は時として病気より悪い」

「バイアスのかかったルールやアルゴリズムが存在することは認めよう。だが人間の判断にもバイアスはある。われわれが問うべきは、ノイズがなくバイアスも少ないアルゴリズムを設計するのは可能なのか、ということだ」

「ノイズを排除するには、たしかにコストがかかる。だがコストをかけるだけの価値はあるだろう。ノイズのある判断はきわめて不公平だ。もし、ノイズを減らすために講じた手段が行きすぎと感じられる場合、たとえばガイドラインやルールがあまりに硬直的だったり、逆にバイアスを生んだりするなら、全部を投げ捨てるのではなく、よりよい手段を試みるべきだ」

第27章　尊厳

あなたが住宅ローンを断られたとしよう。それも、財務審査があったわけではなく、銀行がクレジットスコア××以下の人にはローンを設定しないという厳格なルールを運用しているからだとしたら。あるいは、あなたが立派な資格と専門知識を持ち、面接でも好印象を与えたにもかかわらず、採用されなかったとしよう。理由は、あなたが一五年前に大麻所持で検挙されたことがあり、その会社は犯罪歴のある人間はいっさい雇わないというルールを厳守しているからだとしたら。あるいは、あなたが犯罪の容疑をかけられ保釈申請をしたが、却下されたとしよう。それも、こちらの事情を縷々《るる》訴えた末に却下されたのではなく、アルゴリズムによって逃亡リスクが高いと判断され機械的にはじかれたのだとしたら。

そんなとき、たいていの人は黙っていない。自分を人間として扱ってくれ、人それぞれやむに止まれぬ事情があるのだから汲み取ってくれと抗議し、抗議しないまでも憤慨するはずだ。そうやって憤慨する人たちは、ケースバイケースで判断したらノイズが生じると知っているかもしれないし、知らないかもしれない。だがたとえ知っていたとしても、それは払う価値のある代償だと言うだろう。最高裁の文言を借りるなら、「一人の人間として扱わず……顔も人格もない集団の一員として」扱われて不利益を被るような状況に置かれたとき、多くの人が不満をぶちまける（第26章参照）。

ルールのくびきを外して自分の言い分を聞いてほしい、一人の人間として扱われ敬意を払われたと感じさせてほしい、と主張する人は少なくない。アメリカ合衆国憲法に定められたデュープロセス条項「何人も法の適正な手続きによることなく生命・自由もしくは財産を奪われることはない」の概念が日々の暮らしにも浸透しており、それは具体的には、誰もが自分の言い分を聞いてもらう機会を与えられ、それを生身の人間があれこれ勘案して判断を下す裁量権を与えられていることだと解釈されている。

多くの文化において、一人ひとりの人間の個々の事情を汲んだケースバイケースの判断こそが人間的で道徳に適うあり方だと考えられており、政治、法学、神学、さらには文学にもそうした考え方が見受けられる。たとえばシェークスピアの『ヴェニスの商人』は、ノイズのない厳格な掟に抗議し、法律の枠内での慈悲、より広くは人間的な判断を求める訴えと解釈できよう。かくして法博士に扮したポーシャはシャイロックにこう語りかける。

「慈悲は強いられて施すものではない、
恵みの雨のように天から降りそそぎ
地上をうるおすものだ。そこには二重の祝福がある。
慈悲は施すものと受けるものを共に祝福するのだ。
……
慈悲は……王たる者の心の玉座を占める、
神ご自身の象徴なのだ。
従って地上の権力が神の力に似通うのは
慈悲が正義をやわらげるときだ」（松岡和子訳、ちくま文庫）

慈悲は法律や規則で強制できるものではないから、ノイズを生じさせる。それでも、ポーシャのような訴えは多くの状況、多くの組織でなされるし、しばしば共感される。昇進を望む社員がいる。住宅ローンを申し込む人がいる。大学に願書を出す受験生がいる。それらの審査を行う側は、ある種のノイズ削減手法、とりわけ硬直的なルールを拒絶しがちだ。仮に拒絶しないとしても、ポーシャと同じく「慈悲とは強いられて与えるものではない」と考えているかもしれない。たぶん彼らは、ケースバイケースのやり方にノイズが多いことは重々承知している。[1]それでも、審査される側が自分の言いたいことは聞いてもらえた、自分は尊厳をもって扱われたと感じるためには、それもやむを得ないと考えているのだろう。

とはいえノイズを減らす方法の中には、「人間として扱われていない」という抗議が当てはまらないものもある。一人ではなく三人が審査するのであれば、審査される側は無下に切り捨てられたとは感じないだろう。また、ガイドラインにある程度の裁量の余地を残すことも考えられる。だが硬直的なルールを含め一部のノイズ削減手法はそうした裁量の余地をいっさい認めないため、人々の反発を招き、尊厳を脅かすとして抗議されることになる。

こうした抗議は正しいのだろうか。人々が多くの場合に自分の事情が斟酌されたかどうか、自分の言い分を聞いてもらえたかどうかを非常に気にすることはまちがいない。だが個別の事情を聞いていたら死者の数が増えるとか、もっと不公平になるとか、あまりにコストがかかりすぎるといった場合には、それを最優先すべきではないだろう。すでに指摘したように、人事採用、入学審査、医療現場などで、対象者一人ひとりの個別の対応を禁じるようなある種のノイズ削減手法は、状況によっては粗雑にすぎる。各自の状況を個別に勘案しようとすれば、たしかにノイズは多いにしても、全体としてみればエラーが減ることもあるからだ。だがこれもすでに述べたことだが、ある方法が不出来だとしても、打つべき手は改善することであって、ゴミ箱行きにすることではない。たとえば重要な予測変数をもっと取り込むようにするといった改善方法が考えられる。そして改善した結果としてノイズが減ってエラーも少なくなれば、たとえ一人ひとりの事情を勘案する機会が減ったりなくなったりしても、ケースバイケースよりあきらかに優れていると認めるべきである。

だからといって、個別対応の価値を頭から否定するつもりはない。だがそうした対応が明白な不公平などおぞましい結果を招く可能性を考えると、払うべき代償は高いと言わねばならない。

変化する価値観

何らかの組織がノイズの排除に成功したとしよう。たとえば、大学が「不正行為」とは何かを定義し、そこに何が含まれ何が含まれないかを教員と学生に周知徹底したとする。あるいは大企業が「腐敗」とは何かを厳密に定義し、社員全員に何が許され何が許されないかを通告したとする。あるいはある事務所がこれこれを専攻していない応募者は問答無用で門前払いとするという内規を定め、採用時のノイズを大幅に減らしたとする。さて、これらのルールを導入し運用している組織で価値観が変わったらどうなるだろうか。それが個別の事情を汲み取り、尊厳を重んじる方向の変化だったら、ノイズ削減手法の中にはそれを受け入れる余地のないものがあるだろうし、その硬直性が問題になるだろう。

この問題を浮き彫りにした不可解な判決がある。一九七四年に下された判決で、学校制度の硬直的なルールに関わっている。[2] クリーブランド市では、妊娠した教師は出産予定日の五カ月前から産休（無給である）をとらなければならないと決められていた。学校の先生であるジョー・キャロル・ラフラーは、この規則は差別的であるし、五カ月は長すぎる、自分は何の問題もなく仕事を続けられるとして訴えた。
最高裁は訴えを認めたものの、性差別についても五カ月が不当に長いかどうかについても判断を下していない。最高裁が問題視したのは、ラフラーに自分の状況を説明し仕事を五カ月前に休む必要がないと証明する機会が与えられなかったことだった。判決文には、こう書かれている。

「職務の続行が可能かどうかに関して、教師の主治医または学校理事会による個別の状況を考慮した決定はいっさい行われなかった。ルールは身体的無能力に関して〝反証の余地を認めない前提〟を立てており、個々の女性の身体的状況に関する医学的証拠がその反対を示している場合ですら、その前提が一律に適用される」

いくらなんでも五カ月前からの産休の義務付けはばかげているだろう。だが最高裁はその点には触れていない。彼らが強調したのは「反証の余地を認めない前提」であり、「個別の状況を考慮した決定」が行われないことだった。この判決文を読む限り、最高裁はポーシャに倣って、「慈悲とは強いられて与えるものではない」と言っているようにみえる。だから誰かがラフラーの状況に注意を払うべきだった、と。
だが何らかの判断ハイジーンを決めておかなかったら、強いられずに与える慈悲がノイズを生むことは確実である。誰がラフラーの件について決定を下すのか？　その決定は、妊娠した他の先生にも適用されるのか？　多くの場合、ルールというものは反証の余地を認めない前提を立てている。制限速度に反証の余地を認めるべきだろうか？　投票権や飲酒の年齢制限は？　飲酒運転の一律禁止はどうだろう？　批判論者はこうした例を念頭において、「反証の余地を認めない前提」を違法とした最高裁の判決は行きすぎだと主張する。そうしたルールの主たる目的も効果もノイズを減らすことにあるのだから、なおのことだ。

当時影響力を持っていた評論家たちは、時とともに道徳的価値観は変化するものだから、硬直的なルールは避けるべきだという立場から最高裁判決を擁護した。[3]社会における女性の役割の変化に伴い、社会規範は非常に流動的になってきた。そうした状況では、個別の事情を汲み取ることがとりわけ重要である、なぜならそうすることによって、変化する規範を取り込んでいくことが可能になるからだ、と彼らは主張する。ルールにがんじがらめになったシステムには、たしかにノイズはないかもしれない。それは結構なことではあるが、既存の規範や価値観を固定化してしまうのであれば、それは好ましくないという。

要するにノイズの多いシステムには、新しく生まれた価値観に適応する余地を与えるという利点がある、というわけだ。価値観が変化したとき、裁判官に裁量権の行使が認められていれば、たとえば薬物所持で検挙された人に対する量刑を軽くするとか、レイプ犯への量刑を重くするといったことが可能になるという。私たちは、ある裁判官が寛大で別の裁判官が厳格だったら容認しがたい不公平が生じると述べてきた。同じような罪を犯した人の量刑が大幅にちがうことになるからだ。だが新たな社会的価値観を受け入れる余地を残すためなら、そうした不公平もやむを得ないというのだろうか。

問題は、刑事司法制度だけにとどまるものではない。いや、法律全般にとどまるものですらない。企業が社内のさまざまな規則に関して、新たな価値観や信念が生まれたら柔軟に対応できるようにという配慮から、ノイズが生じることを承知のうえで運用にかなりの柔軟性や裁量の余地を残したらどうなるだろうか。ここでは、私たち自身の例を紹介しよう。数年前に、私たちの一人がある大手コンサルティング会社で仕事をしたときのことだ。彼は「新入社員の心得」的な文書一式を渡された。そこには、出張旅費として請求可能な項目がことこまかに書かれている。「無事到着したことを家に知らせる電話一回分の料金、スーツのアイロン代一回分、ベルボーイに渡すチップ……」といった具合だ。こうして決めておけばノイズはないかもしれないが、時代遅れも甚だしい。やがてこの会社は規則を改め、時代の変化に適応できるようにする。たとえば、出張に伴う支出は「適切且つ妥当であること」というふうに。

こうしたノイズ許容論に対しては、ごくかんたんに対抗できる。まず、ノイズ削減手法の中には、こうした批判がまったく当てはまらないものもあることだ。統計的視点に基づく共通の尺度を用いるという方法であれば、時とともに価値観が変わっても対応できる。いずれにせよ、ノイズを減らすために講じる措置が未来永劫不変である必要はないし、そうあるべきでもない。ノイズを減らす手段が硬直的なルールだった場合、そのルールを決めた人自身がいずれ改正したくなるはずだ。あるいは毎年見直しをするかもしれないし、あるいは新しい価値観を受けて新しいルールが必要だと判断するかもしれない。刑事司法制度に関しても、ある種の犯罪は量刑を軽く、別種の犯罪は重くする必要が議会で検討されることがある。それどころか、これまで犯罪とされてきた行為が合法になったり、これまで何の問題もなかった行為が法定刑の対象になったりすることもある。

だが百歩譲って、ノイズのあるシステムは新しい道徳的価値観に対応する余地があるから好ましいとしよう。だがそうなると多くの領域で高い水準のノイズを容認することになり、きわめて不合理だ。ノイズを減らす手立ての中で最も重要なものの一つである判断の統合は、新しい価値観を許容する。それに、パソコンの不具合で苦情を申し立てた顧客がそれぞれちがう対応をされたら、それは新しい価値観のせいではあるまい。同じ症状の患者がまったくちがう診断を下されるのも、そうだ。価値観の変化を受け入れられるようなプロセスを設計しつつ、なおノイズを減らす、さらには排除することは十分に可能である。

ルールを出し抜く

ノイズの多いシステムでは、判断者はその都度状況に応じて判断することになる。想定外のことでも起ころうものなら、ますます臨機応変に判断するわけだ。この適応能力の発揮を封じてしまうようなノイズ削減手法は、人々にシステムの裏をかいてやろう、出し抜いてやろう、という気を起こさせかねない。これは意図に反する結果である。ノイズを容認する論拠として、そうしたよからぬ行為を誘発したくないという配慮が働いている可能性は否定できない。

おなじみの例が税制である。税制にはノイズがあってはならないはずだ。税金がかかるのかかからないのか、かかるとして何％なのか、あいまいなところがあってはならないし、予測可能でなければならない。また、納税者によって扱いがちがうということは許されない。だが税制にまったくノイズがないとすると、抜け目のない納税者は躍起になって抜け道を探したり、制度の裏をかいたり、しようとするだろう。ノイズを完全に排除した解釈の余地のない制度がよいのか、それとも意図的にあいまいさを残してある程度予測不能にしておく一方で、グレーな行為を防げる程度には明確なルールを作るほうがよいのか、ということは税法の専門家の間でも活発に議論されている。

企業や大学によっては、社員や職員に「不正行為」を禁じているものの、不正行為が何かを明示していないところがある。このようなルールは必ずノイズを生む。したがってよくない。だが、何が「不正行為」に該当するかを列挙した長いリストを作ったらどうなるだろうか。おそらくリストに明示されていないからという理由でおぞましい行為が容認されることになりかねない。ルールというものは、その性質上、境界線がはっきり決まっている。だからルールの盲点をつき、文言上は該当しないが禁じられている行為と同等か類似の害を及ぼすような行為をやってのけることが可能だ（生意気盛りの子供をお持ちの親ならこのことをよく知っているだろう！）。

禁止すべき行為を漏れなく網羅したルールを作ることが容易でないなら、ノイズを容認するべきだ。すくなくとも、反対論者はそう主張する。

状況によっては、きっちりと決められたノイズのないルールが網の目をかいくぐる行為を誘発することはありうる。その危険性は、ルールではなく判断の統合といった方法を採用したり、あるいはいっそ、ノイズを容認する判断にいたったりする理由になるかもしれない。だがあくまで「かもしれない」のであって、盲点をつく行為がどれほど行われているのか、ルールがなければどれほどノイズが生じているのか、といったことは検証する必要がある。ルールを出し抜く行為がさほど多くなく、ノイズのほうは大量にあるなら、ノイズを減らす手段を講じるべきだ。この点については、第28章で改めて論じる。

抑止効果とリスク回避

従業員、生徒、一般市民による不正行為を防ぐことが規則の目的だとしよう。この場合、罰則がいくらか予測不能だったり、あるいは全然予測がつかなかったりしても、そう悪いことではない。経営者の狙いはおそらくこうだ。「不正行為の罰則が罰金なのか、停職なのか、解雇なのかわからなければ、社員はうかつに不正を働いたりしないだろう」。刑事司法制度の当局者の考えはおそらくこうだ。「犯罪者が自分の受ける刑罰を予想できないとしても何が問題なのか。刑罰に当たり外れがあるとなれば、大方の人は一線を越えるまいとするだろう。その結果としてノイズは増えるかもしれないが、そんなことは許される」

理論上は、こうした主張を否定することはできない。しかし説得力があるとは言いがたい。まず、ここで問題になっているのは予想される刑罰の価値だが、仮に五〇〇〇ドルの罰金が五〇%の確率で科されるとすれば、それは確実に二五〇〇ドルの罰金を払わされるのと同じことである。もちろんリスクを避けたい慎重な人は最悪のシナリオに注意を払うので、五〇%の確率で五〇〇〇ドルの罰金が科されるとなれば悪事をためらうかもしれない。だがリスクを厭わない人はそんなことではめげないだろう。ノイズの多いシステムのほうが抑止効果が高いかどうかを知るためには、潜在的な不正行為者のリスク選好を知る必要がある。そして抑止効果を高めたいなら、罰金の額を引き上げ、ノイズをなくすほうがよいのではなかろうか。そうすれば、不公平も解消できる。

創造性、士気、発想力

ノイズを減らす方法の中には、やる気を失わせるものがあるという。創造性を抑圧し、斬新な発想ができなくなるというのだ。どうやら多くの組織がそう考えているらしい。たしかに場合によってはそういうこともあるかもしれない。こうした主張が正しいかどうかを調べるには、槍玉に挙げられている方法がどれなのかをまず確認する必要がある。

多くの裁判官が量刑ガイドラインに強く反対したことを思い出してほしい。ある裁判官は「法廷で判断が下されることを信頼し受け入れるべきだ」と述べている。[4] 一般に、権威ある地位に就いている人は、自分たちの裁量権が取り上げられるのを好まない。貶められた、抑圧された、さらには侮辱されたとさえ感じる。裁量の余地が減らされただけでも、彼らの多くが抵抗する。高い地位にいる人にとっては判断を下す機会を与えられることが大事なのであって、そうした機会を待ち望んでいると言える。だから裁量権を取り上げられ、「その他大勢」と同じことをしなければならなくなると、自分が機械の中の歯車に格下げされたように感じる。

となれば要するに、ノイズの多いシステムはノイズが多いからいいのではなくて、判断する機会を与え、やる気を出させるからいいのだということになる。顧客の苦情に好きなように対応することが認められ、部下の人事評価を思い通りに行うことが許され、保険料率の決定が各自の判断に完全に委ねられるなら、仕事はもっと楽しくなる。会社がノイズ削減に乗り出そうものなら、社員の行為主体性は失われてしまう。創造性の自由な発露ではなくルールに厳密に従うことを求められたら、仕事は退屈で機械的になるにちがいない。独自の判断を下す能力を粉砕するような職場で誰が働きたいだろうか、云々。

組織の側は、こうした感情に反応しているように見える。それは、社員を尊重しているからだけではなく、自由に行動する余地を与えることで新しい発想が出てくることを期待しているからだという。ルールなんぞを導入したら、創意工夫も発明も生まれないというのだ。

こうした主張は多くの組織の多くの人に当てはまるのかもしれないが、言うまでもなく、すべての組織のすべての人に当てはまるわけではない。個々の仕事、個々の状況をよく見る必要がある。溶連菌性咽頭炎や高血圧の診断は創造性を発揮する場面ではなかろう。それでも、職場をハッピーにしてやる気を充満させるには、ノイズを容認すべきなのだろうか。なるほど士気の低下や意欲阻喪はそれとしてコストを生じさせ、たとえばパフォーマンスの低下につながる可能性がある。だが、ノイズを減らすと同時に創造性を発揮する余地を残すことは十分に可能だ。たとえば複雑な判断の構造化などは、まさにそうした効果がある。判断ハイジーンの中には、ノイズを減らすと同時に意欲を高められるような方法がちゃんと存在する。ノイズ削減に取り組む責任者は、厳格なルールを導入する場合には、異議申し立てを受け付けて見直しをするプロセスを用意し、それを周知すべきだ。ルールを適用される側は、恣意的な判断を勝手に下すことでルールに反抗してはならない。

著名な弁護士で思想家でもあるフィリップ・ハワードは一連の著作の中で、柔軟な判断を容認すべきだと主張している。[5] 彼が推奨するのは、ことこまかに干渉的に行動を規定したノイズのないルールではなく、「合理的であるよう努める」、「慎重に行動する」、「過度のリスクをとらない」といった幅広い原則だ。

ハワードに言わせれば、近年の政府規制などはイカレている。とにかく硬直的すぎるというのだ。教師、農家、宅地開発業者、医師、看護師を始めありとあらゆる専門家が、いや専門家だけでなくさまざまな職業の人が規則でがんじがらめになっている。ああしなさい、こうしなさいと規則で一挙手一投足まで決められているという。ハワードは、人々がもっと創造性を発揮できるようにしたほうがよい結果が出るし、事故も減り、環境はよくなり、患者は健康になると主張する。

ハワードの主張の一部はたしかに魅力的だ。だが彼のすすめるような原則を導入したらどういうことになるかは問う必要があるだろう。まずまちがいなくノイズとバイアスが増えるはずだ。大方の人はだいたいにおいて硬直性を嫌う。だがおそらくノイズを減らし、バイアスとエラーを排除する最善の方法は厳格なルールなのである。ハワードの言うような原則しか存在しない場合には、その解釈でも運用でも必ずノイズが発生する。そのノイズは容認できないレベル、さらには恥ずべきレベルに達するかもしれない。最低でも、ノイズに伴うコストには十分に注意を払うべきだが、往々にして無視されている。ノイズがどれほど広い範囲で不公平を引き起こし、それとしてコストを生じさせているかがわかったら、この状況は容認できないとほとんどの人が判断するにちがいない。そのときには、重要な価値を損なわないような方法を選ぶべきである。

尊厳について話そう

「多くの人が対面でのやりとりを重視し、ぜひとも必要だとさえ主張する。自分の不安や苦情を生身の人間に聞いてほしいのだ。だから、人間に裁量の余地を与えるべきだという。もちろん、そうなればノイズが生じることは避けられない。だが人としての尊厳は何物にも代えられないという」

「道徳的価値観は絶えず変化するものだ。あらゆることを厳密に規定するルールを導入したら、変化する価値観に対応する余地がなくなってしまう。ノイズを減らす方法の中には、あまりに硬直的なものがある。あれでは、変化をまったく受け付けない」

「不正行為を防ぎたいなら、ある程度のノイズは容認しなければならない。学生たちが、論文の盗用をしたらどんな罰を受けるかわからない状態にしておくほうがいいのだ。そうすれば、盗用を慎むだろう。ノイズの形でいくらか不確実性を残しておくことが抑止効果を高める」

「ノイズをなくしたければ、明確なルールを決めるしかない。そうしたら、よからぬ輩は必ず抜け道を見つけるだろう。だからノイズは、ルールの裏をかくような行為を防ぐために払う価値のある代償だと言える」

「創造性ゆたかな人間には、それを発揮する場を与えてやらなければならない。人間はロボットではないのだ。どんな職業でも、人間には判断の余地を与える価値がある。君を規則でがんじがらめにしたら、君はノイズを出さないだろう。だが全然楽しくないから、独創的なアイデアも出てこなくなる」

「結局のところ、大方のノイズ擁護論は説得力がない。人間の尊厳を重んじ、価値観の変化に対応する余地を確保し、創造性を発揮できるようにしつつ、ノイズの不公平とコストを抑える方法はいくらでもある」

第28章　ルール、それとも規範？

ノイズを減らすこと、あるいはどうすればノイズを減らせるかを決めることが目的なら、行動を律する二つの方法を区別しておくとよい。一つはルールまたは規則、もう一つは規範である。どんな組織もどちらかを選ぶか、または二つを組み合わせている。

企業の場合、こんな規則を定めているだろう。就業時間は何時から何時までだとか、二週間以上連続の有給休暇はとってはいけないとか、報道機関に情報をリークしたら解雇する、など。あるいは、こんな規範を設けるかもしれない。社員は営業日には「妥当な時間にわたって勤務する」とか、休暇は「職場の事情に応じてケースバイケースで」取得するとか、情報漏洩は「しかるべき罰を受ける」というふうに。

法律の場合で言えば、規則はこんな具合だ。これこれの道路では時速何キロ以上は出してはならない、労働者の発がん性物質への曝露を禁じる、処方薬には必ず副作用などの注意書きを添付しなければならない、など。対照的に、規範はこんなふうになる。車は「慎重に」運転しなければならない、雇用主は「可能な範囲で」安全な労働環境を提供しなければならない、処方薬の注意書きに関して製薬会社は「合理的に」判断することが求められる、など。

これらの例から、ルールと規範の主なちがいがおわかりいただけたと思う。ルールは、適用対象者による裁量の余地を最小限に抑える一方で、規範は裁量権を与える。ルールが定められれば、ノイズは大幅に減るはずだ。この道路では時速何キロまで出していいか、発がん性物質は発生しないか、処方薬に注意書きはちゃんとつけたか、解釈に迷うことはない。

ルールがないと、事実確認自体に判断の要素が入り込み、ノイズを生じさせたり、バイアスに影響されたりする。そうした例は枚挙にいとまがない。ルールの設計者がめざすのは、まさにそうしたノイズをなくすことである。とくにルールに数字が規定されている場合（「一八歳未満の者には投票権はない」、「制限速度は時速六〇キロとする」など）には、ノイズは激減するはずだ。ルールには、判断の役割を減らすという重要な特徴がある。言い換えれば、ルールを適用される側にとってはやるべきことが減る。とにかく従えばいい。好むと好まざるとにかかわらず、自分の都合のいいように解釈する余地はない。

これに対して規範はまったくちがう。規範が掲げられている状況では、いかようにも解釈可能な文言が何を意味するのか、適用される側が決めなければならない。たとえば「妥当な」とはどういうことか、「可能な範囲で」とは、「合理的に」とは……。実態を調査して何が「妥当」と言えるのかを決めるところまで、適用される側の仕事になる。言うなれば、規範を作った側は意思決定権を適用される側に引き渡したようなものだ。つまり権限委譲である。

第22章で取り上げたガイドラインは、ルールであるとも言えるし、規範であるとも言える。ルールだとすれば、判断の余地を大幅に狭めることになる。だが規範だとしても、好き勝手な解釈が許されるわけではない。新生児の健康状態を表すアプガースコアは、ガイドラインであってルールではなく、判断を禁じるものではない。判断の余地を減らすべくガイドラインを厳格化すれば、ルールになる。アルゴリズムは、規範ではなくルールとして機能する。

意見の対立と無知

企業であれ社会であれ、何らかの団体や集団であれ、ルールの導入をめぐって意見が明確に対立する場合には、規範を設けるほうがはるかにたやすい。「いじめや嫌がらせ」が何かを明確に定義しないまま「マネジャーはいじめや嫌がらせをしてはならない」と決めるのであれば、企業の経営陣は容易に合意に達するだろう。またマネジャーにとっては、具体的にどんな行為がセクシャル・ハラスメントに該当するかを明確にせずに、職場でのセクシャル・ハラスメントを禁じるのはいともかんたんである。そして大学は、論文の盗用とは何かを定義せずに学生に盗用を禁じる、という具合だ。もっと広く言えば、憲法が商業広告や誹謗中傷や猥褻表現の自由に言及することなく言論の自由を保障することに多くの人が同意する。また温室効果ガス排出量を減らす目的で、環境規制当局が良識あるルールを作ることを支持し、何を以て「良識ある」というのかは問わない。

このように肝心の詳細をあきらかにしないまま規範を打ち出せば、ノイズを生むことになる。ただしそうしたノイズをこれまで取り上げた方法、たとえば判断の統合や媒介評価プロトコルなどである程度抑制することはできるはずだ。指導的立場にいる人間は本音ではルールを決めたいとしても、現実的には合意を得るのはむずかしいと考えてやむなく規範でよしとしているのかもしれない。現に合衆国憲法も多くの規範（信教の自由を保障するなど）の集合とみなすことができるし、世界人権宣言にしてもそれは同じだ（「すべての人間は、生まれながらにして自由であり、かつ、尊厳と権利とについて平等である」）。

ノイズを減らすルールに多種多様な人々の賛同を得ることは非常にむずかしい。そのことが、ルールではなく規範が定められる理由の一つだと考えられる。企業では、従業員の顧客対応に関するルールを決めようとしたら、文言一つひとつをめぐって延々と議論が続くことになりかねない。となれば規範でよしとしよう、ということになる。公的部門でも同じことだ。議員たちは、法律の制定では合意できなくても、規範になら妥協による合意を形成できるかもしれない。その代償としてノイズを受け入れることになる。医療現場でも、医師たちは病気の診断に関する規範になら賛成しても、ルールを決めようとすれば、修復不能な対立を引き起こしかねない。

だが人々がルールを避け規範を選びたがるのは、社会的あるいは政治的な意見対立だけが理由ではあるまい。実効性のあるルールの策定に必要な情報を持ち合わせていないケースがままあり、こちらのほうが重大な問題である。たとえば大学が教職員の昇進に関するルールを決められないのは実態を把握できないせいかもしれない。企業が従業員の懲罰規定を設けられないのは、状況を把握する能力がないことが原因かもしれない。議会が適切な大気汚染規制法を定められないのは、大気汚染のレベル（微小粒子状物質やオゾンや窒素酸化物等々）をよく理解していないからかもしれない。そこで、当面できる最善策としてある種の規範を掲げておこう、あとの具体的な意味づけは信頼できる専門家にお任せすればよい、という発想になる。その結果が大量のノイズというわけだ。

ルールには多くの点でバイアスがかかりうることは認めよう。女性が警察官になることを禁じるとか、アイルランド人は対象外とか。だがルールは、ひどいバイアスにまみれた場合でさえ、ノイズを大幅に減らす効果はある（全員が守ればの話だが）。二一歳になったら酒を買うことが許され、二一歳になるまでは許されないというルールは、みんなが守る限りにおいて、ノイズはまずもって発生しない。対照的に、規範はノイズを誘発する。

上司は部下の行動を管理したい

ルールと規範のちがいは、官民を問わず、また業種を問わず、すべての組織にとって重要な意味を持つ。プリンシパル（委託者）がエージェント（受託者）の行動を管理しようとするときには、必ずどちらを選ぶかが問題になるはずだ。第2章で述べたように、保険会社の引受担当者は、最適の料率つまり高すぎず低すぎない料率を設定して会社に利益をもたらそうと努力する。彼らの上司は料率計算に関してルールを決めたいだろうか、それとも規範だろうか。上司としては部下の行動をきっちり規定したいだろうか、それともおおざっぱな方向性を示すだけで満足だろうか（たとえば「良識ある判断を下す」とか「最善の判断を下すべく努力する」など）。医師は患者に守ってもらいたいことを伝えるとき、ルールを選ぶときもあれば、規範にするときもあるだろう。「この錠剤は毎日朝食後と夕食後に服用してください」はルールだし、「痛みを感じたら服用してください」は規範に相当する。

フェイスブックなどのソーシャルメディア企業が大量のノイズに直面するのは避けられない事態であり、ノイズの削減は頭痛の種となっている。「ヌードは禁止」といった明確なルールを定めて違反した投稿は削除するのか、それとも、「誹謗中傷や攻撃的な文言は控える」といった規範を導入するのか。フェイスブックが二〇一八年に初めて発表したコミュニティ規定は、ルールと規範を巧みに組み合わせたものだったが、ユーザーからは苦情が殺到した。あいまいで不公平だ、つまりノイズだらけだというのである。たびたび指摘されたのは、削除するかしないかがフェイスブックのレビュアーの判断に委ねられるため、ばらつきが大きいということだった。何が許され何が許されないかについて、人によって、あるいはその時々で判断がちがってしまう。なぜばらつきが大きいかは、コミュニティ規定二〇二〇年版を一読すればすぐわかる。そこにはこんなことが書かれているのだ。

「フェイスブックでは、ヘイトスピーチとは、守るべき特性と私たちが呼ぶもの（人種、民族、国籍、宗教、性的指向、カースト、性別、ジェンダー、ジェンダー・アイデンティティ、重度の病気または障害）を理由とする攻撃であると定義します。私たちは、移民という身分にも一定の保護が必要だと考えています。攻撃とは、暴力的で尊厳を脅かすような言説、劣等性の表明、排除や差別を煽る文言を指します[1]」

レビュアーがこの種の規定を実行しようとすれば、ノイズが増えるのは当然である。「暴力的で尊厳を脅かすような言説」とは何を意味するのか？　フェイスブックはもちろんこうした問題点を認識しており、対応を模索する過程で次第に単純明快なルールを定める方向に方針を切り替える。ルールは運用規定の形で一万二〇〇〇語の文書にまとめられたが、公表はされていない（だがニューヨーカー誌が入手した[2]）。公表されているコミュニティ規定では、「どぎつい表現を含むコンテンツ」に関する項目で「暴力を賛美するようなコンテンツは削除します」となっている（いったい何が言いたいのか？）。対照的に運用規定ではどぎつい画像が列挙され、こうした画像に遭遇したらどうするかがレビュアーに明確に指示されている。具体的には「焼け焦げた、あるいは燃えている肉体」、「切断された死体」などが該当する。以上を総合すると、コミュニティ規定は規範に近く、運用規定はルールに近いと言える。

航空会社もまた、パイロットに守ってもらいたいことをルールにするか規範にするかで悩む。運航乗務員は出発九〇分前には集合するとか、どの時点でシートベルト着用サインをオンにするかといったことはルールにするだろう。パイロットの裁量の余地を制限してエラーを減らしたいからだ。だが状況によってはパイロットの判断に委ねるべきだと考えられ、そうした状況に関する限り、たとえノイズが増えてもルールより規範が望ましい。

いま挙げたケースに限らずさまざまな状況で、ルールか規範かを決める立場の人は、ノイズまたはバイアスまたは両方に目配りすることが求められる。企業の場合、規模の大小を問わず、ルールか規範かの判断をひんぱんに下さなければならないだろう。そして多くの場合、とくに決め方の枠組みも用意されないまま、その判断は直感的に下されている。

規範はさまざまな形、さまざまな規模で導入されている。乱暴に言ってしまえば、規範には本質的な内容はない。「状況に応じて適切と考えられる行動をとる」などというのは何も言っていないのと同じことだ。これをもうすこしルールに近づけることは可能である。たとえば「適切」とは何を意味するか定義して裁量の余地を狭めるといったことが考えられる。ルールと規範は組織の性格に応じて組み合わせることも可能だ。たとえば個人事務所の採用基準なら、ルール（「応募資格は大学卒業以上とする」など）をまず決め、その後に規範（「しかるべき基準を満たした候補者の中から実績のある者を選ぶ」など）を決めるというふうに。

すでに述べたように、ルールはノイズを減らすことができ、場合によっては完全に排除することも可能だ。これに対して規範は往々にして大量のノイズを生む（規範と並行して何らかのノイズ対策を導入すれば、ある程度は防げる）。官民を問わず多くの組織でノイズがはびこるのは、ルール作りに失敗したせいであることが多い。ノイズが増えすぎ、同じような状況の人が同じように扱われていないことが誰の目にもあきらかになったときには、ルール作りの機運が高まるものだ。量刑のケースがまさにそうで、改革を求める声が大きなうねりになった。ノイズ検査を行えばノイズの実態があきらかになるため、やはりルール作りを促す効果が期待できる。

水面下での裁量的運用

ここで、ある重要な問題を考えてほしい。障害により就労不能と認定されれば所得補償の受給資格ができるという状況で、誰を障害者と認定すべきかという問題である。この認定が場当たり的に行われたら、ノイズが生じて不公平を招くことは言うまでもない。かつてのアメリカでは、そうした不公平な判断があたりまえのように行われており、ほぼ同じような障害や病気や精神病を抱える人が認定されたりされなかったりするという、じつに不公平で恥ずべき結果を引き起こしていた。こうした事態に直面した管轄官庁は障害マトリクスを導入し、よりルールに近い方法に移行する。マトリクスを使うと、障害の程度や頻度、教育水準、通勤可能性などに応じてかなり機械的に判断を下すことが可能になる。つまり、ノイズを減らすという所定の目的に近づくわけだ。

この問題をめぐる議論について法学者のジェリー・マショーが論文を書いており、その中でノイズの多い判断を排除する試みを官僚的正義と呼んでいる。[3] この言葉は覚えておく価値がある。マトリクスの作成はノイズ削減を確実にした点で正しいとマショーは評価する一方で、状況によっては官僚的正義が実現されないこともあると警告している。意思決定がルールに縛られるようになると、逆にノイズが再発する恐れがあるというのだ。

たとえば、たまたまある特定の状況でルールがおぞましい結果を引き起こしたとしよう。すると、不快なルールだというので意思決定者は守らなくなる。そして罰則の対象にならない程度に、あるいは誰からもわからない程度に、あれこれとルールから逸脱するようになるだろう。民間企業ではばかばかしいルールが社員に無視されるのと同じように、公的機関でもあまりに煩雑な安全・衛生規則は守られない。刑事裁判では、法の規定が無意味に厳格だとして陪審員が拒否する事態が発生しうる。これには陪審員による法の無視という名前がついている。

官民を問わず、厳格なルールを導入してノイズをコントロールしようとする場合には、水面下での裁量的運用を誘発しかねないことをわきまえておかねばならない。たとえば重罪三回で無期懲役というスリーストライクルールは、検察官による裁量的判断をたびたび招いている。すでに二回重罪を犯している人について三回目の重罪での起訴を避けようという心理が働くのだ。こうした裁量的判断は、規制することはおろか見つけることもむずかしい。

水面下の裁量的運用は当然ながらノイズを増やすだけだが、誰もそんなことは意に介さない。したがってルールが所期の目的通りに運用されているか、モニタリングが必要になる。適切に運用されていない場合には必ずノイズが発生するので、そうなったらルールの手直しを検討すべきである。

ルールか規範か、選択の枠組み

民間でも公的機関でも、ルールにするか規範にするかの選択は直感で判断されることが多い。だが何らかの規律を設けるべきである。ごくおおざっぱに言うと、選択に際しては二つの要素を考慮するとよい。判断のコストとエラーのコストである。

規範の場合、判断のコストが大きくなりがちだ。規範の文言が何を意味するのか、いちいち判断しなければならないからである。判断を下すこと自体が負担であり、その都度時間をとられることになる（しかもノイズを伴う）。溶連菌性咽頭炎かどうかを判断する明確なガイドラインがあれば、医師はさほど悩まずに診断を下すことができる。制限速度が時速六〇キロと決められていれば、警察官は迷わず取り締まりができるが、「法外に速い速度での走行は禁止」などという決まりだったら、どの程度なら「法外」なのか頭をひねることになる（しかもノイズだらけになることは確実だ）。ルールであれば、判断コストは大幅に下がる。

ではルールにすればよいかといえば、話はそれほど単純ではない。ルールはいったん施行されればあとは従うだけのようにみえるが、その前にまず誰かがルールを決めなければならない。ルール作りはときに困難をきわめる。あるいは途方もなくコストがかかる。そこで法律や定款に「妥当な」とか「慎重に」とか「可能な限り」といった文言が使われることになるわけだ。医療や製造の現場でもそれは変わらない。

次に、エラーのコストに移ろう。エラーのコストは、エラーが起きる頻度と規模で決まる。どの組織も抱える問題は、プリンシパルから見てエージェントは信用できるのか、賢明に行動できるのか、毎日手洗いをするようにきちんと判断ハイジーンを実行できるのか、ということだ。答えがすべてイエスなら、規範で十分うまくいくはずだし、ノイズも少ないだろう。だがエージェントを信用できない理由があるなら、ルールを強制しなければならない。エージェントが無能力だったり、バイアスがかかっていたり、判断ハイジーン手順を守れない場合には、ルールで裁量権を制限する必要がある。賢明な組織は、エージェントへの信頼と裁量の余地が密接な関係にあることをよく承知している。

言うまでもなく、完全な信頼から完全な不信までの間には広い幅がある。信頼に値しないエージェントの場合、規範は多くのエラーを誘発するだろう。だがそのエラーがさして重大なものでないなら、許容できるかもしれない。ルールがエラーを誘発することはめったにないとしても、そのめったにないエラーが命取りになるようなものだとしたら、規範のほうがましかもしれない。ルールと規範でエラーのコストはどちらが大きくなるかは一概には言えない。もちろんルールが完全であればエラーは起きないが、完全なルールなどまず望めない。

法律が、二一歳以上でなければ酒類は買えないと規定しているとしよう。この法律の目的が飲酒に伴うさまざまなリスクから若年者を守ることだとすれば、いろいろな点で失敗だと言わざるを得ない。というのも、二〇歳の若者の中には、それどころか一七歳の中にも、酒を飲んでも何ら悪影響を受けないタイプがいるからだ。その一方で、二二歳だろうが六二歳だろうが酒を飲んで問題を起こす人は大勢いる。これならむしろ適切な文言を選び、人々がそれを適切に解釈する限りにおいて、規範のほうがエラーが少ない可能性もある。しかし酒を飲む・飲まないに関して適切な規範を設けることは非常にむずかしいため、年齢で線引きをするルールが決められているわけだ。

この例から浮かび上がる重要なポイントは、大量の判断を下さなければならない状況では大量のノイズが生じやすいため、明確なルールを求める根拠が強まることである。皮膚科医が発疹やほくろやシミに悩む大勢の患者を診察する場合、適切なルールがあればエラーはごくわずかに抑えられるだろう。ルールがなく、どうとでも解釈できる規範しかない場合には、判断コストが大きくなりすぎてしまう。繰り返し行う判断の場合、ケースバイケースの判断より機械的なルールを導入するほうがメリットは大きい。いちいち判断を下す負担もノイズのコストもそれに伴う不公平も非常に大きく、状況によっては容認できない水準に達しかねない。

賢明な組織は、構成員の行動を律する手段としてのルールと規範のメリット、デメリットをよくわきまえている。そしてノイズ（およびバイアス）を減らす必要がある事柄に関してはルールまたはルールに近い規範を選び、時間と注意をあらかじめたっぷり投じて十分に明確なルールを策定する。

ノイズを法律違反に？

多くの状況で、ノイズはあってはならない恥ずべきものである。現状ではみなノイズとともに生きているが、本来はそうあるべきではない。無制限の裁量の余地を与えたり、どうとでも解釈できる規範で済ましたりすることをやめ、ルールやそれに類する方法に切り替えることが望ましい。シンプルな解決こそが正しい解決だと私たちは感じている。ルールの導入が現実的でない場合や好ましくない場合であっても、ノイズを減らすために本書で掲げた対策のいずれかは講じるべきだ。

となればここで、重要な疑問が浮上する。法制度でもってノイズを違法とすればよいではないか。この質問はイエスという答えで片付けられるほど単純ではないが、しかし法制度はノイズ抑制のために現在以上に努力すべきである。この問題を考えるヒントになるのが、ドイツの社会学者マックス・ウェーバーが批判したカーディー裁判である。カーディー裁判とは、形式的な法規に拠らず実質的な正義を求める裁判を意味する。ウェーバーの見るところ、このような裁判は恣意的でとうてい容認できず、法の支配からの逸脱にほかならない。裁判官は「形式的な法に則り

〝人の如何を問うことなく〟裁くというルールにあきらかに従っていない。おおむね逆のことを行っている。各人の具体的な属性や具体的な事情に基づいて裁くか、でなければ具体的な結果の公平性や適切性を慮って判断している」という。[4]

このようなアプローチには「意思決定の合理的なルールはいっさい見られない」とウェーバーは断じる。つまりウェーバーは、カーディー裁判が生み出す容認しがたいノイズに苦言を呈しているのである。あらかじめルールの決められた官僚的判断の出現をウェーバーは歓迎する（官僚的正義という概念を思い出してほしい）。専門化・職業化しルールに縛られる制度が法の進化の最終段階だとウェーバーは考えていた。だがウェーバーがそう書いてから長い年月が経つというのに、カーディー裁判の類が幅を利かせていることはあきらかだ。では、どうすればいいのか。

世界人権宣言のようなものまでノイズを排除すべきだと言うつもりはない。だが、ノイズを権利の侵害と認定すべきケースも存在すると考える。また全般的に世界の法制度は、ノイズの抑制にもっと努力すべきだ。刑事裁判の量刑、違法行為に対する罰金、教育機会、難民申請や査証の承認可否、建築許可、職業免許の交付などを考えてほしい。また、政府機関では何百、何千という公務員が働いているが、彼らの判断にはじつは何の規律も根拠もないと想像してほしい。まずもってノイズ天国になるだろう。あるいは、児童相談所で誰が担当するかによって子供の運命が大きく変わってしまうことに思いを致してほしい。子供の人生がくじ引きで決まってしまうような実態を容認できるだろうか。

かなりのケースで判断のばらつきがバイアスに起因することはあきらかだ。そこには、すでに研究され名前のつけられた認知バイアスやある種の差別が含まれる。そうした実態が判明したら、多くの人が憤慨し、立法措置によって是正し、従来の慣行を変えるべきだと考えるだろう。それはまことに正しい。だが多くの人はノイズをそのように見ていない。これからはノイズもバイアスと同じように見るべきである。

現状では、幅広い領域でノイズがとにかく多すぎる。ノイズは高いコストを押し付け、おぞましい不公平を生む。いま挙げたのは氷山の一角にすぎないことを忘れないでほしい。法制度にはノイズを減らすためにもっとやるべきことがあり、ノイズの引き起こす不公平と戦わねばならない。

ルールと規範について話そう

「ルールはやることを単純にし、ノイズを減らしてくれる。規範しかないと、状況に応じていちいち判断しなければならない」

「ルールか規範か？　まず、エラーが多くなるのはどちらか考えよう。次に、ルールなり規範なりを決めて運用するのはどちらがかんたんか、どちらの負担が大きいかを判断しよう」

「本来ならルールを決めるべきときに規範を設けていることが多い。それは、ノイズに注意を払っていない証拠だ」

「世界人権宣言からノイズをなくせとまでは言わない。すくなくともいまは。だが、ノイズがきわめて不公平であることは強く言いたい。世界中の法制度はもっとノイズを減らすことを考えるべきだ」

まとめと結論　ノイズを真剣に受け止める

ノイズとは望ましくない判断のばらつきであり、多くの判断につきまとう。本書の最大の目標は、なぜノイズが多いのかを説明するとともに、どう対処するかを提案することにある。本書では、じつにさまざまな概念や戦略を扱ってきた。結論を出すにあたり、まずは主なポイントをおさらいし、そのうえで今後の展望を示したい。

判断

本書で使う**判断**という言葉は、「思考」とか「思慮」という意味ではなく、もっと狭い概念である。判断とは計測の一種だと考えてほしい。ただし計測に使う道具は、人間の知性である。知性をものさしにして対象物を測るわけだ。このとき必ずしも数値で表す必要はない。「メアリー・ジョンソンの腫瘍はたぶん良性だ」も立派な判断である。「この国の経済はきわめて不安定である」、「フレッド・ウィリアムズはマネジャーに適任の人物だ」、「このリスクに対する保険料は一万二〇〇〇ドルが適切である」も。判断を下す場合には、さまざまな断片的情報を頭の中で集約して評価することになる。計算式を適用したり、厳密なルールに従ったりするのは判断ではない。生徒の論文を評価するのは判断だが、選択問題を採点するのは判断ではない。

多くの人が専門的な知識や資格を持つプロフェッショナルとして、判断を下して生計を立てている。その判断は、大勢の人に重大な影響を与える。この意味でのプロフェッショナルな判断者には、フットボールの監督、心臓専門医、弁護士、技師、映画配給会社の経営者、保険会社の引受担当者などじつに多種多様な人々が含まれる。本書が主に取り上げてきたのは、こうしたプロフェッショナルとしての判断である。というのも、この種の判断は広く研究されているし、その判断の質が人々の生活に重大な影響を与えるからだ。本書で得られた教訓は、他の多くの場面での判断に応用できると考えている。

判断の中には**予測**に関わるものがある。予測的な判断の一部は、結果が出てから予測精度を確認できるので検証可能である。短期的な予測、たとえば投薬効果、パンデミックの推移、選挙結果などがこれに該当する。これに対し、長期的な予測や仮定の質問に対する答えなどは検証できない。この種の判断の質は、その判断にいたるまでの思考過程の質を問うほかない。さらに、多くの判断は予測ではなく**評価**に関わっている。裁判の判決、音楽や美術のコンクールの審査などは、客観的な正解がないため比較検討は容易ではない。

にもかかわらず、多くの人がまるで正解が存在するかのように判断を下すのには驚かされる。目には見えないがちゃんと標的があってそれを狙うのだから、各自の評価がそう大幅に外れることはないと考えているらしい。しかし判断に委ねるという表現自体、不一致の可能性があるという認識と、できれば甚だしい不一致は避けてほしいという期待を表している。つまり判断に委ねられる問題は、不一致が一定限度内に収まることへの期待を伴う。計算式を適用でき不一致が起こり得ない問題から、極端な場合を除き一致が期待できない好みの問題までの間に、判断に委ねられる多くの問題が存在する。

エラーを構成するバイアスとノイズ

ある事柄の判断におけるエラー（誤差）の大半が同じ方向に偏っている場合には、**バイアス**が存在する。バイアスとは**平均誤差**のことである。たとえば、射撃チーム全員が順に射撃をしたところ、着弾点がほぼ全部標的の左下に偏っていたとか、経営陣が毎年いつもひどく楽観的な販売予想を立てるとか、会社が本来なら清算すべき失敗プロジェクトにだらだらと予算を注ぎ込み続けるといったケースでは、バイアスが疑われる。

バイアスを取り除いても、エラーは必ずしもなくならない。バイアスを排除した後に残るエラーがあることはあまり知られていない。残ったエラーは、判断の望ましくないばらつきである。つまり、現実に当てはめたものさしが信頼できないということだ。これが**ノイズ**である。ノイズは、同じ患者に対する医師Aの診断と医師Bの診断など、本来同一であるべき判断に現れるばらつきを意味する。本書では、多数のプロフェッショナルが日々判断を下す組織に見られるノイズを**システムノイズ**と呼ぶ。ここで言うプロフェッショナルに該当するのは、たとえば緊急治療室の医師、刑事裁判で量刑を決める裁判官、保険会社で料率や損害額を決める保険の専門家などだ。こうしたプロフェッショナルが大勢働く組織では、誰がいつ判断を下しても本来は同じになるはずである。本書ではこのシステムノイズを主に取り上げた。

バイアスとノイズの計測

平均二乗誤差（MSE）は、過去二〇〇年にわたり科学的な計測の精度を確かめる標準的な方法とされてきた。MSEの重要なポイントは、標本平均をバイアスのない推定母平均として示せること、プラス、マイナスどちらの誤差（エラー）も同等に扱えること、誤差が大きいほど過大に評価することだ。MSEには判断誤差のコストは反映されない。誤差のコストは、プラスとマイナスでは非対称であることが多い。しかしプロフェッショナルの判断にはつねに正確性が求められるのであって、プラスならよいとかマイナスならよいということはない。たとえばある都市にハリケーンが迫っている場合、リスクの過大評価と過小評価ではあきらかにコストは同じではない。だからといって、ハリケーンの進路や速度の予測がコストに影響されては困る。よってコストを反映しないMSEは、客観的精度の高さを目標とする予測的判断を下す際の適切な基準となる。

ＭＳＥで計測するとき、バイアスとノイズは互いに独立した相加的な誤差の原因として扱われる。バイアスがつねに好ましくないことははっきりしており、バイアスを減らせば精度が向上することは誰でも知っている。一方、ノイズも同じく好ましくないし、ノイズを減らせば精度が向上するのだが、こちらは直感的に理解しにくい。判断にバイアスがかかっていてもノイズをゼロにすることは可能だが、言うまでもなく最も望ましいのは、バイアスもノイズも最小化することである。

検証可能な判断に含まれるバイアスは、あるケースの判断の平均とそのケースの真の値との差と定義できる。だが検証不能な判断の場合には、真の値との比較は不可能だ。たとえば、あるリスクに対して保険引受担当者が設定した料率が正しかったかどうかは、永久にわからない。ある犯罪に対する量刑が正しかったかどうかも、まずもってわかるまい。となると、判断にバイアスはかかっていないものとしておくほうが、都合がいい。この前提はもちろん正しいとは言いがたいが、これがまかり通っており、たくさんの判断の平均が真の値に最も近い推定値とされている。

あるシステムにおけるノイズの量は、**ノイズ検査**で確かめることができる。ノイズ検査では、同じケース（実際のものでも架空のケースを用意してもよい）を複数のプロフェッショナルに別々に判断してもらう。射撃の的を裏側から見れば着弾点にばらつきがあることがわかるように、真の値を知らなくてもノイズを計測することは可能だ。ノイズ検査を行うと、放射線診断や刑事裁判などさまざまなシステムにおける判断のばらつきを計測することができる。その結果として、スキル不足や訓練不足が判明することもある。また、ノイズ量を数値化することも可能だ。たとえば、同じ保険引受チームの中でリスクの見積もりに何パーセントの開きがあるといったことがあきらかになる。

バイアスとノイズではどちらが重大な問題なのだろうか。それは状況によるが、ノイズであることが少なくない。誤差の平均（＝バイアス）が誤差の標準偏差（＝ノイズ）と等しい場合には、全誤差（＝ＭＳＥ）へのバイアスとノイズの寄与度は等しい。判断の分布が正規分布（あの釣鐘型の曲線である）の場合にバイアスとノイズの影響が等しいとすると、判断の八四％が真の値を上回っている（または下回っている）。これは途方もないバイアスだ。これほど大きなバイアスが存在したら、プロフェッショナルが判断を下す状況で気付かないはずがない。バイアスが標準偏差より小さい場合には、ノイズのほうが全誤差への寄与度が大きいことになる。

ノイズが問題となるケース

ある種の判断では、ばらつきは問題にならない。むしろ好ましい場合もある。新しい企画やアイデアを考えるときは、いろいろな意見が出ることが重要だ。イノベーションには反主流的な発想、いわゆる逆張りの発想が欠かせない。映画評論家の間で意見が一致しないのはあたりまえのことだ。トレーダーの意見が一致しないからこそ市場取引が成立するのだし、競合するスタートアップの間で戦略にちがいがあるからこそ、市場は最適の企業を選ぶことができる。だがここで私たちが問題にしているような判断では、システムノイズはつねに好ましくない。同じ病気に二人の医師がまったくちがう診断を下したら、すくなくとも一人はまちがっている。

私たちが本書を書こうと思い立ったのは、大量のノイズの存在と、それが引き起こす損失の大きさに驚愕したからだった。ノイズも、それに伴う損失も、大方の人の想像を超えている。本書では、企業、医療、刑事裁判、指紋鑑定、予測、人事評価、政治などさまざまな場面の例を挙げてきた。そこから導き出した結論は、こうだ。判断のあるところノイズあり。そしてノイズは、あなたが思うよりずっと多い。

ノイズの多さを強調すると、大方の人はびっくりする。それは多分、「偶発的なエラーはプラスとマイナスで打ち消し合うから問題ない」と考えているからだろう。だがこの思い込みはまちがいだ。射撃の着弾点が標的を外れて散らばっていたら、プラスマイナスで命中だとは言えない。候補者Aが本来以上の高い評価をされ、候補者Bが本来以下の低い評価をされたら、Aが採用されてしまうだろう。ある保険料率が高すぎ、別の料率は低すぎたら、どちらも保険会社にとってはコストになる。高すぎれば保険契約を他社にさらわれ、低すぎれば損をするからだ。

要するに、好ましくない要因のせいで判断がばらつくときには必ずエラーが存在する。判断が検証不能であっても、またエラーが計測不能であっても、ノイズが有害であることに変わりはない。同じような状況に置かれた人たちが異なる扱いを受けるのは不公平だ。そして、プロフェッショナルの下す判断に一貫性の欠けているようなシステムは、信頼を失う。

ノイズの種類

システムノイズは、**レベルノイズ**と**パターンノイズ**で構成される。裁判官にはだいたいにおいて甘めな人と厳しめな人がいる。市場アナリストにはいつも強気な人といつも弱気な人がいる。医師には抗生剤を出したがる人とそうでない人がいる。レベルノイズはこのように、各人の判断の平均に見られるばらつきを意味する。判断尺度があいまいなせいでレベルノイズが生じる場合もある。「～の可能性が高い」といった表現は言うまでもなく、数値であっても〇～六の尺度の三や四は、人によって解釈がちがってくる。レベルノイズは、あらゆる判断システムにおいて重要なエラー要因となり、よってノイズ削減をめざすときの重要なターゲットとなる。

システムノイズのもう一つの構成要素であるパターンノイズは、多くの場合にレベルノイズより大きい。たとえばふだんは甘めの裁判官Aがある犯罪に対してひどく厳しく、ふだんは厳しめの裁判官Bが逆にひどく甘い傾向を示すことがある。つまりAとBでは犯罪の順位付けがちがうわけだ。このばらつきを本書ではパターンノイズと名付けた（すでに述べたとおり、統計学ではこれを**交互作用**と呼ぶ）。

パターンノイズは、ある判断対象に対する判断者固有の考えや価値観など、比較的安定した傾向に起因すると考えられる。たとえば、日頃は寛大な裁判官が万引きにだけは厳しい、あるいはその逆、といった具合に。このような反応を示す個人個人の背景は非常に複雑で、判断を下す当人も気づいていないことが多い。たとえば日頃は厳格な裁判官がそうと意識せずに高齢の被告には甘くなったりする。きわめて個人的な事情も安定した要因となりうる。たとえば被告が自分の娘に似ていたら、裁判官は同情するかもしれない。このことは、他の事案でも、あるいは別の日でも、起こりうる。

このように、**安定したパターンノイズ**は判断者固有の特徴に起因する。人間みな個性がちがうように、判断対象に対する各自の反応もちがうというわけだ。だが個性のちがいは楽しいし興味深いものだが、プロフェッショナルの一貫した判断を想定しているシステムにおけるちがいは楽しくない。私たちが行ったさまざまな調査では、各自の固有の価値観や事情に起因する安定したパターンノイズが、システムノイズの最大の原因であることがわかった。

とはいえ、判断対象に対する各自の反応がつねに安定しているわけではない。パターンノイズには、一過性の原因に起因するノイズも含まれている。これが**機会ノイズ**である。放射線科医が同じ撮影画像について別の日にちがう診断を下したとき、指紋分析官が二つの指紋を同一だと鑑定し、別の機会にはちがうと鑑定したとき、そこには機会ノイズが存在する。これらの例からわかるように、判断者が以前に判断したケースと同じだと気付かない場合には、機会ノイズは容易に検証できる。機会ノイズの存在を確かめるもう一つの方法は、まったく無関係の情報が判断に影響をおよぼしたという統計的な証拠を挙げることだ。たとえばひいきのサッカーチームが勝っとである。

た翌日は審査が甘くなるとか、午後になると医師は強い鎮痛剤を処方しがちになる、といったこ

判断の心理とノイズ

予測的判断におけるエラーの原因は、判断者の認知能力の欠如だけではない。往々にして**客観的無知**のほうが大きな原因となる。要するに、事実の中には知り得ないものがあるということだ。昨日生まれた赤ちゃんは七〇年後に何人の孫を持つかとか、来年抽選が行われる宝くじの当たり番号は何番かといったことは、現時点では知りようがない。また、知り得なくはないが判断者には知る手立てがないというケースもある。にもかかわらず多くの人が自分の予測的判断に根拠のない自信を抱いている。自信過剰になるのは、自分のバイアスや客観的無知をひどく過小評価しているからだ。

人間の予測の精度には限りがあるし、残念ながらその限界はかなり低い。にもかかわらず、人は自分の判断にとかく満足しやすい。こうした謂れのない自信と満足感を与えるのは、**内なるシグナル**の仕業である。これは、事実とうまく一致する判断を下してつじつまの合うストーリーを作り上げたことに対し、自分が自分にあげるご褒美だと言えよう。だがもちろん自分の判断に対する主観的な自信は、判断の客観的な精度と一致するわけではない。

大方の人は、自分たちの予測的判断の精度が低いだけでなく、かんたんな計算式にも劣ると聞

いて驚く。限られたデータに基づく単純な線形モデルでさえ、その精度はつねに人間の判断を上回る。それどころか、二、三項目のルールを守るだけでも、ふつうの判断にまさるのである。モデルやルールの決定的な優位性は、ノイズがないことだ。日頃誰もが主観的に経験しているように、判断というものはあれやこれやを勘案し、優先順位を天秤にかける繊細で複雑なプロセスである。その繊細な配慮の大半がノイズだとは思いもしないし、何も考えずに単純なルールを守るだけで精度が増すなんて、想像したくもない。だがこれが事実なのであり、ちゃんと裏付けもある。

心理的バイアスは、言うまでもなく、統計的バイアスすなわち予測可能なエラーの原因となる。だがあまり知られていないが、心理的バイアスはノイズの原因にもなる。判断者全員にはバイアスがかかっていないとき、かかっていてもその度合いが異なるとき、あるいはバイアスの影響が外部環境次第で変わるときには、心理的バイアスはノイズを生む。たとえば、採用担当マネジャーの半分が女性の採用に否定的で、残り半分は肯定的だった場合、全体としてのバイアスは存在しなくても、システムノイズが判断のばらつきを生むことになる。また、第一印象が人によって異なる影響をおよぼすこともノイズを生む例に当たる。第一印象の偏重自体は心理的バイアスだが、候補者や情報の提示順次第で影響が変わる場合に機会ノイズを生じることになる。

本書では判断プロセスを、手がかりとなる一連の情報を自分の中で統合し、何らかの尺度の目盛りに合わせる行為だと捉えている。したがってシステムノイズを取り除くには、判断者による情報の取り扱い、重みの付け方、尺度の使い方を統一することが条件になる。機会ノイズのランダムな影響は棚上げするとしても、この条件が守られていることはめったにない。

情報が一つしかない場合や一つの面だけを判断すればよい場合には、判断が一致する可能性はかなり高い。たとえば、二人の候補者のどちらにカリスマ性があるかとか、どちらがまじめそうかといったことなら、採用担当者の意見は一致するだろう。人間は、まったく関係のないものの大きさや強さの**レベル合わせ**をする驚くべき直感力を持ち合わせている（たとえば幼少期の識字能力から大学生になったときの成績を予測してのける）ので、この種の判断では意見が一致しやすい。おおむね同じ方向を示すごく少数の情報に依拠した判断についても、同じことが言える。

しかし多くの情報、それも互いに矛盾するような情報を扱い、適切に重みをつけなければならないときには、個人間の判断のばらつきは大きくなる。同じ候補者の面接をしても、面接官Aはカリスマ性や社交性を重視し、面接官Bは勤勉さや緊迫した場面での冷静さを重視するといったことが起こりうる。得られる情報が相矛盾し、つじつまの合うストーリーに収まらないようなときには、判断者によって重んじる情報、切り捨てる情報がちがってくる。となれば、パターンノイズは避けられない。

ノイズは目につきにくい

ノイズは目立つ問題ではなく、ノイズが議論のテーマになることはめったにない。ノイズがバイアスより地味なプレーヤーであることはあきらかだ。おそらく読者も、本書を読むまではノイズに注意を払ったことがないだろう。ノイズの重大性を考えると、このようにノイズが目立たないのは興味深いことだし、それとして問題でもある。

お粗末な判断の原因として、認知バイアスや感情的・意図的な偏見がしばしば槍玉に挙げられる。たとえば市場アナリストなら、自信過剰、アンカリング、損失回避、利用可能性バイアスなどが、後になってまちがっていたと判明した判断の原因とみなされる、というふうに。このようにバイアスで説明されると納得感がある。というのも人間は因果的説明が大好きだからだ。何かうまくいかないことがあると、誰もがすぐ原因を探す。そしてすぐに見つけるのだが、それはバイアスであることが多い。

判断エラーの原因探しで主役を務めるのはバイアスである。どうやらバイアスは、ノイズにはないカリスマ性を備えているらしい。結果が出てから後知恵で原因を探すとき、バイアスはかんたんに見つかるが、ノイズは見つからない。ノイズを発見するには統計的に探求しなければならないからだ。しかしそれは自然にできるものではないので、因果的な説明に走るということになる。人間の直感には統計的思考が欠けているのであって、ノイズがバイアスほど注目されない理由の一つはそこにある。

もう一つの理由は、プロフェッショナルは自分の判断についても同僚の判断についても、ノイズに取り組む必要性をまず感じないことだ。研修期間が終わってしまえば、各人は自分で判断を下すようになる。指紋分析官、経験豊富なアンダーライター、ベテランの特許審査官といった人たちは、いま自分が下している判断を同僚ならどうするだろうとか、自分の判断は同僚と一致するだろうか、などと考えることに時間を使ったりしない。まして自分自身の過去の判断と一致しないかもしれない、といった想像をめぐらせて時間を無駄にしたりしないのである。

ほとんどの場合、プロフェッショナルは自分の判断に自信を持っている。同僚が担当しても自分と同じ判断を下すはずだと考え、実際にそうかどうかを確かめたりはしない。それに多くの分野で、判断を真の値と比べる機会はない。カリスマと呼ばれるような卓越したプロフェッショナルの審査を受けることがたまにあるぐらいだろう。驚くべき判断の不一致にプロフェッショナルが直面する機会はめったになく、たまさかそういうことが起きても、偶発的だとか特殊な事例だと片付けられるのが関の山である。組織慣行としても、プロフェッショナルの間で判断の不一致があるという証拠が挙がっても無視したり握りつぶしたりしがちだ。無理もない、組織にしてみればノイズは困惑の種でしかないのである。

ノイズを（そしてバイアスも）減らすには

よい判断を下せる人とそうでない人がいる。よい判断を下せるのは、その職業に必要な専門的スキル、知性、ある種の認知スタイル、とくに積極的に開かれた思考態度を備えた人である。よい判断を下せる人は、当然ながら、甚だしい誤りはめったにしない。だが人間は一人ひとりみなちがうものであるから、すぐれた判断者がそろっていても、複雑な問題で判断が一致することはあまりない。異なる背景、性格や気質、経験などのちがいがそれぞれの人を唯一無二の存在にしており、それが不可避的にノイズを生むことになる。

エラーを減らす一つの方法は、バイアスをなくすことである。代表的な方法としては、判断を下してから事実と照合して修正する事後方式と、判断を下す前にバイアスの可能性を取り除いておく事前方式がある。本書では第三の方法として、**意思決定プロセス・オブザーバー**を指名し、リアルタイムでバイアスの兆候を見つけ出すやり方を推奨した（付録B参照）。

一方、判断におけるノイズを減らす方法としては、**判断ハイジーン**を推奨している。衛生管理を意味するハイジーンという言葉を選んだのは、ノイズを減らすのは衛生管理と同じく、特定できない敵に対する防御だからである。たとえば手洗いは、不特定の病原菌が体内に入るのを防ぐ。同様に、判断ハイジーンも不特定のエラーの発生を防ぐ。名前はぱっとしないし、予測可能なバイアスを撃退する作戦ほどきらびやかではないかもしれない。つまるところ、それとわからない敵を防ぐだけなのだ。だがやる価値は大いにある。

ノイズを減らすには、必ずノイズ検査（付録A）から始めるべきだ。ノイズ検査の重要な役割の一つは、組織としてノイズに真剣に取り組むという姿勢を打ち出すことにある。ノイズ検査を実施すると、どんなノイズが発生しているのかを種類別に突き止めることができる。

本書ではさまざまな分野でノイズ削減の成功例と失敗例を挙げた。ここでは、改めて判断ハイジーンの六つの原則を掲げ、それぞれがノイズを生む心理メカニズムにどのように働きかけるのかを説明するとともに、主に第5部で論じたハイジーン手順とどう関連づけられるのかを解説する。

原則1　判断の目標は正確性であって、自己表現ではない

これを原則の先頭に持ってきたのは、理由がある。本書では判断を特殊な狭い意味で定義していることを強調したかったからだ。安定したパターンノイズがシステムノイズの最大の構成要素だと指摘したことを思い出してほしい。そして安定したパターンノイズは、個人のちがいが直接反映された結果なのである。つまり個人に固有の信条や価値観などのせいで同じ問題の見方が人によって異なる結果を招く。となれば必然的に不人気な結論に行きつく。判断はあなたの個性を発揮する場ではない、と。

いうまでもなく、多くの思考プロセスや意思決定プロセスにおいて個人の価値観や個性や創造性は必要だし、むしろ不可欠である。たとえば目標設定、問題解決への新しいアプローチの発想、さまざまな選択肢の創出……。だが出されたアイデアの中からどれを選ぶか判断する段階になったら、自己表現はノイズを生むだけだ。目標が正確性であるなら、そしてこの目標が支持されているなら、自分の代わりに他の有能な判断者が最終判断を下すとしたらどうするだろうか、ということをあなたは考えなければいけない。

この原則を最も過激な形で実行するやり方は、人間の判断者に代えてアルゴリズムかルールを導入することである。アルゴリズムによる評価からはノイズが排除されることが保証されている。じつのところ、ノイズを完全に排除できる唯一の方法はアルゴリズムである。アルゴリズムはすでに多くの重要な分野で使われており、その役割はこれからもっと増えていくだろう。とはいえ、アルゴリズムが重要な意思決定の最終段階で人間に取って代わるとは思えない。そして私たちはこれをよいことだと考えている。ただし、アルゴリズムを適切に使うとともに、判断者固有の傾向や価値観などに左右されないようなアプローチを採用することで、人間の判断の質的向上を図ることは可能だ。たとえば、何らかのガイドラインの導入は有効である。それによって裁判官の量刑や医師の診断のばらつきを減らす効果が期待でき、ノイズの削減と判断の質的向上につながる。

原則2　統計的視点を取り入れ、統計的に考えるようにする

あるケースを判断するときに、そのケースを唯一無二とはみなさず、類似のケースから成る参照クラスの一つと捉えるとき、あなたは**統計的視点**を採用している。このアプローチは、おなじみの因果論的思考とはまったくちがうものだ。因果論的思考では目の前のケースのみに注目し、「○○だからこうなった」という因果関係のストーリーにはめ込もうとする。判断者が自分固有の経験に基づいて独自の見方をしたら、パターンノイズが生じることは避けられない。統計的視

点の導入は、それを防ぐ方法の一つである。判断者が同じ参照クラスを共有していれば、ノイズは少なくなる。しかも統計的視点に立つと、貴重な手がかりを得られることが多い。

統計的に見れば、予測を類似のケースの統計でアンカリングすることができる。また、予測は控えめにするほうが賢いことにも気づくはずだ（ここで「控えめ」と言ったのは、統計用語では「回帰的」に当たる。くわしくは付録Cを参照されたい）。過去の結果に幅広く注意を払い、予測可能性が限定的であることに気づけば、自分の判断に対する自信を修正せざるを得まい。もともと予測不能なことの予測に失敗したからといって責められるべきではないが、予測に対する謙虚さを欠いた場合には大いに責められるべきである。

原則3　判断を構造化し、独立したタスクに分解する

構造化手順はアルゴリズムでは分割統治法（divide and conquer）と呼ばれ、ごく一般的に行われている。対象データが多いなど規模の大きな問題を小さな部分問題に分割し、部分問題の解を求め、今度は逆方向に統合する方法だ。構造化が望ましいのは、**過剰な一貫性**と呼ばれる心理メカニズムを抑えるためである。人間はストーリーに一貫性を持たせようとするあまり、自分の拵えたストーリーにうまくフィットしない情報をねじ曲げたり無視したりしがちだ。そうなると、複数あるケースの異なる側面が互いに干渉して、全体として判断の正確性を損ねることになる。複数の目撃者が証言をする前に話し合いをしたら、証人としての価値が損なわれるのと同じことであ

る。

判断を小さなタスクに分解することで、過剰な一貫性を減らすことが可能だ。このやり方は、判断ハイジーンの一つとして取り上げた構造化面接と似ている。構造化面接では、面接官は一回の質問で一つのことだけを評価し、その評価を記録してから次の質問に移る。ガイドラインの導入も構造化の一つとみなすことができる。診断ガイドラインのアプガースコアはその代表例だ。また、**媒介評価プロトコル**の眼目も構造化にある。このプロトコルでは複雑な判断を細分化し、それぞれについて事実に基づく評価を行う。各項目を互いに独立して評価することがきわめて重要であり、できる限り各項目の評価は別々のチームに割り当て、チーム同士の連絡や相談を遮断して評価の独立性を確保することが望ましい。

原則4　早い段階で直感を働かせない

本書では、判断が完了したときに「これでよし」と自分の中で判断を打ち切る合図を**内なるシグナル**と名付けた。このシグナルが発信されるとき、判断者は自分の判断に自信を持つ。だから自分に自信を持たせてくれるこのシグナルを聞く満足感を手放したくない。そのことが、ガイドラインやアルゴリズムを始め、自分の裁量権を制限するようなルールの導入に抵抗する大きな理由になっている。意思決定の任にある人は、自分の最終的な直感的判断に満足感を味わい、困難な仕事をやり遂げたことへのご褒美を手にしたいのである。だが、このご褒美を判断プロセスの早すぎる段階で手にすべきではない。情報や証拠の注意深い検証を行ったうえでの直感的な判断であれば、パッと思いついた直感的な判断に数倍まさる。だから直感を全面禁止するにはおよばないが、できるだけ遅らせ、十分な情報を得たうえで規律をもって働かせるべきである。

この原則は、情報を判断者に与える順序とタイミングを管理するというハイジーン手順に該当する。判断者に不必要な情報をみだりに与えるべきではない。たとえその情報が正しい情報だとしても、判断者に無用のバイアスをかけることになりかねない。たとえば科学捜査では、指紋分析官には指紋に関連する情報のみを与え、それ以外の容疑者に関する情報は与えないという決まりになっている。媒介評価プロトコルの議論の手順もこの原則に該当する。問題のさまざまな側面や要素を個別に評価したうえで、最終的な総合判断を下す。このときは直感を禁じないが、個別評価が完了するまでは直感には引っ込んでいてもらう。

原則5　複数の判断者による独立した判断を統合する

この原則のポイントは「独立」ということだが、組織では往々にして守られていない。とりわけ会議がそうだ。出席者の意見は互いに影響を受け、牽制しあったりする。**カスケード効果**や集団の二極化現象のせいで、グループでの討論はノイズを増やすことになりやすい。議論を始める前に出席者各自の意見を聞いておくというかんたんな方法で、ノイズの範囲をあきらかにし、建設的な解決を導くことが容易になる。

独立した判断の平均をとれば、確実にシステムノイズを減らすことができる（ただしバイアスは減らない）。一つの判断は、可能なすべての判断という母集団から抜き出した一つのサンプルだと考えられる。サンプルの数が増えるほど判断の精度は上がる。判断者がさまざまなスキルや補完的な判断パターンの持ち主であれば、平均を出すメリットはさらに大きくなる。ノイズの多い集団の平均は、全員一致の一つの判断にまさるのである。

原則6　相対的な判断を行い、相対的な尺度を使う

相対的な判断は、絶対的な判断よりノイズが少ない。というのも人間は判断対象を直接何らかの尺度に当てはめて評価する能力はあまり高くないからだ。二つのものをペアにして比べることのほうがずっと得意である。したがって、相対評価を行う判断尺度のほうが絶対評価よりノイズが少ない。たとえば、誰もが知っているような実例を目盛りとして記載した**ケース尺度**なら、その実例をアンカーとして目盛りに合わせればよいのでノイズが少なくなる。

ここに挙げた判断ハイジーンの原則は、繰り返し行われる判断だけでなく、一回限りの判断にも当てはまる。一回限りの判断にノイズが存在するとは、直感的には理解し難いかもしれない。定義からして、判断のばらつきがノイズなのだから、一回限りではばらつきようがないと思われることだろう。だがノイズは現実に存在し、エラーを引き起こす。たとえばチームで射撃を行うとき、先頭の一人だけに注目していたらノイズは見えない。だが全員の射撃を見れば、着弾点の散らばり具合があきらかになる。同様に一回限りの判断も、繰り返し行われる判断が一回だけ行われたと考えるとよい。となれば、判断ハイジーン手順の導入で判断の質を高めることができる。

なお、判断ハイジーンを実行したところでおそらく感謝されないことはお断りしておかねばならない。ノイズは見えない敵だから、それに対する勝利も見えない勝利にならざるを得ない。だが健康のための衛生習慣と同じく、判断ハイジーンも死活的に重要である。手術が成功したら、あなたはきっと担当医の高い技術のおかげで命が救われたと感謝するだろう。もちろんそのとおりだ。だがもし医師をはじめ手術室にいる全員が手を洗っていなかったら、あなたは死んでいたかもしれない。衛生管理を徹底しても華々しい勝利は得られないように見えるかもしれないが、実際には結果に表れているのである。

どの程度のノイズなら容認できる?

いうまでもなく、組織の意思決定者にとってノイズの削減以外にも考慮すべきことはたくさんある。ノイズを減らす手段はあってもコストがかかりすぎるかもしれない。たとえば高校の論文採点で、一人の先生ではなく五人が別々に読んで採点すればノイズは大幅に減るだろう。だがその負担の重さはとうてい正当化できまい。現実問題として、ある程度のノイズは避けられないし、デュープロセス条項に必然的に伴う副作用なのだという考え方もある。この条項は、個人が計算式で機械的に処理されるのではなく、個別の事情を汲み取った対応を受けられるものと解釈されており、また意思決定者には行為主体としてしかるべき裁量の余地を与えるべきものと考えられている。さらに言えば、ある種のノイズは望ましいという見方すらある。ノイズを許容することで変化に適応するゆとりが生まれるというのだ。ノイズというものは、変化する価値観や目標の反映にほかならず、ノイズがあればこそ習慣や法律を変える議論が生まれるという。

ノイズ削減戦略に対するこうした反論の中でおそらく最も重要なのは、ノイズを減らす手段の中には容認できないマイナス面があるというものだろう。アルゴリズムに関する懸念の多くは杞憂だが、中には的を射ているものもある。アルゴリズムは、人間なら絶対にしないようなばかげたミスを犯すことがあるのだ。そうなると、人間がたびたび犯すような多くのエラーを防いだとしても信頼を失いかねない。また設計が悪かったり不適切なデータでトレーニングされたりしてバイアスがかかることもある。顔が見えないことも不信感を生みやすい。それに、判断ハイジーン手順にも弱点はある。運用の仕方がまずいと官僚主義に陥る危険があるし、裁量権を奪われたと感じたプロフェッショナルのやる気を削ぐことになってしまう。

こうしたリスクや弱点は十分に検討しなければならない。ただし、ノイズ削減戦略に対する抵抗は、実際に導入される方法に左右される面が大きい。たとえば判断の統合に反対する人も、ガイドラインの導入には反対しないかもしれない。いうまでもなく、ノイズ削減のコストが便益を上回る場合には、その方法は採用すべきではない。多くの場合、費用便益分析をやってみると、ノイズの最適水準はゼロではないことがわかるはずだ。問題は、ノイズ検査を実施しない限り、自分たちの組織にどれほどノイズが存在するのか誰も気づかないことである。ノイズ検査をやりもせずにノイズ削減は困難だと主張する人は、実態を知りたくない言い訳をしているにすぎない。

バイアスがエラーと不公平につながることは誰でも知っているが、ノイズもそうである。にもかかわらず、ノイズを減らす対策はあまり講じられていない。判断エラーは、何か原因のあるときよりランダムに起きるときのほうが許容できるように感じられるかもしれない。だが不公平を生む点では同じである。重要な事柄についてよりよい判断をしたいと望むなら、ノイズを減らすことを真剣に考えるべきである。

終章　ノイズの少ない世界へ

もし組織という組織がノイズを減らすべく一から設計し直されたら世界はどんなふうになるのか、ここで想像してみたい。病院、採用委員会、経済予測、政府機関、保険会社、公衆衛生局、刑事訴訟制度、法律事務所、大学がどこもノイズ問題に注意を払い、ノイズを減らそうと取り組みを始めるはずだ。ノイズ検査が定期的に行われるようになり、組織によっては毎年実施するだろう。

多くの組織で、人間の判断に取って代わるために、あるいは人間の判断を補うために、今日よりずっと幅広くアルゴリズムが導入されるようになる。複雑な判断はシンプルな媒介評価項目に分解される。判断ハイジーン手順があたりまえの習慣として遵守される。できるだけ多くの独立した判断を集めて統合することもふつうに行われるはずだ。会議の進め方も今日とはだいぶちがった様子になり、構造化されるだろう。また統計的な視点が組織的に判断プロセスに組み込まれるようになる。ひんぱんに意見の不一致が表面化するようになり、それを建設的に解決できるようになる。

その結果、ノイズの少ない世界が実現するだろう。無駄な支出や損失が大幅に減り、公共の安全も健康も改善され、何より公平性が向上して回避可能な多くのエラーが防止される。この本を書いた目的は、こうした可能性に目を向けてもらうことにあった。読者がそれに気づいてくれたことを願っている。

付録Ａ　ノイズ検査の実施方法

この付録は、ノイズ検査の実務的な手引きとなるものである。ある企業がどこかの部署を一つ選び、プロフェッショナルたちの判断の質についてノイズ検査をやってほしいとコンサルタントに依頼したとする。読者はそのコンサルタントになったつもりで読んでほしい。

ノイズ検査という名前が示すとおり、検査が主な対象とするのはノイズである。だが適切に実施すれば、バイアス、組織の盲点、従業員教育の欠陥、作業のチェック体制の不備なども浮き彫りになるはずだ。検査結果に納得が得られれば、現行の判断指針、研修や訓練のあり方、判断支援ツール、チェック体制の見直しなど、職場の改革につながるだろう。そして改革の成果が出れば、組織の他の部署にも広がると期待できる。

ノイズ検査にはかなりの労力が要求され、こまかい点にまで細心の注意を払う必要がある。というのも、従来の判断の仕方に重大な欠陥があるといった衝撃的な結果が出た場合、いったいその検査は信頼できるのかという声が上がることは必至だからだ。したがって敵対者による精査をつねに念頭において、検査に使用するケース（実際または架空）や手続きの細部に気を配らなければならない。この付録に示すプロセスは、検査対象となるプロフェッショナルからの反論をできるだけ減らすことをめざして設計した。検査の設計者に対して最も強硬な批判を行うと予想されるのは、彼らだからである。

検査には、コンサルタント（社内、社外いずれでもよい）のほかに次の人員が関わることになる。

・プロジェクトチーム

データ収集、結果の分析、最終報告の作成まで、作業の全段階の責任を持つ。コンサルタントが社内の場合には、彼らがプロジェクトチームの中核を担う。コンサルタントが社外の場合には、プロジェクトチームと一体となって作業する。こうすれば社員はノイズ検査を自分たちの問題と捉え、社外のコンサルタントは補佐役だと認識するはずだ。プロジェクトチームのメンバーには、検査で使うケースを設計できる専門家を必ず含める。またメンバー全員がプロフェッショナルとして高い信頼を得ている人材でなければならない。

・クライアント

ノイズ検査プロジェクトの「クライアント」は、組織の経営陣である。ノイズ検査が成功したと言えるのは、検査結果を受けて抜本的な改革が必要になったとき、経営者が早い段階でそれに関与し、後押しした場合に限られる。このクライアントは、当初はノイズが存在する可能性すら信じようとしないだろう。しかし、もしクライアントがオープンマインドな姿勢で臨み、検査やその結果に興味を持ち、状況の改善に積極的であれば、いざ衝撃的な結果が出たとき、当初の懐疑的な態度はむしろプラスに働く。

・判断者

判断者とは、ここでは検査対象者のことである。クライアントはノイズ検査の対象として社内の一つまたは複数の部署を指定する。対象になる部署の条件は、「判断者」が大勢いること、彼らは担当分野について専門的な知識と経験を持ち、会社に代わって日々判断を下すプロフェッショナルであることだ。彼らプロフェッショナルは、誰が判断を下しても問題がないという意味で実質的に交代可能であること、つまりAが担当できないときにBが担当しても同じ判断を下すことが求められる状況にあるものとする。本書ではそうしたプロフェッショナルの例として、連邦判事、保険会社の引受・損害査定担当者などを挙げた。ノイズ検査の対象として最適な判断タスクは、現物の証拠ではなくテキスト情報に基づいて判断を下せるもの、判断を数値（ドル、確率、評点など）で表せるものである。

・プロジェクトマネジャー

プロジェクトマネジャーに適任なのは、会社の管理部門の幹部クラスである。とくに専門的な知識や能力は必要としないが、組織内の地位が高い人物を指名することで社内の手続き上の面倒を避けられるという少なからぬメリットがあり、また、会社がノイズ検査に本気で取り組んでいるというメッセージを発信できる。プロジェクトマネジャーの仕事は、プロジェクトがスムーズに進行できるよう、最終報告の作成も含め運営面のサポートを提供することと、結論を会社のトップにうまく伝えることである。

ケースの設計

プロジェクトチームでケースの設計・準備に携わる専門家は、検査対象となる部署の仕事に精通し、自身がその方面で卓越した手腕を備えていなければならない（たとえば保険引受部門の検査を行うなら、リスクの見積もりや料率の計算に通じていることが必要である）。彼ら専門家の仕事は、検査で使用するケースの設計である。実際の担当者が判断するケースの正確なシミュレーションを行うことが必要だ。判断の甚だしいばらつきが発見されるなど重大な結果が判明したときには、手厳しい粗探しを受けることを想定しなければならない。よって、専門家チームは次の質問をつねに思い浮かべながら作業することが望まれる。自分たちが設計したケースを使って検査を行ったところ、大量のノイズが発見された場合、社員はみな自分たちが毎日下している判断にも実際にノイズがあると受け止めてくれるだろうか？　この答えが明確にイエスでない限り、ノイズ検査をやる価値はない。

答えをイエスにするための方法は一つではない。刑事裁判における量刑のノイズ検査（第1章参照）では、ケースごとに量刑判断に必要な事柄を簡便なリストにまとめ、一六のケースに九〇分で判断を下してもらった。保険会社で行ったノイズ検査（第2章参照）では、複雑なケースについて細部まで現実的な要約をつけて判断してもらった。いずれの検査でも大量のノイズが見つかったわけだが、検査結果は了承されている。単純化したケースでこれほどのノイズが見つかるなら、もっと多くの情報が錯綜する実際のケースではノイズはもっと多いにちがいない、という理屈である。

検査では、ケースの終わりに検査参加者への質問調査を用意する。どうしてその判断にいたったのかについて、より深く理解することが目的だ。質問調査の集計などは全ケースの分析が完了してから行う。質問項目には以下を含める。

・検査参加者が判断を下す際に重要と考えた要素は何か、自由に書き出してもらう。
・検査に使ったケースにおける情報を列挙したリストを作り、検査参加者に重要度のランキングをつけてもらう。

・ケースが属すカテゴリーについて統計的な考え方を問う質問を設ける。たとえば金額など数値での判断を求めるケースだった場合、そのケースは同じカテゴリーの全ケースの中で平均をどれほど上回るか（または下回るか）答えてもらう。

経営陣との事前ミーティング

検査に使うケースが出揃った時点で、プロジェクトチームから経営陣へのプレゼンテーションを行う。このミーティングでは、検査を実施した場合に想定される結果について、つまり容認できないほどのシステムノイズが発見される可能性について、話し合っておくことがぜひとも必要だ。ミーティングの最大の目的は、予定している検査について反対意見があればじっくり聞くことと、結果がどうあれそれを現実と受け止めるという言質を経営陣から取り付けることである。そうした約束が得られない限り、検査を進めても意味がない。重大な反対意見が出た場合、プロジェクトチームは検査用のケースの見直しを迫られる可能性もある。その場合は準備し直してから再度ミーティングを開く。

経営陣からゴーサインが出たら、プロジェクトチームは検査結果についての経営陣の予想を聞く。次の質問に答えてもらうとよいだろう。

・検査参加者の中からランダムに二人選んだ場合、この二人の判断が一致しない確率はどの程度あると思うか？
・どの程度までの不一致ならビジネスの観点からみて許容範囲か？
・検査参加者の評価がたとえば最適値を平均一五％上回っている場合（または下回っている場合）、事業に与える損失はどれほどか？

これらの質問に対する答えはきちんと書面に記録しておくこと。実際に検査の結果が出たら、経営陣にこのときの答えを思い出してもらうことになる。

実施管理

検査対象となった部署のマネジャーには最初からそのことを伝え、検査の概要を知らせる。ただし、「ノイズ検査」という言葉を使うべきではない。「ノイズ」という言葉は避け、とくに○○担当者にノイズが多い、といった表現は厳に慎む。「意思決定の方法に関する調査」などの一般的な言葉で説明するとよいだろう。

該当部署のマネジャーは直ちに過去に下された判断のデータを収集すると同時に、検査参加者にプロジェクトについて説明する。このとき、プロジェクトマネジャーやチームのメンバーが同席する。検査参加者には、「プロフェッショナルがどのようにして結論にいたるのかを知りたい」というふうに検査の目的を説明する。

検査に参加するプロフェッショナルには、回答の匿名性が保たれること、プロジェクトチームにもどの答えが誰のものかはわからないことを保証する。必要であれば、データの匿名化を外部のデータ処理会社に依頼するとよい。また、何らかの意図があってこの部署が検査対象に選ばれたわけではなく、検査が不利益をもたらす恐れはないこと、この部署が選ばれたのは組織で行われる典型的な判断タスクをこなしているからにすぎないことを強調する。結果の信頼性を高めるためには、その部署の資格要件を満たすプロフェッショナル全員が参加することが望ましい。営業日半日を検査に充てるようにすれば、検査の重要性を周知できるだろう。

参加者全員が同時に検査に臨むものとするが、完全に個別に行い、検査中に相談などはできないようにする。プロジェクトチームは検査に立ち会い、質問などに対応する。

分析と結論

プロジェクトチームは、参加者の回答を集約し統計分析を行う。ノイズの総量の計測およびレベルノイズとパターンノイズの度合いなども調べる。可能であれば、統計的バイアスの存在も突き止める。さらに、判断のばらつきが生じる原因の究明を試みることもプロジェクトチームの仕事である。そのために、検査後の質問調査、とくに判断を下す際に重要と考えた要素は何か、といった質問への回答を分析し、分布の両端に位置付けられる極端な回答に注目してばらつきの原因を見つけ出すべく努力する。また、従業員研修、組織の手続き、従業員に提供される情報などに何か問題点はないか、探す。

社外コンサルタントとプロジェクトチームは協力し、判断ハイジーンの原則を応用して判断や意思決定の質的向上をめざすためのツールや手続きを開発する。このプロセスの実行には数カ月を要する場合もある。並行してコンサルタントとチームは報告書を作成し、経営陣に提出する。

この時点で組織はすくなくとも一つの部署でノイズ検査を試験的に実施したわけである。成果が実り多いものと判断されれば、経営陣は検査対象を拡大し、組織で日々下されている判断や意思決定のクオリティの向上に本格的に取り組むと期待できる。

付録B　意思決定プロセス・オブザーバーのチェックリスト

付録Bは、意思決定プロセス・オブザーバー（第19章参照）が使う一般的なチェックリストの見本である。重要な決定にいたる議論の時系列を追った形になっている。

オブザーバーは、議論の進行を見守りながら、項目ごとに掲げられている質問を自問してほしい。そうすることで、状況をより明確に把握できるはずだ。

チェックリストはこのまま使うことは想定されていない。このリストはあくまで参考用であり、オブザーバーが個々の事情や状況に合わせたカスタムメイドのチェックリストを作成するときの叩き台にしてほしい。

バイアス発見のためのチェックリスト

1　判断に臨む姿勢

(a)　置き換え

・情報や証拠の取捨選択や議論の焦点に問題はないか？　本来判断を下すべき困難な問題を、答えを出すのが容易な問題に置き換えていないか？

・重要な要素を見落としたり無視したりしていないか、また無関係な要素を不当に重視していないか？

(b)　統計的視点

・検討に際して統計的な視点を取り入れているか？　絶対的な判断ではなく相対的な判断を試みているか？

(c)　多様性

・何人かにバイアスがかかっていて、同じ方向に偏ったエラーが出る可能性はないか？

・重要な意見や専門家としての見解があるのに黙っている人がいると感じる点はないか？

2　予断と時期尚早な結論

(a)　議論開始前の予断

・ある結論にいたると得をする人はいるか？

・すでに結論を下してしまっている人はいるか？　何らかの偏見や予断を疑うべき妥当な理由が存在するか？
・何にでも反対するタイプの人はいるか？　その人は意見を述べたか？
・極端な意見に引きずられて議論があらぬ方向に迷走する恐れはないか？
(b) 時期尚早な結論、過剰な一貫性
・早い段階で検討された選択肢に予期せぬバイアスがかかっていないか？
・他の選択肢も十分に検討されたか、他の選択肢を裏付ける証拠を積極的に探したか？
・都合の悪い情報や不快な意見を無視したり抹殺したりしていないか？

3　情報処理
(a) 入手可能性、顕著性
・最近起きたとか、劇的であるとか、個人的に重要な意味があるといった理由から、あまり関係のない出来事や情報を過剰に重視していないか？
(b) 情報の信頼性
・個人的な体験、断片的なエピソード、説得力のある物語や比喩といったものに過度に依存していないか？　情報の裏付けをとったか？
(c) アンカリング

・正確性や信頼性の疑わしい数字に最終判断が左右されていないか？

(d) 非回帰的予測

・平均への回帰を無視した推定、見積もり、予測を行っていないか？

4 決定

(a) 計画の錯誤

・予測を参照する場合に、情報源や有効性をチェックしているか？　統計的視点を活用して予測を検証しているか？

・不確実な数字について信頼区間を設けているか？　その区間は十分な幅があるか？

(b) 損失回避

・意思決定者のリスク選好は組織の方針と一致しているか？　慎重すぎないか？

(c) 現在バイアス

・計算に使用される数字（現在価値への割引率など）は、組織の短期的・長期的優先順位のバランスを適切に反映しているか？

付録C　予測の修正

直感的なレベル合わせに頼った予測は精度が低い（第14章参照）。手元にある情報に基づいて予測を行おうとするとき、多くの人はその情報が完璧に（つまり高い精度で）結果を教えてくれるものであるかのようにふるまう。

「四歳のときに本をすらすら読めた」ジュリーのことを思い出してほしい。あなたが予測するのは大学生になったジュリーの成績平均点（GPA）だった。きっとあなたはこう考えただろう。四歳の頃のジュリーは上位一〇％ぐらいのところにいただろう（でも最上位三～五％まではいかない）。となれば、きっと大学になってもクラスで九〇パーセンタイルには入るにちがいない。よって、GPAは三・七か三・八ぐらいが妥当ではないだろうか……。

残念ながら、この推論は統計学的にみてまちがっている。なぜなら、ジュリーに関する手元情報が予測にどの程度役立つかを大幅に過大評価しているからだ。四歳の頃に早熟な能力を備えて

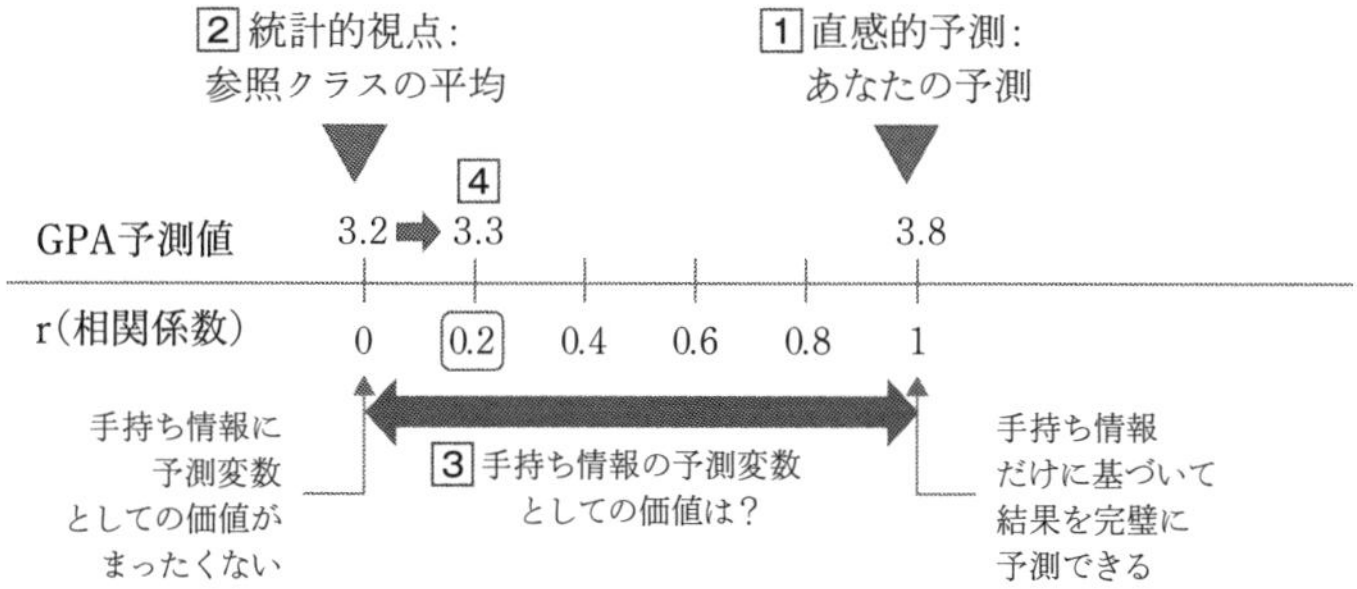

図19：直感的予測の修正

いた子供が必ずしも成績優秀な大学生になるわけではないのだ（ありがたいことに、小さい頃なかなか字を読めなかった子供は、大学生になっても必ず成績が悪いということもない）。

だいたいにおいて、並外れて出来のよかった子供は長じてそれほど輝かなくなる。逆にひどく不出来だった子供はかなりましになる。どうしてそうなるのかについて、社会的、心理的、政治的理由を想像することはたやすい。だが実際には理由など必要ない。この現象は純粋に統計的なものである。プラスであれマイナスであれ両極端に振れたことは、次にはさほど極端ではなくなる。なぜなら、過去の成績は未来の成績と完全には相関しないからだ。この現象を「平均への回帰」という（したがって、レベル合わせ予測は平均への回帰を考慮していないため、「非回帰的」ということになる）。

このことを数値で表してみよう。ジュリーに関して、四歳のときの情報に全面的に依拠してＧＰＡを予測できるということは、両者の相関係数が一であることを意味する。だがもちろん実際にはそうではない。

ではどうすればいいのか。統計的な手法を使えば予測精度を上げられる可能性が高い。以下に説明する手順がそれだ。ただしお断りしておくが、統計学の初歩を学んだ人でも実行するのはかなりむずかしいし、何より直感に反する。図19にジュリーの例で図解した。

1　直感を働かせる

ジュリーであれ、別の人や事柄であれ、持ち合わせている情報に基づいて予測をしようというときに直感はけっして無価値ではない。速い思考を司るシステム1は、手持ちの情報をあなたの予測のものさしに当てはめ、四歳のジュリーの能力に基づいて大学でのＧＰＡをやすやすと導き出す。導き出された数値は、もし手持ちの情報が予測変数として完璧であれば、そのままあなたの予測の確定値となる。まずはこの数字を書き留めておこう。

2　平均を求める

次に頭を切り替え、ジュリーについての情報をしばし忘れてほしい。もしジュリーについて何も知らなかったら、あなたは彼女のＧＰＡをどうやって予測するだろうか？　そう、答えははっきりしている。何も情報がないときの最善の予測は、ジュリーのクラスの平均ＧＰＡを答えることだ。たぶん三・二ぐらいだろう。

このやり方は、本書で言う「統計的視点」を取り入れた予測に該当する。統計的視点に立つと、扱っているケースはあくまで参照クラスの一つとなり、そのクラスを統計的に捉えるようになる。たとえば、ガンバルディの件を思い出してほしい。統計的視点に立つと、新任ＣＥＯが任期を全うする確率がどれほどなのか、ということに注意が向くはずだ（第４章参照）。

３　手持ち情報の予測変数としての価値を見積もる

この段階がむずかしい。あなたは「いま自分が持っている情報は予測にとってどれほどの価値があるか？」を自問しなければならない。この質問は非常に重要な意味を持つ。もしあなたがジュリーについて知っていることが靴のサイズだけなら、その情報につけるべき重みはゼロであり、ＧＰＡの予測には平均に頼るべきである。しかしジュリーがすべての科目でとった評価の一覧表をあなたが持っているなら、こちらに全面的に頼ってよい（評価の平均＝ＧＰＡとなる）。現実には、この両極端の間に広いグレーゾーンがある。あなたの持っている情報が、ジュリーの高校時代の並外れて優秀な学業成績だとしたら、四歳の頃の識字能力よりは予測変数として優れている。だが、大学時の評価ほどではない。

いまあなたがやらなければならないのは、手持ち情報の予測変数としての価値を、予測すべき結果との相関係数の形で見積もることである。ごく例外的なケースを除き、この数字はおおざっぱな計算で求められる。

妥当な見積もりをするには、第12章の例を思い出してほしい。社会科学においては、相関係数が〇・五〇を上回るのは非常に稀である。有意と認められる相関関係の多くが〇・二〇台だ。ジュリーのケースでは、おそらく〇・二〇が上限だろう。

4　手持ち情報の価値が許す範囲内で、統計的視点に基づく予測を直感的予測の方向に修正する

この最終段階では、あなたがいま持っている三つの数字（直感的予測、参照クラスの平均、手持ち情報の予測変数としての価値）を使ってかんたんな計算をする。平均から出発し、先ほど見積もった相関係数に応じて、直感の示す方向（プラスまたはマイナス）に調整する。

ここでは、ステップ3で述べたことをそのまま実行すればよい。もし相関係数が〇なら、参照クラスの平均を全面的に採用する。一なら、平均は無視して全面的にレベル合わせしてよい。ジュリーのケースでは、GPAの最善の予測は、参照クラスの平均から直感が示す方向へ二〇％以内の範囲で調整すれば得られる。すると、三・三前後になるだろう。

ここではジュリーのケースを例にとったが、この方法は本書で取り上げた他の多くのケースに応用可能である。たとえば、営業部が新たに人員を補充することになり、部長が候補者の面接をしたとする。部長はある有能な候補者にぞっこん惚れ込み、きっと初年度に一〇〇万ドルの売り上げを達成するにちがいないと見込む。通常の新人の初年度売上高は五〇万ドルほどだから、二倍である。部長のこの直感的予測をどのように平均への回帰と調整すればよいだろうか。計算に

は、面接が予測変数としてどの程度の価値があるかを見積もる必要がある。採用面接での印象と入社後の実績との間の相関性はどれほどだろうか。気前よく見積もって〇・四〇というところだろう。となれば、新人の初年度売上高の回帰的予測は次のように求められる。

五〇万ドル＋（一〇〇万ドル－五〇万ドル）×〇・四〇＝七〇万ドル

このプロセスにも直感の入り込む余地はまったくない。この例からもわかるように、修正された予測は直感的な予測より必ず控えめになる。直感的な予測ほど極端に振れることはなく、平均にぐっと近づく。直感的な予測を修正すると、四大大会で一〇回優勝したテニス選手がもう一〇回優勝するとか、時価総額一〇億ドルの成功したスタートアップがその数百倍の大企業に成長するといった予測をすることはなくなる。修正した予測は、外れ値には賭けないのである。

となれば事後的に言えば、修正した予測には大外れに終わる可能性がつきまとう。しかし予測は事後に行うものではないし、外れ値は定義からして滅多に起きないことを忘れてはならない。外れ値を予測して外れることのほうが、ずっと多いのである。一度出現した外れ値は再び現れると考えたくなるが、実際にはそうはならない。なぜなら、平均への回帰が起きるからだ。よって目的が予測精度の最大化（すなわち平均二乗誤差〔ＭＳＥ〕の最小化）であるなら、修正した予測は必ず直感的なレベル合わせ予測よりすぐれている。

謝辞

私たち三人には、感謝したい人がたくさんいる。まずはリネア・ガンジー。私たちの参謀総長として、たくさんの助力と助言を与えてくれ、執筆の進行を管理し、笑わせ勇気づけ、万事を取り仕切ってくれた。そのうえに、原稿についても有意義な指摘をいくつもしてくれた。彼女なしにはこの本は完成しなかっただろう。ダン・ロバロにも感謝する。彼は、本書の土台となった論文の一つの共同執筆者である。また私たちのエージェントであるジョン・ブロックマンは、本が完成するまでのあらゆる段階で情熱的かつ楽観的にサポートし、鋭くも思慮深いアドバイスを与えてくれた。ほんとうにありがとう。また編集者のトレーシー・ベーハーのおかげで、本書はさまざまな面でよりよいものになったと思う。アラベラ・パイクとイーアン・ストロースも編集に関して有意義な提案をしてくれた。

章ごとの原稿を読んで（中には全文を読んでくれた人もいる）意見を言ってくれたたくさんの

人にも感謝したい。オレン・バーギル、マヤ・バーヒレル、マックス・バザーマン、トム・ブレイザー、デービッド・ブデスク、ジェレミー・クリフトン、アンセルム・ダネッカー、ヴェラ・デラニー、イティエル・ドロール、アンジェラ・ダックワース、アニー・デューク、ダン・ギルバート、アダム・グラント、アヌパム・イエナ、ルイス・カプロー、ゲリー・クライン、ジョン・クラインバーク、ネイサン・クンセル、ケリー・レナード、ダニエル・レヴィン、サラ・マクラナン、バーバラ・メラーズ、ジョシュ・ミラー、センディル・ムッライナタン、スコット・ページ、エリック・ポズナー、ルシア・ライシュ、マシュー・サルガニック、エルダー・シャフィール、タリ・シャロット、フィリップ・テトロック、リチャード・セイラー、バーバラ・トヴェルスキー、ピーター・ユーベル、クリスタル・ワン、ダンカン・ワッツ、キャロライン・ウェブ、ありがとう。

また私たちは、多くのすぐれた研究者から力を貸してもらうという幸運にも恵まれた。ジュリアン・パリスは統計的な問題の多くに貴重な助言をしてくれたし、機械学習に関する章ではセンディル・ムッライナタン、ジョン・クラインバーク、イエンス・ラディック、グレゴリー・ストダード、ハイ・チャンの力を借りた。また判断の一貫性に関しては、アレックス・トドロフとプリンストン大学の研究チームのジョエル・マルティネス、ブランドン・ラブリー、ステファン・ウッデンベルク、そしてスコット・ハイハウスとアリソン・ブラッドフットにたいへんお世話になった。非常に優秀な研究者揃いで、彼らの知見を惜しみなく分け与えてくれただけでなく、私たちのために分析の労までとってくれた。いうまでもなく、理解不足や誤りがあればそれはひとえに私たち三人の責任である。このほか、専門知識を駆使して助けてくれたラズロ・ボック、ボー・コーギル、ジェイソン・ダナ、ダン・ゴールドスタイン、ハロルド・ゴールドスタイン、ブライアン・ホフマン、アラン・クルーガー、マイケル・モブサン、エミリー・パトナム＝ホルスタイン、チャールズ・シェルバウム、アンヌ＝ロール・セリエ、ユウイチ・ショウダにも感謝する。

大勢の研究者の長年にわたる研究の蓄積にも感謝しなければならない。シュレヤ・バードワージ、ジョジー・フィッシャー、ロヒット・ゴヤル、ニコール・グラベル、アンドリュー・ハインリヒ、メーガン・ジョンソン、ソフィー・メータ、エリ・ナクマニイ、ウィリアム・リャン、イヴリン・シュウ、マット・サマーズ、ノアン・ジブ＝クリスペルの研究に心から感謝申し上げる。本書で検討した問題の中には、私たちが専門知識を持ち合わせていないものも多く含まれていた。彼らの業績がなかったら、本書のバイアスとノイズはもっと多かったことだろう。

最後に付け加えておこう。二つの大陸にまたがる三人の共著者による執筆は、最高に環境の整った時期であってもなかなかむずかしい。しかも二〇二〇年は最高とは言いがたい年だった。ドロップボックス（Dropbox）やズーム（Zoom）といった魔法のようなテクノロジーがなかったら、本書を完成させることはおぼつかなかっただろう。こうした偉大な製品を世に送り出してくれた人たちに感謝する。

解説

元明治大学教授
友野典男

難民認定の許可は審査官によって大きく違い、アメリカでの調査によると、ある審査官は申請の五％しか許可しないが別の審査官は八八％許可するという例があった。難民に認定されるかどうかは賭けをするようなものなので、この調査のタイトルは「難民ルーレット」である。

経験豊富な精神科医一〇人が参加した調査では、百人近い患者の診断を行なったところ、二人の医師の意見が一致したケースは五七％にすぎなかった。別の調査では、二人の精神科医が患者数百人を別々に診断したところ、結果が一致したのは五四％だった。しかも医師によって特定の診断を下す傾向があり、ある医師は鬱病、別の医師は不安神経症の診断を下す確率が目立って高かったという。

前科のない二人が偽造小切手を現金化したため有罪になった。詐取した金額は、一人は五八ドル四〇セント、もう一人は三五ドル二〇セントであった。ところが量刑は前者は懲役一五年、後者は三〇日だった。別のよく似た着服事件では、一方が懲役一一七日、他方は二〇年だった。

この種の判断は、専門家が下したのだからほぼ一致するのが当たり前のように思えるし、一致して欲しい。しかし、実際にはそうはいかないようだ。専門家の判断に対する信頼が揺らぎかねない衝撃的な事実である。これらは、本書の著者たちが挙げている、アメリカでの実際のあるいは実験によって明らかになった事例であるが、著者たちはこのような判断のばらつきを「ノイズ」と呼び、本書のメインテーマに据える。

ダニエル・カーネマン、オリヴィエ・シボニー、キャス・R・サンスティーンの共著である本書『NOISE――組織はなぜ判断を誤るのか?』は、ノイズを見い出し、原因を探り、組織や社会への悪影響を明らかにし、解消策を提案する大著である。

著者の一人ダニエル・カーネマンは二〇〇二年度のノーベル経済学賞を受賞しており、行動経済学の創始者の一人として名高い。前著『ファスト&スロー　あなたの意思はどのように決まるか?』(早川書房)でカーネマンは、直感的判断の間違いや、多様なバイアス、それらが意思決定に及ぼす悪影響について、多くの説得的な事例をもって私たちに知らしめてくれた。そのおかげで、適切な意思決定の障害となる直感やバイアスについてよく知ることができたが、驚きも多かった。バイアスがいかにたくさんの種類があり、いかに意思決定を歪めているか、そして直感がいかにあてにならないかということである。

バイアスというとジェンダー・バイアスや人種バイアスといった差別を生みかねない偏見（バイアス）が話題になることが多いが、それらに限らず直感的思考にはさまざまな偏り（バイアス）が存在することを、カーネマンは明らかにし、私たちに教えてくれた。本書『ＮＯＩＳＥ』は、『ファスト＆スロー』の続篇であり、補完的な役割を果たす。ノイズもまたバイアスと同様に「直感がもたらすエラーの一種」であるので、両書を合わせて読むことで、判断や意思決定におけるエラーや不確実性についての理解が深まるであろう。『ファスト＆スロー』は行動科学・行動経済学の必読書としてベストセラーとなっており、本書『ＮＯＩＳＥ』もまたこの分野で不可欠の文献という地位を獲得するに違いない。

ノイズとは何か、ノイズとバイアスはどうちがうのかという点について著者たちは、射撃のたとえを用いて説明する。的に向かって射撃し、標的から同じ方向に外れているときにはバイアスが存在し、標的からばらばらの方向に外れていればそれはノイズなのである。冒頭で紹介したように、プロフェッショナルたちが一生懸命に真面目に取り組んだとしても、どうしても出てしまうのがノイズである。意識して起こしているわけではないし、生じていても気づかないのだ。本書中の次の言葉がよく物語っている。「判断のあるところノイズあり」（上巻二二頁）。

判事などのプロフェッショナルたちの判断は常に同一であるべきであろう。しかし上で見たように、このような判断にはばらつきが生じる。複数の専門家を抱える組織では、このようなノイズ（システムノイズ）はなかなか避けられない。著者らは、システムノイズは「不可避的に入り込む好ましくないばらつき」であるとしている（上巻三三～三四頁）。

さらに、同一の人が同一のケースを判断するのに、いつどんな状況で判断するかによって結論にばらつきが出ることがある。著者らはこのばらつきを「機会ノイズ」と呼び、会議では驚くほど機会ノイズが大きく、誰が最初に発言したかのような本質的でない要因によって結論が大きくちがってくると指摘する。

ではノイズがあるかどうか、またあるとすればどの程度あるのかは、どうすればわかるのだろうか。著者たちは「ノイズ検査」という方法を提案する。ノイズ検査は、同一のケースを大勢に評価してもらい、結果にばらつきが出ればノイズの存在がわかるという検査方法である。検査法自体は本文を参照して頂くほかないが、興味深いのは次のことである。それは、ある保険会社で二人の専門職に個別に見積もりを依頼し、二人の金額の差がどれくらいあるかを経営陣に予想してもらったときの予想内容である。予想でもっとも多かったのは「一〇％以下」であり、次は「一五％以下」であった。しかし検査の結果は、なんと五五％もの差が出たのだ。これがノイズの実態なのである。「ノイズは、あなたが思うよりずっと多い」（上巻二二頁）。

本書で著者たちがもっとも力を入れている部分は、第5部「よりよい判断のために」ではないだろうか。ノイズは重大だ、でも減らせる、という信念と熱意が第5部の八つの章および「まとめと結論　ノイズを真剣に受け止める」にこめられている。

著者たちは、ノイズ削減手順を「判断ハイジーン」と呼ぶ。ハイジーンとは、予防的衛生管理といった意味であり、手洗いと似ていると言う。手洗いがどんな菌やウィルスを防いでいるのか、事前にはよくわからないのと同様に、判断ハイジーンもどんなノイズを防いでいるのかはわからない。しかし、確実にノイズを防止する効果を持つと著者らは主張する。

下巻の「まとめと結論　ノイズを真剣に受け止める」では、判断ハイジーンの理念とも言える原則が全部で六つ挙げられている。それらの中で著者たちが特に強調していると思われる原則が三つある。

一つ目は、「判断を構造化し、独立したタスクに分解」せよである。課題をいくつかの要素に分けて、個別の独立したタスクに分解して判断することである。面接試験にはバイアスやノイズがつきものであるが、それらをなるべく排除するために、一回にひとつの項目だけを採点する「構造化」という方法がある。それを判断にも適用せよというのがこの原則である。カーネマンは選択肢を「候補者」のように扱うべきと述べる。

二つ目は、「独立した判断を統合する」ということである。一つの事案に対して独立した多くの人が判断をして、その結果を集約すればノイズのない判断ができるというのが、この原則の主旨である。この原則で大事なのは、多くの人の判断がそれぞれ「独立」していることである。偉い人が最初に発言して全体の空気を支配してしまい、自由な発言も自由な判断もできないような会議を行なってはならないのである。

三つ目は、「直感を遅らせる」という原則である。このスローガンは判断ハイジーン全体を貫く思想であり、直感を使って判断するのは最後の最後でよく、それまではできるだけ多くの正確な情報を集め、論理的にきちんと分析すべきということである。直感にかなりの疑念を抱いているカーネマンにとって、前著『ファスト&スロー』で展開した、直感に対する懐疑と軌を一にしているように思われる。

ではどうすればよいのか？　計算式に当てはめれば答えの得られる方法をアルゴリズムという。人が判断するからエラーが生じるのであって、アルゴリズムに頼ってしまえばよいのではないか。アルゴリズムにはノイズはないからである。「ノイズを完全に排除できる唯一の方法はアルゴリズムである」（下巻二五三頁）。

簡単なアルゴリズムであっても、人間の判断より優れていることを示す好例が第22章で取り上げられているアプガースコアである。アプガースコアとは、一九五二年に医師のヴァージニア・アプガーが確立した新生児の健康状態を医師や看護師が判断するときの指標となるアルゴリズムであり、出生直後の新生児の状態を、心拍数・皮膚色・呼吸状態など五項目だけについて各二点満点で採点し、合計が七点以上であれば正常とみなすという判定法である。それまでは医師や助産婦の自分なりの判断で行なっていたため判断にはノイズがあり、新生児の死亡は多かったのだが、この簡単な判定法の導入により、新生児死亡の減少につながり、現在でも世界中で使われている。（アプガースコア導入の経緯は『ファスト&スロー』第21章に詳しく紹介されている）。

この一見単純なアプガースコアが有効であることは、アルゴリズムやガイドラインがよく機能してノイズ削減に役立つことを示している。簡単でいいのだ。アプガースコアは、前述の判断ハイジーンの原則の一つである「構造化し、小さなタスクに分解する」を、みごとに満たしている。

判断におけるノイズ（およびバイアス）の重要性を強調すると、では人が判断しないでアルゴリズムやAIにすべて任せたらいいではないかという意見が当然出るだろう。これに対して著者たちは、アルゴリズムやガイドラインは人の価値観や好みに左右されないという点で優れているので、導入を図るべきだとするが、それらに一〇〇%任せるべきだとは主張しない。「アルゴリズムが重要な意思決定の最終段階で人間に取って代わるとは思えない」（下巻二五三頁）。

最後に著者らは、政府機関から、民間企業、病院、大学、法律事務所に至るまでのすべての組織がノイズ削減に真剣に取り組むようになった社会を夢想する。

そこでは、ノイズ検査が定期的に行なわれ、判断ハイジーン手順は習慣化されており、アルゴリズムや統計的視点が大幅に取り入れられている。

それによって、意見の対立が多くなったとしても建設的に解消される。その結果生まれるのは、コスト削減や効率性向上ばかりでなく、公共の安全や健康が改善され、回避可能なエラーが防止され、公平性という社会正義が実現する社会なのである。

二〇二一年一〇月

索　引

索　引

■す

■せ

索　引

原　注

第16章

1　R. Blake and N. K. Logothetis, "Visual competition," *Nature Reviews Neuroscience* 3 (2002) 13–21; M. A. Gernsbacher and M. E. Faust, "The Mechanism of Suppression: A Component of General Comprehension Skill," *Journal of Experimental Psychology: Learning, Memory, and Cognition* 17 (March 1991): 245–262; and M. C. Stites and K. D. Federmeier, "Subsequent to Suppression: Downstream Comprehension Consequences of Noun/Verb Ambiguity in Natural Reading," *Journal of Experimental Psychology: Learning, Memory, and Cognition* 41 (September 2015): 1497–1515.
2　D. A. Moore and D. Schatz, "The three faces of overconfidence," *Social and Personality Psychology Compass* 11, no. 8 (2017), article e12331.
3　S. Highhouse, A. Broadfoot, J. E. Yugo, and S. A. Devendorf, "Examining Corporate Reputation Judgments with Generalizability Theory," *Journal of Applied Psychology* 94 (2009): 782–789. オリジナルデータを提供してくれたスコット・ハイハウスとアリソン・ブラッドフットに、そして補足的分析を行ってくれたジュリアン・パリスに感謝する。
4　P. J. Lamberson and Scott Page, "Optimal forecasting groups," *Management Science* 58, no. 4 (2012): 805–10. パターンノイズのこの原因に注意喚起してくれたスコット・ページに感謝する。
5　イギリス人の性格に関連する語彙の研究 Allport and Odbert (1936) は、以下に引用されている。Oliver P. John and Sanjay Srivastava, "The Big-Five Trait Taxonomy: History, Measurement, and Theoretical Perspectives," in *Handbook of Personality: Theory and Research,* 2nd ed., ed. L. Pervin and Oliver P. John (New York: Guilford, 1999).
6　Ian W. Eisenberg, Patrick G. Bissett, A. Zeynep Enkavi et al., "Uncovering the structure of self-regulation through data-driven ontology discovery," *Nature Communications* 10 (2019): 2319.
7　Walter Mischel, "Toward an integrative science of the person," *Annual Review of Psychology* 55 (2004): 1–22.

第17章

1　バイアスとノイズの比率に当てはまる一般原則は存在しないが、この図に

表された比率は、私たちが調査した現実および架空の例をおおむね反映している。特筆すべきは、この図ではバイアスとノイズが等しいことである（グッドセルの販売予測の例がそうだった）。レベルノイズの二乗はシステムノイズの二乗の37%を占める（懲罰的損害賠償の例がそうだった）。機会ノイズの二乗は、パターンノイズの二乗の約35%である。

2　序章の注を参照されたい。Mark A. Lemley and Bhaven Sampat, "Examiner Characteristics and Patent Office Outcomes," *Review of Economics and Statistics* 94, no. 3 (2012): 817–827. 以下も参照されたい。Iain Cockburn, Samuel Kortum, and Scott Stern, "Are All Patent Examiners Equal? The Impact of Examiner Characteristics," working paper 8980, June 2002, www.nber.org/papers/w8980; and Michael D. Frakes and Melissa F. Wasserman, "Is the Time Allocated to Review Patent Applications Inducing Examiners to Grant Invalid Patents? Evidence from Microlevel Application Data," *Review of Economics and Statistics* 99, no. 3 (July 2017): 550–563.

3　Joseph J. Doyle Jr., "Child Protection and Child Outcomes: Measuring the Effects of Foster Care," *American Economic Review* 95, no. 5 (December 2007): 1583–1610.

4　Andrew I. Schoenholtz, Jaya Ramji-Nogales, and Philip G. Schrag, "Refugee Roulette: Disparities in Asylum Adjudication," *Stanford Law Review* 60, no. 2 (2007).

5　この数字は、第6章の計算から推定した。交互作用は全分散の23%だった。量刑が正規分布だとすれば、無作為に選んだペアの平均絶対偏差は標準偏差の1.128倍となる。

6　J. E. Martinez, B. Labbree, S. Uddenberg, and A. Todorov, "Meaningful 'noise': Comparative judgments contain stable idiosyncratic contributions" (unpublished ms.).

7　J. Kleinberg, H. Lakkaraju, J. Leskovec, J. Ludwig, and S. Mullainathan, "Human Decisions and Machine Predictions," Quarterly *Journal of Economics* 133 (2018): 237–293.

8　モデルは14万1833件の判断を下すとともに、保釈を認める上限値も判断した。レベルノイズは、この上限値のばらつきを反映している。一方パターンノイズは事案ごとのばらつきを反映している。

9　Gregory Stoddard, Jens Ludwig, and Sendhil Mullainathan, e-mail exchanges with authors, June–July 2020.

10　Phil Rosenzweig. *Left Brain, Right Stuff: How Leaders Make Winning Decisions* (New York: Public Affairs, 2014).

第18章

1 Albert E. Mannes et al., "The Wisdom of Select Crowds," *Journal of Personality and Social Psychology* 107, no. 2 (2014): 276–299; Jason Dana et al., "The Composition of Optimally Wise Crowds," *Decision Analysis* 12, no. 3 (2015): 130–143.

2 Briony D. Pulford, Andrew M. Colmna, Eike K. Buabang, and Eva M. Krockow, "The Persuasive Power of Knowledge: Testing the Confidence Heuristic," *Journal of Experimental Psychology: General* 147, no. 10 (2018): 1431–1444.

3 Nathan R. Kuncel and Sarah A. Hezlett, "Fact and Fiction in Cognitive Ability Testing for Admissions and Hiring Decisions," *Current Directions in Psychological Science* 19, no. 6 (2010): 339–345.

4 Kuncel and Hezlett, "Fact and Fiction."

5 Frank L. Schmidt and John Hunter, "General Mental Ability in the World of Work: Occupational Attainment and Job Performance," *Journal of Personality and Social Psychology* 86, no. 1 (2004): 162.

6 Angela L. Duckworth, David Weir, Eli Tsukayama, and David Kwok, "Who Does Well in Life? Conscientious Adults Excel in Both Objective and Subjective Success," *Frontiers in Psychology* 3 (September 2012). 粘り強さや情熱については、以下を参照されたい。 Angela L. Duckworth, Christopher Peterson, Michael D. Matthews, and Dennis Kelly, "Grit: Perseverance and Passion for Long-Term Goals," *Journal of Personality and Social Psychology* 92, no. 6 (2007): 1087–1101.

7 Richard E. Nisbett et al., "Intelligence: New Findings and Theoretical Developments," *American Psychologist* 67, no. 2 (2012): 130–159.

8 Schmidt and Hunter, "Occupational Attainment," 162.

9 Kuncel and Hezlett, "Fact and Fiction."

10 これらの相関係数は、尺度と範囲を制限した中での計測エラーについて算出された相関係数のメタ分析から導き出したものである。研究者の間では、これらの相関係数がGMAの予測的価値を実際以上によく見せているのではないかとの議論があった。しかし、この議論は他の予測変数にも当てはまるものであり、入手可能な予測変数の中ではGMA（および実務試験、第24章参照）が最もよく職業的成功を予測できることで意見が一致した。以下を参照されたい。Kuncel and Hezlett, "Fact and Fiction."

11 Schmidt and Hunter, "Occupational Attainment," 162.

12 David Lubinski, "Exceptional Cognitive Ability: The Phenotype," *Behavior Genetics* 39, no. 4 (2009): 350–358.

13 Jonathan Wai, "Investigating America's Elite: Cognitive Ability, Education, and Sex Differences," *Intelligence* 41, no. 4 (2013): 203–211.

14 Keela S. Thomson and Daniel M. Oppenheimer, "Investigating an Alternate

Form of the Cognitive Reflection Test," *Judgment and Decision Making* 11, no. 1 (2016): 99–113.

15 Gordon Pennycook et al., "Everyday Consequences of Analytic Thinking," *Current Directions in Psychological Science* 24, no. 6 (2015): 425–432.

16 Gordon Pennycook and David G. Rand, "Lazy, Not Biased: Susceptibility to Partisan Fake News Is Better Explained by Lack of Reasoning than by Motivated Reasoning," *Cognition* 188 (June 2018): 39–50.

17 Nathaniel Barr et al., "The Brain in Your Pocket: Evidence That Smartphones Are Used to Supplant Thinking," *Computers in Human Behavior* 48 (2015): 473–480.

18 Niraj Patel, S. Glenn Baker, and Laura D. Sherer, "Evaluating the Cognitive Reflection Test as a Measure of Intuition/Reflection, Numeracy, and Insight Problem Solving, and the Implications for Understanding Real-World Judgments and Beliefs," *Journal of Experimental Psychology: General* 148, no. 12 (2019): 2129–2153.

19 John T. Cacioppo and Richard E. Petty, "The Need for Cognition," *Journal of Personality and Social Psychology* 42, no. 1 (1982): 116–131.

20 Stephen M. Smith and Irwin P. Levin, "Need for Cognition and Choice Framing Effects," *Journal of Behavioral Decision Making* 9, no. 4 (1996): 283–290.

21 Judith E. Rosenbaum and Benjamin K. Johnson, "Who's Afraid of Spoilers? Need for Cognition, Need for Affect, and Narrative Selection and Enjoyment," *Psychology of Popular Media Culture* 5, no. 3 (2016): 273–289.

22 Wandi Bruine De Bruin et al., "Individual Differences in Adult Decision-Making Competence," *Journal of Personality and Social Psychology* 92, no. 5 (2007): 938–956.

23 Heather A. Butler, "Halpern Critical Thinking Assessment Predicts Real-World Outcomes of Critical Thinking," *Applied Cognitive Psychology* 26, no. 5 (2012): 721–729.

24 Uriel Haran, Ilana Ritov, and Barbara Mellers, "The Role of Actively Open-Minded Thinking in Information Acquisition, Accuracy, and Calibration," *Judgment and Decision Making* 8, no. 3 (2013): 188–201.

25 Haran, Ritov, and Mellers, "Role of Actively Open-Minded Thinking."

26 J. Baron, "Why Teach Thinking? An Essay," *Applied Psychology: An International Review* 42 (1993): 191–214; J. Baron, *The Teaching of Thinking: Thinking and Deciding*, 2nd ed. (New York: Cambridge University Press, 1994), 127–148.

第19章

311

1 以下に非常によくまとめられている。Jack B. Soll et al., “A User's Guide to Debiasing,” in *The Wiley Blackwell Handbook of Judgment and Decision Making*, ed. Gideon Keren and George Wu, vol. 2 (New York: John Wiley & Sons, 2015), 684.

2 HM Treasury, *The Green Book: Central Government Guidance on Appraisal and Evaluation* (London: UK Crown, 2018), https://assets.publishing.service.gov.uk/government/uploads/system/uploads/attachment_data/file/685903/The_Green_Book.pdf.

3 Richard H. Thaler and Cass R. Sunstein, *Nudge: Improving Decisions about Health, Wealth, and Happiness* (New Haven, CT: Yale University Press, 2008).（リチャード・セイラー、キャス・サンスティーン『実践 行動経済学――健康、富、幸福への聡明な選択』遠藤真美訳、日経 BP 社、2009 年）

4 Ralph Hertwig and Till Grüne-Yanoff, “Nudging and Boosting: Steering or Empowering Good Decisions,” *Perspectives on Psychological Science* 12, no. 6 (2017).

5 Geoffrey T. Fong et al., “The Effects of Statistical Training on Thinking About Everyday Problems,” *Cognitive Psychology* 18, no. 3 (1986): 253–292.

6 Willem A. Wagenaar and Gideon B. Keren, “Does the Expert Know? The Reliability of Predictions and Confidence Ratings of Experts,” *Intelligent Decision Support in Process Environments* (1986): 87–103.

7 Carey K. Morewedge et al., “Debiasing Decisions: Improved Decision Making with a Single Training Intervention,” *Policy Insights from the Behavioral and Brain Sciences* 2, no. 1 (2015): 129–140.

8 Anne-Laure Sellier et al., “Debiasing Training Transfers to Improve Decision Making in the Field,” *Psychological Science* 30, no. 9 (2019): 1371–1379.

9 Emily Pronin et al., “The Bias Blind Spot: Perceptions of Bias in Self Versus Others,” *Personality and Social Psychology Bulletin* 28, no. 3 (2002): 369–381.

10 Daniel Kahneman, Dan Lovallo, and Olivier Sibony, “Before You Make That Big Decision...,” *Harvard Business Review* 89, no. 6 (June 2011): 50–60.（ダニエル・カーネマン、ダン・ロバロ、オリバー・シボニー『意思決定の行動経済学――認知バイアスを見抜く 12 の質問』DIAMOND ハーバード・ビジネス・レビュー編集部訳、ダイヤモンド社、2016 年）

11 Atul Gawande, *Checklist Manifesto: How to Get Things Right* (New York: Metropolitan Books, 2010).（アトゥール・ガワンデ『アナタはなぜチェックリストを使わないのか？――重大な局面で正しい決断をする方法』吉田竜訳、晋遊舎、2011 年）

12 Office of Information and Regulatory Affairs, “Agency Checklist:

Regulatory Impact Analysis," no date, www.whitehouse.gov/sites/whitehouse.gov/files/omb/inforeg/inforeg/regpol/RIA_Checklist.pdf.

13 このチェックリストは以下に掲載されたものを一部手直ししている。Daniel Kahneman et al., "Before You Make That Big Decision," *Harvard Business Review*.（カーネマン、ロバロ、シボニー『意思決定の行動経済学』）

14 See Gawande, *Checklist Manifesto*.（ガワンデ『アナタはなぜチェックリストを使わないのか？』）

第20章

1 R. Stacey, "A Report on the Erroneous Fingerprint Individualisation in the Madrid Train Bombing Case," *Journal of Forensic Identification* 54 (2004): 707–718.

2 Michael Specter, "Do Fingerprints Lie?," *The New Yorker*, May 27, 2002. 傍点筆者。

3 I. E. Dror and R. Rosenthal, "Meta-analytically Quantifying the Reliability and Biasability of Forensic Experts," *Journal of Forensic Science* 53 (2008): 900–903.

4 I. E. Dror, D. Charlton, and A. E. Péron, "Contextual Information Renders Experts Vulnerable to Making Erroneous Identifications," *Forensic Science International* 156 (2006): 74–78.

5 I. E. Dror and D. Charlton, "Why Experts Make Errors," *Journal of Forensic Identification* 56 (2006): 600–616.

6 I. E. Dror and S. A. Cole, "The Vision in 'Blind' Justice: Expert Perception, Judgment, and Visual Cognition in Forensic Pattern Recognition," *Psychonomic Bulletin and Review* 17 (2010): 161–167, 165. See also I. E. Dror, "A Hierarchy of Expert Performance (HEP)," *Journal of Applied Research in Memory and Cognition* (2016): 1–6.

7 I. E. Dror et al., "Cognitive Issues in Fingerprint Analysis: Inter- and Intra-Expert Consistency and the Effect of a 'Target' Comparison," *Forensic Science International* 208 (2011): 10–17.

8 B. T. Ulery, R. A. Hicklin, M. A. Roberts, and J. A. Buscaglia, "Changes in Latent Fingerprint Examiners' Markup Between Analysis and Comparison," *Forensic Science International* 247 (2015): 54–61.

9 I. E. Dror and G. Hampikian, "Subjectivity and Bias in Forensic DNA Mixture Interpretation," *Science and Justice* 51 (2011): 204–208.

10 M. J. Saks, D. M. Risinger, R. Rosenthal, and W. C. Thompson, "Context Effects in Forensic Science: A Review and Application of the Science of Science to Crime Laboratory Practice in the United States," *Science Justice*

Journal of Forensic Science Society 43 (2003): 77–90.
11 President's Council of Advisors on Science and Technology (PCAST), *Report to the President: Forensic Science in Criminal Courts: Ensuring Scientific Validity of Feature-Comparison Methods* (Washington, DC: Executive Office of the President, PCAST, 2016).
12 Stacey, "Erroneous Fingerprint."
13 Dror and Cole, "Vision in 'Blind' Justice."
14 I. E. Dror, "Biases in Forensic Experts," *Science* 360 (2018): 243.
15 Dror and Charlton, "Why Experts Make Errors."
16 B. T. Ulery, R. A. Hicklin, J. A. Buscaglia, and M. A. Roberts, "Repeatability and Reproducibility of Decisions by Latent Fingerprint Examiners," *PLoS One* 7 (2012).
17 Innocence Project, "Overturning Wrongful Convictions Involving Misapplied Forensics," *Misapplication of Forensic Science* (2018): 1–7, www.innocenceproject.org/causes/misapplication-forensic-science. See also S. M. Kassin, I. E. Dror, J. Kukucka, and L. Butt, "The Forensic Confirmation Bias: Problems, Perspectives, and Proposed Solutions," *Journal of Applied Research in Memory and Cognition* 2 (2013): 42–52.
18 PCAST, *Report to the President.*
19 B. T. Ulery, R. A. Hicklin, J. Buscaglia, and M. A. Roberts, "Accuracy and Reliability of Forensic Latent Fingerprint Decisions," *Proceedings of the National Academy of Sciences* 108 (2011): 7733–7738.
20 PCAST, *Report to the President*, p.95. 傍点原著者。
21 Igor Pacheco, Brian Cerchiai, and Stephanie Stoiloff, "Miami-Dade Research Study for the Reliability of the ACE-V Process: Accuracy & Precision in Latent Fingerprint Examinations," final report, Miami-Dade Police Department Forensic Services Bureau, 2014, www.ncjrs.gov/pdffiles1/nij/grants/248534.pdf.
22 B. T. Ulery, R. A. Hicklin, M. A. Roberts, and J. A. Buscaglia, "Factors Associated with Latent Fingerprint Exclusion Determinations," *Forensic Science International* 275 (2017): 65–75.
23 R. N. Haber and I. Haber, "Experimental Results of Fingerprint Comparison Validity and Reliability: A Review and Critical Analysis," *Science & Justice* 54 (2014): 375–389.
24 Dror, "Hierarchy of Expert Performance," 3.
25 M. Leadbetter, letter to the editor, *Fingerprint World* 33 (2007): 231.
26 L. Butt, "The Forensic Confirmation Bias: Problems, Perspectives and Proposed Solutions – Commentary by a Forensic Examiner," *Journal of Applied Research in Memory and Cognition* 2 (2013): 59–60. 傍点筆者。

27 Stacey, "Erroneous Fingerprint," 713. 傍点筆者。
28 J. Kukucka, S. M. Kassin, P. A. Zapf, and I. E. Dror, "Cognitive Bias and Blindness: A Global Survey of Forensic Science Examiners," *Journal of Applied Research in Memory and Cognition* 6 (2017).
29 I. E. Dror et al., letter to the editor: "Context Management Toolbox: A Linear Sequential Unmasking (LSU) Approach for Minimizing Cognitive Bias in Forensic Decision Making," *Journal of Forensic Science* 60 (2015): 1111–1112.

第21章

1 Jeffrey A. Frankel, "Over-optimism in Forecasts by Official Budget Agencies and Its Implications," working paper 17239, National Bureau of Economic Research, December 2011, www.nber.org/papers/w17239.
2 H. R. Arkes, "Overconfidence in Judgmental Forecasting," in *Principles of Forecasting: A Handbook for Researchers and Practitioners*, ed. Jon Scott Armstrong, vol. 30, International Series in Operations Research & Management Science (Boston: Springer, 2001).
3 Itzhak Ben-David, John Graham, and Campell Harvey, "Managerial Miscalibration," *The Quarterly Journal of Economics* 128, no. 4 (November 2013): 1547–1584.
4 T. R. Stewart, "Improving Reliability of Judgmental Forecasts," in *Principles of Forecasting: A Handbook for Researchers and Practitioners*, ed. Jon Scott Armstrong, vol. 30, International Series in Operations Research & Management Science (Boston: Springer, 2001) (hereafter cited as *Principles of Forecasting*), 82.
5 Theodore W. Ruger, Pauline T. Kim, Andrew D. Martin, and Kevin M. Quinn, "The Supreme Court Forecasting Project: Legal and Political Science Approaches to Predicting Supreme Court Decision-Making," *Columbia Law Review* 104 (2004): 1150–1209.
6 Cass Sunstein, "Maximin," *Yale Journal of Regulation* (draft; May 3, 2020), https://papers.ssrn.com/sol3/papers.cfm?abstract_id=3476250.
7 事例については、以下を参照されたい。*Armstrong, Principles of Forecasting.*
8 Jon Scott Armstrong, "Combining Forecasts," in *Principles of Forecasting*, 417–439.
9 T. R. Stewart, "Improving Reliability of Judgmental Forecasts," in *Principles of Forecasting*, 95.
10 Armstrong, "Combining Forecasts."

11 Albert E. Mannes et al., "The Wisdom of Select Crowds," *Journal of Personality and Social Psychology* 107, no. 2 (2014): 276–299.
12 Justin Wolfers and Eric Zitzewitz, "Prediction Markets," *Journal of Economic Perspectives* 18 (2004): 107–126.
13 Cass R. Sunstein and Reid Hastie, *Wiser: Getting Beyond Groupthink to Make Groups Smarter* (Boston: Harvard Business Review Press, 2014).（キャス・サンスティーン、リード・ヘイスティ『賢い組織は「みんな」で決める——リーダーのための行動科学入門』田総恵子訳、NTT 出版、2016 年）
14 Gene Rowe and George Wright, "The Delphi Technique as a Forecasting Tool: Issues and Analysis," *International Journal of Forecasting* 15 (1999): 353–375. See also Dan Bang and Chris D. Frith, "Making Better Decisions in Groups," *Royal Society Open Science* 4, no. 8 (2017).
15 R. Hastie, "Review Essay: Experimental Evidence on Group Accuracy," in B. Grofman and G. Guillermo, eds., *Information Pooling and Group Decision Making* (Greenwich, CT: JAI Press, 1986), 129–157.
16 Andrew H. Van De Ven and André L. Delbecq, "The Effectiveness of Nominal, Delphi, and Interacting Group Decision Making Processes," *Academy of Management Journal* 17, no. 4 (2017).
17 Philip E. Tetlock and Dan Gardner, *Superforecasting: The Art and Science of Prediction*(New York: Crown, 2015), 95.（フィリップ・E・テトロック、ダン・ガードナー『超予測力——不確実な時代の先を読む 10 カ条』土方奈美訳、ハヤカワ NF 文庫、2018 年）
18 *Superforecasting*, 231.（テトロック、ガードナー『超予測力』）
19 *Superforecasting*, 273.（テトロック、ガードナー『超予測力』）
20 Ville A. Satopää, Marat Salikhov, Philip E. Tetlock, and Barb Mellers, "Bias, Information, Noise: The BIN Model of Forecasting," February 19, 2020, 23, https://dx.doi.org/10.2139/ssrn.3540864.
21 Satopää et al., "Bias, Information, Noise," 23.
22 Satopää et al., 22.
23 Satopää et al., 24.
24 Clintin P. Davis-Stober, David V. Budescu, Stephen B. Broomell, and Jason Dana. "The composition of optimally wise crowds." *Decision Analysis* 12, no. 3 (2015): 130–143.

第 22 章

1 Laura Horton et al., "Development and Assessment of Inter- and Intra-Rater Reliability of a Novel Ultrasound Tool for Scoring Tendon and Sheath Disease: A Pilot Study," *Ultrasound* 24, no. 3 (2016): 134, www.ncbi.nlm.nih.

gov/pmc/articles/PMC5105362.

2 Laura C. Collins et al., "Diagnostic Agreement in the Evaluation of Image-guided Breast Core Needle Biopsies," *American Journal of Surgical Pathology* 28 (2004): 126, https://journals.lww.com/ajsp/Abstract/2004/01000/Diagnostic_Agreement_in_the_Evaluation_of.15.aspx.

3 Julie L. Fierro et al., "Variability in the Diagnosis and Treatment of Group A Streptococcal Pharyngitis by Primary Care Pediatricians," *Infection Control and Hospital Epidemiology* 35, no. S3 (2014): S79, www.jstor.org/stable/10.1086/677820.

4 Diabetes Tests, Centers for Disease Control and Prevention, https://www.cdc.gov/diabetes/basics/getting-tested.html (last accessed January 15, 2020).

5 Joseph D. Kronz et al., "Mandatory Second Opinion Surgical Pathology at a Large Referral Hospital," *Cancer* 86 (1999): 2426, https://onlinelibrary.wiley.com/doi/full/10.1002/(SICI)1097-0142(19991201)86:11%3C2426::AID-CNCR34%3E3.0.CO;2-3.

6 ほとんどの資料はオンラインで閲覧できる。Dartmouth Medical School, *The Quality of Medical Care in the United States: A Report on the Medicare Program; the Dartmouth Atlas of Health Care* 1999 (American Hospital Publishers, 1999).

7 たとえば以下を参照されたい。OECD, *Geographic Variations in Health Care: What Do We Know and What Can Be Done to Improve Health System Performance?* (Paris: OECD Publishing, 2014), 137–169; Michael P. Hurley et al., "Geographic Variation in Surgical Outcomes and Cost Between the United States and Japan," *American Journal of Managed Care* 22 (2016): 600, www.ajmc.com/journals/issue/2016/2016-vol22-n9/geographic-variation-in-surgical-outcomes-and-cost-between-the-united-states-and-japan; and John Appleby, Veena Raleigh, Francesca Frosini, Gwyn Bevan, Haiyan Gao, and Tom Lyscom, *Variations in Health Care: The Good, the Bad and the Inexplicable* (London: The King's Fund, 2011), www.kingsfund.org.uk/sites/default/files/Variations-in-health-care-good-bad-inexplicable-report-The-Kings-Fund-April-2011.pdf.

8 David C. Chan Jr. et al., "Selection with Variation in Diagnostic Skill: Evidence from Radiologists," National Bureau of Economic Research, NBER Working Paper No. 26467, November 2019, www.nber.org/papers/w26467.

9 P. J. Robinson, "Radiology's Achilles' Heel: Error and Variation in the Interpretation of the Röntgen Image," *British Journal of Radiology* 70 (1997): 1085, www.ncbi.nlm.nih.gov/pubmed/9536897. 関連する研究には以下がある。Yusuke Tsugawa et al., "Physician Age and Outcomes in Elderly

Patients in Hospital in the US: Observational Study," *BMJ* 357 (2017), www.bmj.com/content/357/bmj.j1797. この研究では、ガイドラインの研修後に診断精度が一段と下がったという。その理由として、経験を積むこととガイドラインの最新の知識に慣れることとの間に二律背反が存在するからだとしている。この研究では、研修医を終えたばかりの医師が、最新知識を忘れていないこともあり、最も成績がよかったという。

10 Robinson, "Radiology's Achilles' Heel."

11 相関係数と同じく、カッパもマイナスの値をとりうる。しかし現実にはマイナスになることは稀である。文中の文言をカッパ値で表すと次のようになる。「不可」(κ = 0.00 ~ 0.20)、「可」(κ = 0.21 ~ 0.40)、「良」(κ = 0.41 ~ 0.60)、「優」(κ = 0.61 ~ 0.80)、「ほぼ完璧」(κ > 0.80)。(Ron Wald, Chaim M. Bell, Rosane Nisenbaum, Samuel Perrone, Orfeas Liangos, Andreas Laupacis, and Bertrand L. Jaber, "Interobserver Reliability of Urine Sediment Interpretation," *Clinical Journal of the American Society of Nephrology* 4, no. 3 [March 2009]: 567–571, https://cjasn.asnjournals.org/content/4/3/567).

12 Howard R. Strasberg et al., "Inter-Rater Agreement Among Physicians on the Clinical Significance of Drug-Drug Interactions," *AMIA Annual Symposium Proceedings* (2013): 1325, www.ncbi.nlm.nih.gov/pmc/articles/PMC3900147.

13 Wald et al., "Interobserver Reliability of Urine Sediment Interpretation," https://cjasn.asnjournals.org/content/4/3/567.

14 Juan P. Palazzo et al., "Hyperplastic Ductal and Lobular Lesions and Carcinomas in Situ of the Breast: Reproducibility of Current Diagnostic Criteria Among Community- and Academic-Based Pathologists," *Breast Journal* 4 (2003): 230, www.ncbi.nlm.nih.gov/pubmed/21223441.

15 Rohit K. Jain et al., "Atypical Ductal Hyperplasia: Interobserver and Intraobserver Variability," *Modern Pathology* 24 (2011): 917, www.nature.com/articles/modpathol201166.

16 Alex C. Speciale et al., "Observer Variability in Assessing Lumbar Spinal Stenosis Severity on Magnetic Resonance Imaging and Its Relation to Cross-Sectional Spinal Canal Area," *Spine* 27 (2002): 1082, www.ncbi.nlm.nih.gov/pubmed/12004176.

17 Centers for Disease Control and Prevention, "Heart Disease Facts," accessed June 16, 2020, www.cdc.gov/heartdisease/facts.htm.

18 Timothy A. DeRouen et al., "Variability in the Analysis of Coronary Arteriograms," *Circulation* 55 (1977): 324, www.ncbi.nlm.nih.gov/pubmed/832349.

19 Olaf Buchweltz et al., "Interobserver Variability in the Diagnosis of

Minimal and Mild Endometriosis," *European Journal of Obstetrics & Gynecology and Reproductive Biology* 122 (2005): 213, www.ejog.org/article/S0301-2115(05)00059-X/pdf.

20 Jean-Pierre Zellweger et al., "Intraobserver and Overall Agreement in the Radiological Assessment of Tuberculosis," *International Journal of Tuberculosis & Lung Disease* 10 (2006): 1123, www.ncbi.nlm.nih.gov/pubmed/17044205. For "fair" interrater agreement, see Yanina Balabanova et al., "Variability in Interpretation of Chest Radiographs Among Russian Clinicians and Implications for Screening Programmes: Observational Study," *BMJ* 331 (2005): 379, www.bmj.com/content/331/7513/379.short.

21 Shinsaku Sakurada et al., "Inter-Rater Agreement in the Assessment of Abnormal Chest X-Ray Findings for Tuberculosis Between Two Asian Countries," *BMC Infectious Diseases* 12, article 31 (2012), https://bmcinfectdis.biomedcentral.com/articles/10.1186/1471-2334-12-31.

22 Evan R. Farmer et al., "Discordance in the Histopathologic Diagnosis of Melanoma and Melanocytic Nevi Between Expert Pathologists," *Human Pathology* 27 (1996): 528, www.ncbi.nlm.nih.gov/pubmed/8666360.

23 Alfred W. Kopf, M. Mintzis, and R. S. Bart, "Diagnostic Accuracy in Malignant Melanoma," *Archives of Dermatology* 111 (1975): 1291, www.ncbi.nlm.nih.gov/pubmed/1190800.

24 Maria Miller and A. Bernard Ackerman, "How Accurate Are Dermatologists in the Diagnosis of Melanoma? Degree of Accuracy and Implications," *Archives of Dermatology* 128 (1992): 559, https://jamanetwork.com/journals/jamadermatology/fullarticle/554024.

25 Craig A. Beam et al., "Variability in the Interpretation of Screening Mammograms by US Radiologists," *Archives of Internal Medicine* 156 (1996): 209, www.ncbi.nlm.nih.gov/pubmed/8546556.

26 P. J. Robinson et al., "Variation Between Experienced Observers in the Interpretation of Accident and Emergency Radiographs," *British Journal of Radiology* 72 (1999): 323, www.birpublications.org/doi/pdf/10.1259/bjr.72.856.10474490.

27 Katherine M. Detre et al., "Observer Agreement in Evaluating Coronary Angiograms," *Circulation* 52 (1975): 979, www.ncbi.nlm.nih.gov/pubmed/1102142.

28 Horton et al., "Inter- and Intra-Rater Reliability"; and Megan Banky et al., "Inter- and Intra-Rater Variability of Testing Velocity When Assessing Lower Limb Spasticity," *Journal of Rehabilitation Medicine* 51 (2019), www.medicaljournals.se/jrm/content/abstract/10.2340/16501977-2496.

29 Esther Y. Hsiang et al., "Association of Primary Care Clinic Appointment

Time with Clinician Ordering and Patient Completion of Breast and Colorectal Cancer Screening," *JAMA Network Open* 51 (2019), https://jamanetwork.com/journals/jamanetworkopen/fullarticle/2733171.
30 Hengchen Dai et al., "The Impact of Time at Work and Time Off from Work on Rule Compliance: The Case of Hand Hygiene in Health Care," *Journal of Applied Psychology* 100 (2015): 846, www.ncbi.nlm.nih.gov/pubmed/25365728.
31 Ali S. Raja, "The HEART Score Has Substantial Interrater Reliability," *NEJM J Watch*, December 5, 2018, www.jwatch.org/na47998/2018/12/05/heart-score-has-substantial-interrater-reliability (reviewing Colin A. Gershon et al., "Inter-rater Reliability of the HEART Score," *Academic Emergency Medicine* 26 [2019]: 552).
32 Jean-Pierre Zellweger et al., "Intra-observer and Overall Agreement in the Radiological Assessment of Tuberculosis," *International Journal of Tuberculosis & Lung Disease* 10 (2006): 1123, www.ncbi.nlm. nih.gov/pubmed/17044205; Ibrahim Abubakar et al., "Diagnostic Accuracy of Digital Chest Radiography for Pulmonary Tuberculosis in a UK Urban Population," *European Respiratory Journal* 35 (2010): 689, https://erj.ersjournals.com/content/35/3/689.short.
33 Michael L. Barnett et al., "Comparative Accuracy of Diagnosis by Collective Intelligence of Multiple Physicians vs Individual Physicians," *JAMA Network Open* 2 (2019): e19009, https://jamanetwork.com/journals/jamanetworkopen/fullarticle/2726709; Kimberly H. Allison et al., "Understanding Diagnostic Variability in Breast Pathology: Lessons Learned from an Expert Consensus Review Panel," *Histopathology* 65 (2014): 240, https://onlinelibrary.wiley.com/doi/abs/10.1111/his.12387.
34 Babak Ehteshami Bejnordi et al., "Diagnostic Assessment of Deep Learning Algorithms for Detection of Lymph Node Metastases in Women with Breast Cancer," *JAMA* 318 (2017): 2199, https://jamanetwork.com/journals/jama/fullarticle/2665774.
35 Varun Gulshan et al., "Development and Validation of a Deep Learning Algorithm for Detection of Diabetic Retinopathy in Retinal Fundus Photographs," *JAMA* 316 (2016): 2402, https://jamanetwork.com/journals/jama/fullarticle/2588763.
36 Mary Beth Massat, "A Promising Future for AI in Breast Cancer Screening," *Applied Radiology* 47 (2018): 22, www.appliedradiology.com/articles/a-promising-future-for-ai-in-breast-cancer-screening; Alejandro Rodriguez-Ruiz et al., "Stand-Alone Artificial Intelligence for Breast Cancer Detection in Mammography: Comparison with 101 Radiologists," *Journal of*

the National Cancer Institute 111 (2019): 916, https://academic.oup.com/jnci/advance-article-abstract/doi/10.1093/jnci/djy222/5307077.

37 Apgar Score, Medline Plus, https://medlineplus.gov/ency/article/003402.htm (last accessed February 4, 2020).

38 L. R. Foster et al., "The Interrater Reliability of Apgar Scores at 1 and 5 Minutes," *Journal of Investigative Medicine* 54, no. 1 (2006): 293, https://jim.bmj.com/content/54/1/S308.4.

39 Warren J. McIsaac et al., "Empirical Validation of Guidelines for the Management of Pharyngitis in Children and Adults," *JAMA* 291 (2004): 1587, www.ncbi.nlm.nih.gov/pubmed/15069046.

40 Emilie A. Ooms et al., "Mammography: Interobserver Variability in Breast Density Assessment," *Breast* 16 (2007): 568, www.sciencedirect.com/science/article/abs/pii/S0960977607000793.

41 Frances P. O'Malley et al., "Interobserver Reproducibility in the Diagnosis of Flat Epithelial Atypia of the Breast," *Modern Pathology* 19 (2006): 172, www.nature.com/articles/3800514.

42 以下を参照されたい。Ahmed Aboraya et al., "The Reliability of Psychiatric Diagnosis Revisited," *Psychiatry (Edgmont)* 3 (2006): 41, www.ncbi.nlm.nih.gov/pmc/articles/PMC2990547. 概観は、以下を参照されたい。N. Kreitman, "The Reliability of Psychiatric Diagnosis," *Journal of Mental Science* 107 (1961): 876–886, www.cambridge.org/core/journals/journal-of-mental-science/article/reliability-of-psychiatric-diagnosis/92832FFA170F4FF41189428C6A3E6394.

43 Aboraya et al., "Reliability of Psychiatric Diagnosis Revisited," 43.

44 C. H. Ward et al., "The Psychiatric Nomenclature: Reasons for Diagnostic Disagreement," *Archives of General Psychiatry* 7 (1962): 198.

45 Aboraya et al., "Reliability of Psychiatric Diagnosis Revisited."

46 Samuel M. Lieblich, David J. Castle, Christos Pantelis, Malcolm Hopwood, Allan Hunter Young, and Ian P. Everall, "High Heterogeneity and Low Reliability in the Diagnosis of Major Depression Will Impair the Development of New Drugs," *British Journal of Psychiatry Open* 1 (2015): e5–e7, www.ncbi.nlm.nih.gov/pmc/articles/PMC5000492/pdf/bjporcpsych_1_2_e5.pdf.

47 Lieblich et al., "High Heterogeneity."

48 以下を参照されたい。Elie Cheniaux et al., "The Diagnoses of Schizophrenia, Schizoaffective Disorder, Bipolar Disorder and Unipolar Depression: Interrater Reliability and Congruence Between DSM-IV and ICD-10," *Psychopathology* 42 (2009): 296–298, とくに 293; and Michael Chmielewski et al., "Method Matters: Understanding Diagnostic Reliability

in DSM-IV and DSM-5," *Journal of Abnormal Psychology* 124 (2015): 764, 768–769.
49 Aboraya et al., "Reliability of Psychiatric Diagnosis Revisited," 47.
50 Aboraya et al., 47.
51 以下を参照されたい。Chmielewski et al., "Method Matters."
52 たとえば以下を参照されたい。Helena Chmura Kraemer et al., "DSM-5: How Reliable Is Reliable Enough?," *American Journal of Psychiatry* 169 (2012): 13–15.
53 Lieblich et al., "High Heterogeneity."
54 Lieblich et al., "High Heterogeneity," e-5.
55 Lieblich et al., e-5.
56 Lieblich et al., e-6.
57 Aboraya et al., "Reliability of Psychiatric Diagnosis Revisited," 47.
58 Aboraya et al.
59 Aboraya et al.
60 重要な指摘が以下に見られる。Christopher Worsham and Anupam B. Jena, "The Art of Evidence-Based Medicine," *Harvard Business Review*, January 30, 2019, https://hbr.org/2019/01/the-art-of-evidence-based-medicine.

第23章

1 Jena McGregor, "Study Finds That Basically Every Single Person Hates Performance Reviews," *Washington Post*, January 27, 2014.
2 多くの企業が取り組んでいるデジタル革命により、新たな可能性が開けている。理論上は、企業は全社員の実績について大量のリアルタイム情報の収集が可能だ。このデータを活用すれば、ポストによっては完全に機械的な実績評価が可能だろう。だがここでは、判断を完全には排除できないような職務について論じる。以下を参照されたい。E. D. Pulakos, R. Mueller-Hanson, and S. Arad, "The Evolution of Performance Management: Searching for Value," *Annual Review of Organizational Psychology and Organizational Behavior* 6 (2018): 249–271.
3 S. E. Scullen, M. K. Mount, and M. Goff, "Understanding the Latent Structure of Job Performance Ratings," *Journal of Applied Psychology* 85 (2000): 956–970.
4 ごく小さな構成要素（一部の研究によるとばらつきの10%）は、検者視点すなわちレベル効果である。このレベルは組織内の階級や地位であって、本書で使うレベルノイズのレベルとはちがう。検者視点とは、同じ人を評価する場合であっても、上司は同僚と、同僚は部下と見方が違うことを指

す。360 度評価の結果を寛大に評価するなら、こうした視点のちがいはノイズではない。組織内の異なるレベルにいれば、同じ人の仕事ぶりに対する見方は当然ながらちがってくるし、評価もちがってくる。

5 Scullen, Mount, and Goff, "Latent Structure"; C. Viswesvaran, D. S. Ones, and F. L. Schmidt, "Comparative Analysis of the Reliability of Job Performance Ratings," *Journal of Applied Psychology* 81 (1996): 557–574; G. J. Greguras and C. Robie, "A New Look at Within-Source Interrater Reliability of 360-Degree Feedback Ratings," *Journal of Applied Psychology* 83 (1998): 960–968; G. J. Greguras, C. Robie, D. J. Schleicher, and M. A. Goff, "A Field Study of the Effects of Rating Purpose on the Quality of Multisource Ratings," *Personnel Psychology* 56 (2003): 1–21; C. Viswesvaran, F. L. Schmidt, and D. S. Ones, "Is There a General Factor in Ratings of Job Performance? A Meta-Analytic Framework for Disentangling Substantive and Error Influences," *Journal of Applied Psychology* 90 (2005): 108–131; and B. Hoffman, C. E. Lance, B. Bynum, and W. A. Gentry, "Rater Source Effects Are Alive and Well After All," *Personnel Psychology* 63 (2010): 119–151.

6 K. R. Murphy, "Explaining the Weak Relationship Between Job Performance and Ratings of Job Performance," *Industrial and Organizational Psychology* 1 (2008): 148–160, especially 151.

7 ノイズの原因を論じる際に、私たちはある種の社員またはあるカテゴリーの社員の評価に系統的なバイアスが生じる可能性を無視した。実績評価におけるばらつきに関する研究のうち、評価を当人の「真の」出来不出来と比較した例は、私たちの知る限りではひとつもない。

8 E. D. Pulakos and R. S. O'Leary, "Why Is Performance Management Broken?," *Industrial and Organizational Psychology* 4 (2011): 146–164; M. M. Harris, "Rater Motivation in the Performance Appraisal Context: A Theoretical Framework," *Journal of Management* 20 (1994): 737–756; and K. R. Murphy and J. N. Cleveland, *Understanding Performance Appraisal: Social, Organizational, and Goal-Based Perspectives* (Thousand Oaks, CA: Sage, 1995).

9 Greguras et al., "Field Study."

10 P. W. Atkins and R. E. Wood, "Self- Versus Others' Ratings as Predictors of Assessment Center Ratings: Validation Evidence for 360-Degree Feedback Programs," *Personnel Psychology* (2002).

11 Atkins and Wood, "Self- Versus Others' Ratings."

12 Olson and Davis, cited in Peter G. Dominick, "Forced Ranking: Pros, Cons and Practices," in *Performance Management: Putting Research into Action*, ed. James W. Smither and Manuel London (San Francisco: Jossey-Bass, 2009), 411–443.

13 Dominick, "Forced Ranking."
14 Barry R. Nathan and Ralph A. Alexander, "A Comparison of Criteria for Test Validation: A Meta-Analytic Investigation," *Personnel Psychology* 41, no. 3 (1988): 517–535.
15 以下によった。Richard D. Goffin and James M. Olson, "Is It All Relative? Comparative Judgments and the Possible Improvement of Self-Ratings and Ratings of Others," *Perspectives on Psychological Science* 6, no. 1 (2011): 48–60.
16 M. Buckingham and A. Goodall, "Reinventing Performance Management," *Harvard Business Review*, April 1, 2015, 1–16, doi:ISSN: 0017-8012.
17 Corporate Leadership Council, cited in S. Adler et al., "Getting Rid of Performance Ratings: Genius or Folly? A Debate," *Industrial and Organizational Psychology* 9 (2016): 219–252.
18 Pulakos, Mueller-Hanson, and Arad, "Evolution of Performance Management," 250.
19 A. Tavis and P. Cappelli, "The Performance Management Revolution," *Harvard Business Review*, October 2016, 1–17.
20 Frank J. Landy and James L. Farr, "Performance Rating," *Psychological Bulletin* 87, no. 1 (1980): 72–107.
21 D. J. Woehr and A. I. Huffcutt, "Rater Training for Performance Appraisal: A Quantitative Review," *Journal of Occupational and Organizational Psychology* 67 (1994): 189–205; S. G. Roch, D. J. Woehr, V. Mishra, and U. Kieszczynska, "Rater Training Revisited: An Updated Meta-Analytic Review of Frame-of-Reference Training," *Journal of Occupational and Organizational Psychology* 85 (2012): 370–395; and M. H. Tsai, S. Wee, and B. Koh, "Restructured Frame-of-Reference Training Improves Rating Accuracy," *Journal of Organizational Behavior* (2019): 1–18, doi:10.1002/job.2368.
22 左の図表は以下によった。Richard Goffin and James M. Olson, "Is It All Relative? Comparative Judgments and the Possible Improvement of Self-Ratings and Ratings of Others," *Perspectives on Psychological Science* 6, no. 1 (2011): 48–60.
23 Roch et al., "Rater Training Revisited."
24 Ernest O'Boyle and Herman Aguinis, "The Best and the Rest: Revisiting the Norm of Normality of Individual Performance," *Personnel Psychology* 65, no. 1 (2012): 79–119; and Herman Aguinis and Ernest O'Boyle, "Star Performers in Twenty-First Century Organizations," *Personnel Psychology* 67, no. 2 (2014): 313–350.

第 24 章

1 A. I. Huffcutt and S. S. Culbertson, “Interviews,” in S. Zedeck, ed., *APA Handbook of Industrial and Organizational Psychology* (Washington, DC: American Psychological Association, 2010), 185–203.

2 N. R. Kuncel, D. M. Klieger, and D. S. Ones, “In Hiring, Algorithms Beat Instinct,” *Harvard Business Review* 92, no. 5 (2014): 32.

3 R. E. Ployhart, N. Schmitt, and N. T. Tippins, “Solving the Supreme Problem: 100 Years of Selection and Recruitment at the *Journal of Applied Psychology,*” *Journal of Applied Psychology* 102 (2017): 291–304.

4 M. McDaniel, D. Whetzel, F. L. Schmidt, and S. Maurer, “Meta Analysis of the Validity of Employment Interviews,” *Journal of Applied Psychology* 79 (1994): 599–616; A. Huffcutt and W. Arthur, “Hunter and Hunter (1984) Revisited: Interview Validity for Entry-Level Jobs,” *Journal of Applied Psychology* 79 (1994): 2; F. L. Schmidt and J. E. Hunter, “The Validity and Utility of Selection Methods in Personnel Psychology: Practical and Theoretical Implications of 85 Years of Research Findings,” *Psychology Bulletin* 124 (1998): 262–274; and F. L. Schmidt and R. D. Zimmerman, “A Counterintuitive Hypothesis About Employment Interview Validity and Some Supporting Evidence,” *Journal of Applied Psychology* 89 (2004): 553–561. ある種の研究を考慮すると、相関性は高まる。とくに、その組織のために設計された人事評価は、一般的なものより成績がよい。

5 S. Highhouse, “Stubborn Reliance on Intuition and Subjectivity in Employee Selection,” *Industrial and Organizational Psychology* 1 (2008): 333–342; D. A. Moore, “How to Improve the Accuracy and Reduce the Cost of Personnel Selection,” *California Management Review* 60 (2017): 8–17.

6 L. A. Rivera, “Hiring as Cultural Matching: The Case of Elite Professional Service Firms,” *American Sociology Review* 77 (2012): 999–1022.

7 Schmidt and Zimmerman, “Counterintuitive Hypothesis”; Timothy A. Judge, Chad A. Higgins, and Daniel M. Cable, “The Employment Interview: A Review of Recent Research and Recommendations for Future Research,” *Human Resource Management Review* 10 (2000): 383–406; and A. I. Huffcutt, S. S. Culbertson, and W. S. Weyhrauch, “Employment Interview Reliability: New Meta-Analytic Estimates by Structure and Format,” *International Journal of Selection and Assessment* 21 (2013): 264–276.

8 M. R. Barrick et al., “Candidate Characteristics Driving Initial Impressions During Rapport Building: Implications for Employment Interview Validity,” *Journal of Occupational and Organizational Psychology* 85 (2012): 330–352; M. R. Barrick, B. W. Swider, and G. L. Stewart, “Initial Evaluations in the Interview: Relationships with Subsequent Interviewer Evaluations and

Employment Offers," *Journal of Applied Psychology* 95 (2010): 1163.
9 G. L. Stewart, S. L. Dustin, M. R. Barrick, and T. C. Darnold, "Exploring the Handshake in Employment Interviews," *Journal of Applied Psychology* 93 (2008): 1139–1146.
10 T. W. Dougherty, D. B. Turban, and J. C. Callender, "Confirming First Impressions in the Employment Interview: A Field Study of Interviewer Behavior," *Journal of Applied Psychology* 79 (1994): 659–665.
11 J. Dana, R. Dawes, and N. Peterson, "Belief in the Unstructured Interview: The Persistence of an Illusion," *Judgment and Decision Making* 8 (2013): 512–520.
12 Nathan R. Kuncel et al., "Mechanical versus Clinical Data Combination in Selection and Admissions Decisions: A Meta-Analysis," *Journal of Applied Psychology* 98, no. 6 (2013): 1060–1072.
13 Laszlo Bock, interview with Adam Bryant, *The New York Times*, June 19, 2013. 以下も参照されたい。Laszlo Bock, *Work Rules!: Insights from Inside Google That Will Transform How You Live and Lead* (New York: Hachette, 2015).（ラズロ・ボック『ワーク・ルールズ！——君の生き方とリーダーシップを変える』鬼澤忍、矢羽野薫訳、東洋経済新報社、2015年）
14 C. Fernández-Aráoz, "Hiring Without Firing," *Harvard Business Review*, July 1, 1999.
15 構造化面接の手引きとしては、以下を参照されたい。Michael A. Campion, David K. Palmer, and James E. Campion, "Structuring Employment Interviews to Improve Reliability, Validity and Users' Reactions," *Current Directions in Psychological Science* 7, no. 3 (1998): 77–82.
16 J. Levashina, C. J. Hartwell, F. P. Morgeson, and M. A. Campion, "The Structured Employment Interview: Narrative and Quantitative Review of the Research Literature," *Personnel Psychology* 67 (2014): 241–293.
17 McDaniel et al., "Meta Analysis"; Huffcutt and Arthur, "Hunter and Hunter (1984) Revisited"; Schmidt and Hunter, "Validity and Utility"; and Schmidt and Zimmerman, "Counterintuitive Hypothesis."
18 Schmidt and Hunter, "Validity and Utility."
19 Kahneman, *Thinking, Fast and Slow*, 229.（カーネマン『ファスト＆スロー』）
20 Kuncel, Klieger, and Ones, "Algorithms Beat Instinct." 以下も参照されたい。Campion, Palmer, and Campion, "Structuring Employment Interviews."
21 Dana, Dawes, and Peterson, "Belief in the Unstructured Interview."

第25章

1　Daniel Kahneman, Dan Lovallo, and Olivier Sibony, "A Structured Approach to Strategic Decisions: Reducing Errors in Judgment Requires a Disciplined Process," *MIT Sloan Management Review* 60 (2019): 67–73.
2　Andrew H. Van De Ven and André Delbecq,"The Effectiveness of Nominal, Delphi, and Interacting Group Decision Making Processes," *Academy of Management Journal* 17, no. 4 (1974): 605–621. See also chapter 21.

第6部

1　Kate Stith and José A. Cabranes, *Fear of Judging: Sentencing Guidelines in the Federal Courts* (Chicago: University of Chicago Press, 1998), 177.

第26章

1　Albert O. Hirschman, *The Rhetoric of Reaction: Perversity, Futility, Jeopardy* (Cambridge, MA: Belknap Press, 1991).（アルバート・O・ハーシュマン『反動のレトリック——逆転・無益・危険性』岩崎稔訳、法政大学出版会、1997年）
2　Stith and Cabranes, *Fear of Judging.*
3　たとえば以下を参照されたい。Three Strikes Basics, Stanford Law School, https://law.stanford.edu/stanford-justice-advocacy-project/three-strikes-basics/.
4　428 U.S. 280 (1976).
5　Cathy O'Neil, *Weapons of Math Destruction: How Big Data Increases Inequality and Threatens Democracy* (New York: Crown, 2016).（キャシー・オニール『あなたを支配し、社会を破壊する、AI・ビッグデータの罠』久保尚子訳、インターシフト、2018年）
6　Will Knight, "Biased Algorithms Are Everywhere, and No One Seems to Care," *MIT Technology Review*, July 12, 2017.
7　Jeff Larson, Surya Mattu, Lauren Kirchner, and Julia Angwin, "How We Analyzed the COMPAS Recidivism Algorithm," *ProPublica*, May 23, 2016, www.propublica.org/article/how-we-analyzed-the-compas-recidivism-algorithm. この主張には異論があり、バイアスの定義次第で反対の結論に達する可能性もある。この件について、またより広くアルゴリズムバイアスの定義と計測については以下の注10を参照されたい。
8　Aaron Shapiro, "Reform Predictive Policing," *Nature* 541, no. 7638 (2017): 458–460.
9　この懸念はAIを巡る文脈で表面化しがちだが、AIに限った話ではない。早くも1972年にはポール・スロヴィックが、直感のモデル化は既存の認知

バイアスを保存、強化、さらには悪化させる可能性があると指摘している。以下を参照されたい。Paul Slovic, “Psychological Study of Human Judgment: Implications for Investment Decision Making,” *Journal of Finance* 27 (1972): 779.

10 この問題について、COMPAS常習犯罪予測アルゴリズムを巡る議論を例にとった参考文献として、以下を参照されたい。Larson et al., “COMPAS Recidivism Algorithm”; William Dieterich et al., “COMPAS Risk Scales: Demonstrating Accuracy Equity and Predictive Parity,” Northpointe, Inc., July 8, 2016, http://go.volarisgroup.com/rs/430-MBX-989/images/ProPublica_Commentary_Final_070616.pdf; Julia Dressel and Hany Farid, “The Accuracy, Fairness, and Limits of Predicting Recidivism,” *Science Advances* 4, no. 1 (2018): 1–6; Sam Corbett-Davies et al., “A Computer Program Used for Bail and Sentencing Decisions Was Labeled Biased Against Blacks. It's Actually Not That Clear,” *Washington Post*, October 17, 2016, www.washington post.com/news/monkey-cage/wp/2016/10/17/can-an-algorithm-be-racist-our-analysis-is-more-cautious-than-propublicas; Alexandra Chouldechova, “Fair Prediction with Disparate Impact: A Study of Bias in Recidivism Prediction Instruments,” *Big Data* 153 (2017): 5; and Jon Kleinberg, Sendhil Mullainathan, and Manish Raghavan, “Inherent Trade-Offs in the Fair Determination of Risk Scores,” Leibniz International Proceedings in Informatics, January 2017.

第27章

1 Tom R. Tyler, *Why People Obey the Law*, 2nd ed. (New Haven, CT: Yale University Press, 2020).

2 *Cleveland Bd. of Educ. v. LaFleur*, 414 U.S. 632 (1974).

3 Laurence H. Tribe, “Structural Due Process,” *Harvard Civil Rights–Civil Liberties Law Review* 10, no. 2 (spring 1975): 269.

4 Stith and Cabranes, *Fear of Judging*, 177.

5 たとえば以下を参照されたい。Philip K. Howard, *The Death of Common Sense: How Law Is Suffocating America* (New York: Random House, 1995); and Philip K. Howard, *Try Common Sense: Replacing the Failed Ideologies of Right and Left* (New York: W. W. Norton & Company, 2019).

第28章

1 12. Hate Speech, Facebook: Community Standards, www.facebook.com/communitystandards/hate_speech.

2 Andrew Marantz, "Why Facebook Can't Fix Itself," *The New Yorker*, October 12, 2020.
3 Jerry L. Mashaw, *Bureaucratic Justice* (New Haven, CT: Yale University Press, 1983).
4 David M. Trubek, "Max Weber on Law and the Rise of Capitalism," *Wisconsin Law Review* 720 (1972): 733, n. 22 (quoting Max Weber, *The Religion of China* [1951], 149).

NOISE《ノイズ》〔下〕
組織はなぜ判断を誤るのか？
2021年12月10日　初版印刷
2021年12月15日　初版発行

＊

著　者　ダニエル・カーネマン
　　　　オリヴィエ・シボニー
　　　　キャス・R・サンスティーン
訳　者　村《むら》井《い》章《あき》子《こ》
発行者　早　川　浩

＊

印刷所　中央精版印刷株式会社
製本所　中央精版印刷株式会社

＊

発行所　株式会社　早川書房
東京都千代田区神田多町2−2
電話　03-3252-3111
振替　00160-3-47799
https://www.hayakawa-online.co.jp
定価はカバーに表示してあります
ISBN978-4-15-210068-9　C0011
Printed and bound in Japan
乱丁・落丁本は小社制作部宛お送り下さい。
送料小社負担にてお取りかえいたします。

〔エッセンシャル版〕行動経済学

BEHAVIOURAL ECONOMICS

ミシェル・バデリー
土方奈美訳

ハヤカワ文庫NF

従来の経済学の限界を打ち破り、二度のノーベル賞受賞に輝いた行動経済学は、今や新たな一般教養となりつつある。ビジネス現場や各国の政策にも導入が進む学問を、世界標準のテキストで入門しよう！　日進月歩の研究の基礎を網羅した、初学者にも、知識を整理したい上級者にも向く、充実の入門書。解説／依田高典

遺伝子（上・下）

—親密なる人類史—

THE GENE

シッダールタ・ムカジー

仲野 徹監修・田中 文訳

ハヤカワ文庫ＮＦ

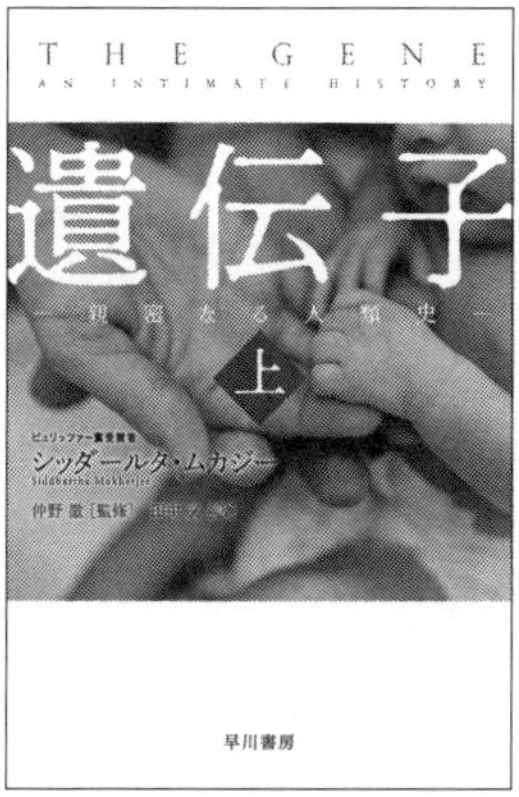

19世紀後半にメンデルが発見した遺伝の法則とダーウィンの進化論が出会い、遺伝学は歩み始めた。そして今、人類はゲノム編集の時代を迎えている。遺伝子が握る人類の運命とは？　ピュリッツァー賞受賞の医学者が自らの家系に潜む精神疾患の悲劇を織り交ぜながら、圧倒的なストーリーテリングでつむぐ遺伝子全史。